PAROLI

2

Éditions S.M.P.P.
10 impasse des Marguerites
F-38230 CHARVIEU-CHAVAGNEUX
Tél. : 04 72 46 39 73 - Fax : 04 72 46 03 55
E-mail : editions.smpp@wanadoo.fr
site internet : www.editions-smpp.com

Rédaction générale :
Pasteurs **Philippe GROSS**
Olivier PIGEAUD
Danielle VERGNIOL

Imprimé en France

ISBN - 978-2-9529851-8-5 - Éditeur 978-2-9529851
Lyon/dépôt légal 4° trimestre 2012

QUELQUES POINTS DE REPÈRES

CULTE PERSONNEL : un canevas pour chaque jour de la semaine est publié en fin de recueil. Il est inspiré cette année par les affirmations de l'antique confession de foi de Philipiens 2, 6-11.

LISTE DE LECTURE : elle suit les textes de l'année 6 de la "Bible en six ans". Les collaborateurs à l'origine de cette liste sont indiqués en bas de page. Les livres bibliques sont proposés en lecture suivie quotidienne y compris les dimanches et fête. Pour être en communion avec les frères et sœurs catholiques du monde entier, les lectures du missel romain ont été ajoutées les dimanches et fêtes.

INTRODUCTIONS : lorsqu'un nouveau livre biblique est abordé, une introduction rédigée par des biblistes ayant travaillé sur le texte permet de donner un aperçu rapide sur l'ensemble du livre.

LES PSAUMES : le livre des Psaumes est lu de manière suivie pour la méditation quotidienne. Le dimanche et les jours de fête, le psaume est indiqué d'après la liste du missel romain.

LES CANTIQUES : ils sont choisis dans Arc-en-Ciel (AC), Alléluia (AL) ou Nos Cœurs Te Chantent (NCTC).

PRIÈRES HEBDOMADAIRES : chaque semaine, le lecteur est invité à être en communion avec les chrétiens de pays dont la liste est proposée par le Conseil Œcuménique des Églises. La page "Prières pour le monde" du Service œcuménique sur le site Protestants.org fournit régulièrement des indications sur la situation des chrétiens des divers pays et le texte d'une prière.

COURRIER : nous faisons suivre les lettres reçues sous double enveloppe timbrée.

TABLE DES MATIÈRES : avec les fêtes chrétiennes et les célébrations pour 2013, les livres bibliques lus cette année, les noms des auteurs qui ont écrit pour vous. L'Église où ils sont engagés est précisée à la date indiquée.

La Bible en 6 ans
© Fédération Protestante de France
Liste établie grâce à la collaboration du Service Biblique de la FPF, de l'Alliance Biblique française, de l'Union des Fédérations des Églises Adventistes de France, de la Ligue pour la Lecture de la Bible et de Parole Pour Tous.
www.protestants.org

Pour avancer sur le chemin de la foi !

OFFREZ PAROLE POUR TOUS 2013 !

à **des amis**,
à des personnes **isolées**
ou solitaires. Faites leur découvrir
le cadeau quotidien de la grâce de Dieu.

BON DE COMMANDE

Veuillez m'adresser :

_____ ex. **BROCHURE**, l'une 7.70 € + port 3.50 € = 11.20 €

_____ ex. **MURAL**, l'un 9.10 € + port 5.60 € = 14.70 €

_____ ex. **liste des Lectures Bibliques**
"La Bible en 6 ans", l'une 0.50 €, soit : _____ €

_____ ex. **ANNUAIRE "LA FRANCE PROTESTANTE"**,
l'un 43.00 € (port compris)

Je vous joins, ci-inclus, mon règlement par chèque.

Veuillez expédier ma commande à l'adresse ci-dessous :

Nom (M., Mme, Mlle) ______________________________

Adresse ______________________________

Code postal ____________ **Ville** ______________________

Envoyez ce bulletin de commande avec votre règlement à :
S.M.P.P., 10 impasse des marguerites, 38230 CHARVIEU
Tél. : 04 72 46 39 73 - Fax : 04 72 46 03 55
Site internet : www.editions-smpp.com
Courriel : editions.smpp@wanadoo.fr

PRIÈRE

Seigneur, Dieu de l'univers, Dieu de chaque être humain !

Tu inscris ta présence dans notre temps, toi dont l'existence déborde tout ce que nous pouvons imaginer du temps et de l'espace ! Loué sois-tu !

Tu nous adresses ta Parole éternelle dans nos langues imprécises, variées et changeantes ! Loué sois-tu !

Tu accompagnes chacun, mais d'une façon toute autre que ce nous croyons savoir des causes et des effets ! Loué sois-tu !

Tu renouvelles sans cesse ton pardon toujours nouveau, alors que nous restons largement prisonniers du passé ! Loué sois-tu !

Garde-nous curieux et humbles tout au long de cette année, présents dans notre temps et ouverts à l'éternité !

Amen.

Olivier Pigeaud, Église protestante unie de France

L'ÉVANGILE DE LUC

Le troisième Évangile suit le même plan général que Marc et Matthieu avec des variantes de détail. Il a un important *bien propre* avec les *Récits de l'enfance* et sa partie centrale (9-19) où il regroupe récits et paraboles qui sont parmi les plus beaux joyaux de la littérature évangélique : *Le bon Samaritain, Marthe et Marie, le Fils prodigue, Zachée, le riche et Lazare, la veuve importune, etc.* Il construit ainsi une remarquable catéchèse narrative abordant les divers aspects de la notion du salut

Il est également original et proche de l'Évangile de Jean dans le dernier chapitre où il a en propre le beau récit des *Disciples d'Emmaüs* et celui de *l'Ascension*. Sa tonalité particulière privilégie les thèmes de la miséricorde divine, de l'accueil des exclus, et du changement radical de mentalité et de comportement (*métanoïa*) qui implique notamment la rupture avec l'idolâtrie de l'argent.

La tradition a attribué ce livre à Luc, médecin et compagnon de Paul. Cette attribution a été contestée par la recherche moderne qui voit plutôt l'auteur comme un chrétien de la 2ème ou 3ème génération, d'origine païenne et de culture hellénistique, peut-être lui-même un missionnaire.

Charles L'Eplattenier, Église protestante unie de France

JANVIER

MARDI 1

Luc 3, **21-38**
Psaume 78
Cantiques AC 575 et AL 23-05

Salut !

Le baptême de Jean étant un acte de repentance, pourquoi Jésus se laisse-t-il baptiser dans le Jourdain ? À notre connaissance, il n'a aucune faute à confesser, alors pourquoi ce geste ?

Tout simplement pour se montrer solidaire de l'humanité, pour attester qu'il est venu tout partager, y compris le côté sombre de la condition humaine : à la fois la souffrance que les hommes subissent et le mal dont ils sont les auteurs.

En fait, ce baptême annonce déjà la croix de l'innocent qui meurt pour le salut de tous. Notre texte fait écho au message de Noël : Jésus est bien l'Emmanuel, Dieu avec nous. Devenu fils d'Adam, il est celui qui réconcilie l'humanité avec son Créateur. C'est pourquoi, en ce jour de l'an, à tous ceux que nous croisons, nous pouvons dire en confiance ce petit mot banal qui s'avère être le plus beau de tous les souhaits : salut !

Jean-Jacques Delorme, Union des églises protestantes d'Alsace et de Lorraine

Luc 4, **1-15**
Psaume 79
Cantiques AC 231 et AL 14-09

S'ouvrir à Dieu

À l'aube de son ministère, voici Jésus confronté à une réalité profondément humaine : la tentation. Étant sur le point de se lancer dans sa mission, il en pressent toutes les difficultés. Dans ces conditions, n'est-il pas normal qu'il soit gagné par le doute ? "Est-ce que je me lance dans l'aventure, oui ou non ? N'aurais-je pas intérêt à penser d'abord à moi et tirer profit de mes capacités ?".

Ses connaissances et ses bonnes interprétations de la Parole lui permettent à plusieurs reprises de déjouer les pièges qui le menacent.

En ce début d'année, nous aussi pouvons être conduits à revoir nos orientations pour nous-mêmes ou notre famille.

Faire un choix est souvent difficile, mais une prière sincère qui consiste à s'ouvrir à Dieu et se mettre à l'écoute attentive de la Parole peut nous tracer un chemin qui deviendra une évidence !

Jean-Jacques Delorme

JANVIER

JEUDI 3

Luc 4, **16-30**
Psaume 80
Cantiques AC 212 et AL 35-22

La Bonne Nouvelle est pour tous

Les pas de Jésus le mènent à Nazareth, son village d'enfance. Qu'il aille dans la synagogue pour y prier et lire un rouleau de la Bible n'a rien de surprenant : il agit comme tout juif pieux de son époque. Mais voici qu'un commentaire sous forme d'affirmation va semer le trouble et faire de ce moment, un événement exceptionnel : "ce passage de l'Écriture est réalisé, aujourd'hui...".

Jésus a pleinement conscience d'être diversement perçu, d'ailleurs il l'exprime lui-même : "nul n'est prophète en son pays". Puisqu'il sait pertinemment ce que cela suscite, pourquoi s'obstine-t-il à "prêcher à domicile" ?

Précisément pour que personne ne soit oublié. La Bonne Nouvelle est pour tous.

Voilà pour nous une invitation à surmonter notre timidité et à témoigner de notre foi en toute circonstance, même là où l'on ne s'y attend pas !

Jean-Jacques Delorme

L.S.07.46 C.S.16.05 L.L.23.03 C.L.10.14

Luc 4, 31-44
Psaume 81
Cantiques NCTC, AC et AL 86

La présence qui console

Luc vient de présenter Jésus comme le Messie attendu... et rejeté à Nazareth ! Il part donc à Capharnaüm, "village de la consolation", exercer son autorité bienfaisante. Esprits apeurés, fièvres épuisantes ou démons intérieurs ne peuvent lui résister et sa main secourable apaise les malades. On voudrait le retenir, mais c'est pour d'autres qu'il doit partir : la Bonne Nouvelle est en marche !

Aujourd'hui enfin, elle est arrivée jusqu'à nous. Ressuscité et vivant d'une vie nouvelle, le Messie, par sa Parole, est à notre porte. L'accueillir vraiment, c'est renoncer aux belles confessions de foi cachant mal nos peurs, c'est le laisser dissiper nos fièvres et chasser nos démons intérieurs, c'est le laisser poser sa main apaisante sur nos vies malmenées. C'est pour cela qu'il a été envoyé. Alors nous aussi, laissons-nous consoler par Lui...

Étienne Berthomier, Église protestante unie de France

L.S.07.45 C.S.16.06 L.L. . C.L.10.39

JANVIER

SAMEDI 5

Luc 5, **1-11**
Psaume 82
Cantiques NCTC 302, AC 427 et AL 44-07

Sur ta parole, je jetterai les filets

Sur un lac, Jésus enseigne et appelle des disciples.

Conditions pour le devenir : être disponible. Simon prête sa barque. Compétences requises : accepter d'agir selon sa Parole. Simon lance ses filets comme Jésus le demande.

Récompense promise : une nouvelle vie, au service des autres. Simon et ses amis laissent tout pour le suivre...

Une vocation de disciples vient tout simplement de naître. Au cœur de leur vie, Jésus s'est approché d'eux, leur a demandé d'agir pour lui... et ils n'ont pas refusé. "Si tu veux croire en Dieu, commence d'abord par faire quelque chose pour lui" disait W. Monod. Ici, pas de formation interminable, pas de peur insurmontable, mais un engagement quotidien, né de la rencontre avec Celui qui inspire confiance.

Alors nous aussi, Seigneur, sur ta parole, nous avancerons en eau profonde et nous jetterons nos filets...

Étienne Berthomier

DIMANCHE 6

Luc 5, **12-26** - Ésaïe 60, **1-6**
Éphésiens 3, **2-6** - Matthieu 2, **1-12**
Psaume 72
Cantiques AC 429 et AL 44-15

Dimanche de l'Épiphanie
Semaine de prière de l'Alliance Évangélique (du 6 au 13)

Nous avons vu des choses étranges...

Un lépreux impur et un paralysé impotent, l'un mû par une volonté farouche et l'autre porté par quelques amis fidèles, se retrouvent successivement devant Jésus.

Jésus ne les plaint pas, mais use de son autorité en leur faveur. Au premier, il tend la main et redonne une place sociale par sa parole. Au second, il affirme le pardon de ses péchés - cœur de son message - et rend l'usage de ses membres, manifestant ainsi l'autorité que les religieux lui contestent.

Ces hommes renvoyés à une vie "normale", les témoins, dont nous sommes, peuvent s'étonner d'avoir "vu des choses étranges", mais faut-il en rester là, l'air songeur ?

S'il est aussi notre Sauveur, venu nous arracher à toutes les exclusions et nous relever de toutes les fatalités, ne nous appelle-t-il pas à lui remettre vraiment nos vies, confiants en son autorité bienveillante ?

Étienne Berthomier

PRIÈRE

Semaine de prière de l'Alliance Évangélique (du 6 au 13)

Dieu notre Père,
tu es avec nous dans la joie comme dans la peine ;
c'est pourquoi nous pouvons déposer devant toi nos soucis,
nos questions et nos détresses,
pour nous-mêmes, et aussi pour les autres...

Viens nous réconforter, nous t'en prions,
quand le spectacle du monde nous décourage et nous accable.
Oui, viens nous réconforter, et avec ton soutien,
aide-nous à notre tour à réconforter les autres...

Dieu notre Père,
toi qui nous as tout donné de ton amour à travers Jésus-Christ,
fais connaître à ce monde la Bonne Nouvelle de ta grâce,
et donne-nous le courage d'en témoigner,
avec respect et assurance, auprès de tous tes enfants.

Étienne Berthomier

PRIONS, avec le Conseil Œcuménique des Églises
en communion avec les chrétiens
des pays de la péninsule arabique, d'Iran, d'Iraq

Luc 5, **27-39**
Psaume 83
Cantiques AC 170 et AL 51-02

Semaine de prière de l'Alliance Évangélique (du 6 au 13)

À vin nouveau, outre neuve

Un vin qui prend de l'âge est souvent bien meilleur que le nouveau. Jésus lui-même ne le dément pas*. Rien à voir avec ceux qui aujourd'hui font de la nouveauté un critère commercial surfant sur la peur de l'usure et notre angoisse de vieillir. Mais pour obtenir le bon vin, l'ancien a été lui-même un vin neuf auquel on a cru, auquel on a appliqué les bons gestes. On lui a laissé sa chance, lui apportant les ingrédients neufs nécessaires pour la maturité attendue. Il en est de même pour Dieu à notre égard, comme à ceux qui ont mauvaise réputation : les *collecteurs d'impôts* habités par l'angoisse de ne jamais posséder suffisamment ; les *malades* de notre siècle contaminés par la nouveauté. Jésus travaille à leur conversion**.

À chaque époque sa maladie, son combat et sa nouveauté : Martin Luther King a lutté pour convertir l'homme blanc et libérer ce dernier du racisme. Et nous, quels seront nos *nouveaux* combats afin que nous restions fidèles à l'Évangile, vieux de 2000 ans ?

Cyrille Payot, Église protestante unie de France

* verset 39
** verset 32

L.S.07.45 C.S.16.10 L.L.02.42 C.L.12.14

JANVIER

MARDI 8

Luc 6, **1-19**
Psaume 84
Cantiques NCTC 302, AC 427 et AL 44-07

Semaine de prière de l'Alliance Évangélique (du 6 au 13)

Qui est maître de ton sabbat ?

Avec Jésus, même le repos n'est pas du temps perdu. Il est un temps qui recrée. Le 7ème jour marqué par le repos fait pleinement partie de la Création ; il s'inscrit dans le temps qui ouvre à la vie, à la prière*, pour puiser auprès de Dieu les *forces* nécessaires, parfois mystérieusement*, pour se mettre en marche, autrement. Le sabbat fait alors partie de ce temps qui ouvre droit à l'affamé de justice pour lequel Dieu trace un chemin d'espérance, quitte à sortir des sentiers battus, à traverser le champ cultivé par l'homme en transgressant sa logique, où l'abondance des fruits est redonnée à tous*. C'est aussi un temps qui fonde l'appel de Dieu vers un envoi*. Le *disciple (celui qui apprend)* devient simultanément *apôtre (celui qui est envoyé)* : c'est en étant envoyés que nous apprenons à vivre l'Évangile et son sabbat. Non pas un temps mort où nous attendrions passivement d'être prêts pour agir mais un temps pour répondre à l'appel de Dieu là où Il nous envoie.

Cyrille Payot

* versets 12, 19, 1 et 13

 L.S.07.44 C.S.16.11 L.L.03.57 C.L.12.59

MERCREDI 9

Luc 6, **20-26**
Psaume 85
Cantiques AC 301 et AL 31-14

Semaine de prière de l'Alliance Évangélique (du 6 au 13)

Du relief à nos Béatitudes !

L'évangile de Luc présente le sermon de Jésus non pas sur la montagne mais dans la plaine. Il remet les choses à plat, se plaçant ainsi au niveau des hommes. Aux quatre béatitudes répondent quatre malédictions. Le discours sonne comme un avertissement pour les uns, un encouragement pour les autres ; il rééquilibre la balance.

Une façon de déplacer nos montagnes quand trop d'obstacles nous empêchent d'y voir clair et de positiver, ou à l'inverse quand, par effet de bulle spéculative, nous enflons nos vies de bienfaisances qui nous rendent pourtant malheureux. Jésus nous le rappelle : il y a des richesses qui cachent beaucoup de pauvreté et de la pauvreté qui cache beaucoup de richesse.

Le riche dans la Bible est celui qui croit ne pas avoir besoin des autres pour vivre. Il s'appauvrit alors dans une solitude qu'aucune richesse ne saurait combler. À l'opposé, le manque nous ouvre à l'autre, à la relation qui fait la joie de l'homme et de Dieu, au partage. Oui, remettons nos vies à plat... les Béatitudes prendront du relief !

Cyrille Payot

Luc 6, **27-42**
Psaume 86
Cantiques AC 534 et AL 36-29

Semaine de prière de l'Alliance Évangélique (du 6 au 13)

Voir et vivre les choses autrement

Il faudrait que la logique de Dieu n'ait jamais fini de nous questionner, de bouleverser notre manière habituelle de penser, de vivre. Cette "justice" étrange dont aucune législation pénale n'a jamais pu s'inspirer.

Jésus bouleverse notre univers familier, il nous désoriente. Il a refusé la violence, il a choisi le don de soi, il a subi le plus injuste des procès de l'histoire. Et c'est comme cela qu'il sauve le monde. Et il nous veut comme ouvriers avec lui, dans le même style.

C'est pour cela qu'il nous désoriente, pour nous réorienter ensuite. Réorienter quoi ? Notre volonté ? Peut-être, mais d'abord notre imagination. Elle nous a été donnée pour inventer d'autres possibilités, pour voir et vivre les choses autrement. L'imagination, c'est la liberté en exercice. Comment changer le monde, sinon en brisant cette honnête et malheureuse logique d'équivalence qui régit nos rapports quotidiens ?

Inge Ganzevoort, Église protestante unie de France

JANVIER

VENDREDI 11

Luc 6, **43-49**
Psaume 87
Cantiques NCTC 266, AC 610 et AL 45-06

Semaine de prière de l'Alliance Évangélique (du 6 au 13)

Fruits de vie

Les actes que j'accomplis, les paroles que je prononce, les comportements que je mets en œuvre régulièrement, les manières de penser qui structurent mes jugements, sont les fruits de ma vie. On peut les voir, on peut les toucher. Une vie prend sens selon ses fruits. C'est tout ce qui restera de nous.

Qu'est-ce qui pousse sur l'arbre de ma vie ? Pour tout humain, il reste toujours à se poser cette question ! Si Jésus la pose, elle m'accule à une précision accrue : quels sont donc les fruits d'Évangile qui poussent sur l'arbre de ma vie ? Certains fruits n'ont rien à voir avec l'Évangile, avec l'amour de Dieu et du prochain, c'est là toute notre faiblesse.

Nous aimerions tellement que l'arbre de notre vie grandisse et produise de beaux fruits d'humanité et d'Évangile. Pour cela, il nous faut toute la patience et la tendresse du Seigneur.

Inge Ganzevoort

Luc 7, **1-17**
Psaume 88
Cantiques AC 484 et AL 36-07

Semaine de prière de l'Alliance Évangélique (du 6 au 13)

Aux portes de la ville de Naïn

Ce jour-là, deux cortèges se sont rencontrés aux portes de Naïn : le cortège de la mort et le cortège de la vie.

Et le cortège de la vie a télescopé de plein fouet le cortège funèbre. La prédication de Jésus, sans qu'on la lui ait demandée, tient en trois mots : "Ne pleure pas !". C'est celui qui possède déjà les clefs de la mort et du séjour des morts qui s'approche de ce cercueil.

Aujourd'hui dans le monde se rencontrent encore ces deux cortèges, et comment dire aux croyants, à ceux qui cheminent derrière le Christ vivant, que leur cortège a le pouvoir de faire barrage aux cortèges de la mort ? Que la puissance de la résurrection, nous la portons véritablement avec nous, en nous.

Oser dire : "Jésus-Christ est le Seigneur. Ne pleure plus".

Oser s'approcher d'un souffrant, d'un amer, d'un tombé, et lui dire : "Prends courage, lève-toi, la mort n'est pas le dernier mot de ton histoire".

Inge Ganzevoort

L.S.07.42 C.S.16.16 L.L.07.42 C.L.17.37

PRIÈRE

Semaine de prière de l'Alliance Évangélique (du 6 au 13)

Dieu notre Père, en communion les uns avec les autres et en particulier avec les habitants des pays méditerranéens, nous voulons te rendre grâce pour les ouvertures de vie que nous recevons au travers des évangiles.

Merci pour tous les témoins, connus, oubliés ou anonymes qui reflètent l'espérance, l'engagement et la reconnaissance.

Qu'au long de cette année nous puissions entendre les appels du Baptiste, la tendresse de la femme au parfum, la confiance de Marie, la foi tenace et lucide du centurion de Capharnaüm, le renouvellement de vie de ceux et celles qui sont guéris, apaisés, éclairés par Jésus le Christ.

Qu'à notre tour, avec ce que nous sommes, nous cheminions en témoins et artisans de justice, de pacification, de renouveau.

Dans cet engagement nous nous confions à toi en te disant,

Notre Père...

Geneviève Chevalley, Église protestante unie de France

PRIONS, avec le Conseil Œcuménique des Églises en communion avec les chrétiens de Chypre, de Grèce, de Turquie

DIMANCHE 13

Luc 7, 18-35 - Ésaïe 40, **1-11**
Tite 2, **11-14** et 3, **4-7** - Luc 3, **15-22**
Psaume 104
Cantiques AC 323 et AL 31-16

Semaine de prière de l'Alliance Évangélique (du 6 au 13)

Es-tu Celui qui vient ?

Luc 7, 19

Le Baptiste n'entre pas dans la rivalité ou dans la peur envers un plus grand. Il ne reste pas non plus sur des rumeurs et dans le "on dit". Il fait rencontrer et interroger Jésus lui-même.

Ainsi la question devient relation : "es-tu celui qui vient" ? Cette formule un peu mystérieuse s'ancre dans une histoire, une attente et une espérance.

Jésus répond en rappelant ses actes, ses paroles, ses guérisons. De plus, comme en retour aux questions sur son identité, il confirme et valorise l'identité et le rôle de Jean. Chacun donne une place à l'autre dans une relation de lucidité, d'engagement et de reconnaissance réciproque.

Autant que les paroles et les actes, ce mode de relation reflète le chemin du Royaume qui donne, à chacun, une place, une identité et une espérance. Nous y sommes aussi invités...

Geneviève Chevalley

L.S.07.42 C.S.16.18 L.L.08.17 C.L.18.54

JANVIER

LUNDI 14

Luc 7, **36-50**
Psaume 89
Cantique AC 175

Poursuis ta route en paix v.50

Des rencontres inattendues et surprenantes ouvrent une leçon de vie sur la remise de dette, le don, le pardon et le salut.

Qui serions-nous ? La femme, sans parole mais en pleurs et en don, invitée à avancer sur une route nouvelle, pardonnée et apaisée ? Le pharisien choqué par l'accueil de Jésus envers cette pécheresse impure mais qui a pourtant invité et écouté celui-ci ? Les convives en doute sur celui qui pardonne ? Peut-être un peu tous...

Et surtout, au cœur de cet événement, Jésus rencontre les "purs et les impurs". Il se laisse toucher par la tendresse et accepte le don - ce que d'autres évangélistes lient avec l'annonce de sa mort. Il montre que la générosité, l'amour, le pardon ne sont ni tiédeur ni faiblesse.

C'est une manière d'être qui peut étonner, bouleverser, choquer mais aussi enseigner, libérer et faire vivre.

Geneviève Chevalley

LE LIVRE DE NÉHÉMIE

Esdras et Néhémie ne formaient à l'origine qu'un seul livre, sans doute parce que l'auteur a cherché à lier l'activité de ces deux personnages aux événements de l'histoire postexilique.

Haut fonctionnaire de l'empereur perse Artaxerxès, Néhémie raconte comment il a obtenu l'autorisation de partir à Jérusalem pour y reconstruire la ville (Né 1-6). Malgré de nombreuses résistances internes et externes, Néhémie, constamment soutenu par Dieu, mène à bien la reconstruction des murailles de Jérusalem, tout en se préoccupant des injustices sociales (Né 5).

Le chapitre 8 vient apporter une conclusion heureuse à cette œuvre de reconstruction en décrivant la lecture solennelle de la Torah devant le peuple.

Le chapitre suivant développe une longue prière pénitentielle qui reprend les grands événements de l'histoire du peuple hébreu, et ce dernier s'engage alors à respecter la Loi de Moïse et tous les commandements. Les mémoires de Néhémie constituent ainsi un témoignage important sur une période historique difficile qui annonce un nouveau départ pour le peuple d'Israël.

Thierry Legrand, Faculté de théologie protestante de Strasbourg

JANVIER
MARDI 15

Néhémie 1, **1** à 2, **20**
Psaume 90
Cantiques NCTC 238, AC 543 et AL 37-01

Néhémie, un homme de vision : "Allons et rebâtissons !"

Néhémie est un très haut fonctionnaire à la cour du roi de Perse. Il reçoit des nouvelles de Jérusalem qui le consternent. La ville et la société tombent en ruine.

Il en ressent une humiliation profonde, pour lui, pour son peuple et pour son Dieu. Il négocie alors d'être nommé comme gouverneur de Juda.

Arrivé à Jérusalem, il fait une évaluation rigoureuse de la situation et, sur la base de cette évaluation, il rassemble tout ce que Jérusalem compte de décideurs et leur dit : "Allons et rebâtissons les murailles de la ville" !

Nos sociétés sont en crise ; crise d'avenir et de confiance ; crise de sens et de repères. Il y a des brèches dans les murailles de nos villes et de nos campagnes.

L'appel de Néhémie d'il y a 25 siècles : "Allons et rebâtissons !", s'invite dans notre actualité comme un véritable défi et une magnifique promesse.

Alain Rey, Église protestante unie de France

L.S.07.40 C.S.16.20 L.L.09.13 C.L.21.22

Néhémie 3, 1-32
Psaume 91
Cantiques NCTC 302, AC 427 et AL 44-07

Néhémie, un homme d'action

Après l'homme de vision, c'est l'homme d'action qui se manifeste ici. Le récit du jour nous place au cœur du chantier de la reconstruction. Chacun est à sa place avec une tâche et une fonction précises. Le chantier est conçu avec une infinie minutie. Néhémie fait preuve d'une très grande modernité. Il se révèle comme un as du management. Il soumet son action au seul critère de l'efficience.

Que retenir de ce récit où les énumérations sont longues, fastidieuses ?

- Dans l'œuvre de Dieu, il y a une place et un rôle pour chacun. Il est certes possible de ne pas accepter cette place. Peu importe, elle demeure.

- Vision sans action est illusion. Action sans vision est fuite en avant. Vision et action sont les deux versants de l'engagement. Ceci vaut pour les murailles de Jérusalem, pour un projet d'église autant que pour la vie personnelle.

Alain Rey

JANVIER

JEUDI 17

Néhémie 3, 33 à 4, 17
Psaume 92
Cantiques AC 424 et AL 44-11

Néhémie, un homme de prière

v.3

La reconstruction soulève de la part de ceux qui étaient restés à Jérusalem une vive jalousie. Eux n'avaient pas su conserver les murailles, alors ils se moquent : "Il suffirait qu'un renard grimpe sur leur mur de pierres pour le démolir".

Néhémie doit faire face à un défi nouveau : renforcer les capacités des bâtisseurs en les formant à la sécurité et à la protection. C'est dans la prière qu'il trouve la force de répondre à ce défi.

En 1994, après la tragédie du Rwanda, les responsables de l'Église presbytérienne ont conçu dans la suite de Néhémie une théologie de la reconstruction.

Les difficultés étaient immenses. Ils n'ont pas cédé. Le chemin de la reconstruction se heurte souvent à l'adversité. Il faut le savoir et s'y préparer quel que soit le projet de reconstruction ou de témoignage ! C'est ici que la prière soutient l'action.

Alain Rey

Semaine de Prière pour l'Unité des Chrétiens
du 18 au 25 janvier 2013

"Que nous demande le Seigneur ? Dans la justice et la bonté, Marcher avec Lui" (Michée 6, 6-8)

Le thème de **la semaine de prière pour l'unité chrétienne 2013** a été préparé en Inde par un mouvement d'étudiants chrétiens en collaboration avec d'autres associations chrétiennes. C'est dans le contexte indien de grande injustice faite aux *Dalits* - auparavant appelés "intouchables" - que la Semaine de prière pour l'unité chrétienne nous invite à méditer ce texte du prophète Michée (Michée 6, 6-8) nous interrogeant sur **"Que nous demande le Seigneur ?"**. La suite du texte répond en substance : **dans la justice et la bonté, marcher avec Lui**.

Pour les *Dalits*, la marche vers la libération est inséparable de la marche vers l'unité. Ainsi, cette semaine, notre marche avec les *Dalits* et tous ceux qui aspirent à la justice est partie intégrante de la prière pour l'unité chrétienne.

Anne-Noëlle Clément
Unité Chrétienne

Textes Bibliques au verso ➘

Textes bibliques pour chaque jour

1er Jour **Marcher en dialoguant**
Genèse 11, 1-9 ; Psaume 34, 11-18 ;
Actes 2, 1-12 ; Luc 24, 13-25.

2e Jour **Marcher avec le corps rompu du Christ**
Ézéchiel 37, 1-14 ; Psaume 22, 1-8 ;
Hébreux 13, 12-16 ; Luc 22, 14-23.

3e Jour **Marcher vers la liberté**
Exode 1, 15-22 ; Psaume 17, 1-6 ;
2 Corinthiens 3, 17-18 ; Jean 4, 4-26.

4e Jour **Marcher en enfants de la terre**
Lévitique 25, 8-17 ; Psaume 65, 5-13 ;
Romains 8, 18-25 ; Jean 9, 1-11.

5e Jour **Marcher en amis de Jésus**
Cantique des Cantiques 1, 5-8 ; Psaume 139, 1-6 ;
3 Jean 2-8 ; Jean 15, 12-17.

6e Jour **Marcher au-delà des barrières**
Ruth 4, 13-18 ; Psaume 113 ;
Éphésiens 2, 13-16 ; Matthieu 15, 21-28.

7e Jour **Marcher en solidarité**
Nombres 27, 1-11 ; Psaume 15 ;
Actes 2, 43-47 ; Luc 10, 25-37.

8e Jour **Marcher et célébrer**
Habacuc 3, 17-19 ; Psaume 100,
Philippiens 4, 4-9 ; Luc 1, 46-55.

Des outils pour vivre pleinement cette Semaine de prière pour l'unité chrétienne, affiche, document d'accompagnement, livret de fiches, images de prière, sont disponibles auprès de :
Unité Chrétienne – 7 place Saint-Irénée – 69005 LYON
☎ 04 78 42 11 67
e-mail : semaine@unitechretienne.org
site internet : www.unitechretienne.org

VENDREDI 18

Néhémie 5, 1-19
Psaume 93
Cantiques NCTC, AC et AL 72

Semaine de prière de l'Unité des chrétiens (du 18 au 25)

Actualité de Néhémie

La parole des prophètes adressée aux responsables politiques et religieux de leur temps aurait-elle été entendue ?

Néhémie, le gouverneur, écoute les plaintes venues de toutes parts dénonçant des conditions de vie désespérantes ; il mesure l'injustice créée par les disparités sociales et le cercle infernal dans lequel sont entraînés les plus défavorisés ; il décide d'y remédier, au nom du Dieu d'Israël, et participe lui-même à l'effort partagé.

Aujourd'hui les gouvernements se réfèrent aux idéaux rappelés en tête des constitutions nationales... ou prétendent s'en inspirer. À côté de leurs politiques, hélas !, il y aura toujours place pour des initiatives prises par des croyants que les injustices sociales, et l'abandon des plus faibles et des plus fragiles indignent. La voix des prophètes se fait encore entendre. Dieu merci.

Philippe Gross, Église protestante unie de France

JANVIER

SAMEDI 19

Néhémie 6, **1-19**
Psaume 94
Cantiques NCTC 107, AC 315 et AL 37-09

Semaine de prière de l'Unité des chrétiens (du 18 au 25)

Un possible dialogue ?

Nous lisons aujourd'hui une histoire épatante où la clairvoyance de Néhémie déjoue les ruses de ses ennemis. Les qualités de conteur de l'auteur de ce récit biblique ne sont sans doute pas pour rien dans le plaisir de notre lecture.

Mais à l'heure où les relations entre les nations se multiplient dans les domaines économiques, politiques, culturels, religieux, touristiques, sans oublier Internet, faut-il demander à Dieu de *fortifier nos mains* afin de dresser des murs entre nous ? Je ne crois pas.

En revanche nous pouvons lui demander de fortifier notre vue, notre écoute, notre intelligence, notre cœur et notre parole afin de nourrir nos relations avec les autres nations. Et lorsqu'elles ont un comportement qui nous apparaît hostile, interrogeons-nous : "comment avancer encore dans ce dialogue difficile" ?

Dans la muraille, Néhémie a prévu des portes. Pour les ouvrir un jour. Ce jour est toujours devant nous.

Philippe Gross

L.S.07.37 C.S.16.26 L.L.10.54 C.L.00.44

DIMANCHE 20

Néhémie 7, 1-72 - Ésaïe 62, **1-5**
1 Corinthiens 12, **4-11** - Jean 2, **1-12**
Psaume 96

Cantiques NCTC 147, AC 317 et AL 46-09

Semaine de prière de l'Unité des chrétiens (du 18 au 25)

Ourim et Toummim

Dans la ville qui se ferme, les familles ne pouvant prouver leur origine juive sont considérées comme étrangères. Sauf si le tirage au *sort*, effectué par le prêtre avec les Ourim et Toummim, en décide autrement.

Pratique aujourd'hui étonnante, quoique... Des membres d'associations d'entraide accompagnant soit des étrangers lors du renouvellement de leur carte de séjour, soit des personnes en difficulté auprès de services sociaux ou en vue d'une recherche de travail, sont témoins de situations qui devraient faire question. Attendre dès cinq heures du matin sans être certain d'être reçu le jour même... Se voir refuser un dépôt de dossier parce qu'il manque toujours un document... Éprouver régulièrement le sentiment de soupçon, comme si l'on voulait bénéficier d'un passe droit...

Dans la société de Néhémie les *exclus du sacerdoce*, parce qu'ils sont étrangers, ne sont pas renvoyés au-delà des murailles.

Philippe Gross

PRIÈRE

Semaine de prière de l'Unité des chrétiens (du 18 au 25)

Seigneur nous te prions avec les chrétiens des pays du Maghreb.

Fortifie notre regard, notre écoute et notre intelligence lorsque nous sommes confrontés à la rencontre avec des personnes différentes de nous.

Apprends-nous à vaincre nos craintes devant le handicap, source de différences physiques ou psychiques ;

Apprends-nous à entendre et recevoir les diversités culturelles ;

Apprends-nous à nous interroger devant les expressions religieuses que nous connaissons mal ;

Aide-nous à trouver lors de toutes ces rencontres les mots, les attitudes et les gestes qui ouvrent au dialogue.

Amen.

Philippe Gross

PRIONS, avec le Conseil Œcuménique des Églises en communion avec les chrétiens d'Algérie, de Libye, du Maroc, de Tunisie

LUNDI 21

Néhémie 8, 1-18
Psaume 95
Cantiques NCTC, AC et AL 33

Semaine de prière de l'Unité des chrétiens (du 18 au 25)

Loi

Les chapitres 8, 9 et 10 du livre de Néhémie sont d'une cohérence troublante : lecture et explication de la loi de Moïse, confession des péchés, serment qui engage le peuple d'Israël dans une voie nouvelle.

Le problème est que ce sont les élites qui vont mener la danse. Selon le chapitre 8, la lecture et l'explication de la loi font l'objet d'une répartition des rôles : à Esdras l'appel à la réjouissance, aux lévites l'appel au silence.

Le lendemain les élites réintroduisent la fête de Soukkoth, rappelant aux seuls enfants d'Israël libérés d'Égypte, selon le livre du Lévitique, qu'ils habitèrent dans des tentes. Ce rappel de la servitude et de la libération d'Israël, appelant repentance et gratitude du peuple, va être détourné de son sens initial : il va être le prétexte pour séparer légalement "ceux de la race d'Israël" des autres.

Jean-Jacques Demouveaux,
Église protestante unie de France

JANVIER

MARDI 22

Néhémie 9, 1-37
Psaume 97
Cantiques NCTC 248

Semaine de prière de l'Unité des chrétiens (du 18 au 25)

Confession des péchés

La confession des péchés du peuple commence par la séparation de ceux "de la race d'Israël" d'avec "tous les étrangers".

Après une longue lecture de la Loi, elle rappelle les péchés des rescapés de Babylone mais aussi les fautes de ses pères.

Les élites, toujours à la manœuvre, exploitent l'histoire d'Israël depuis l'origine qu'ils fixent à la vocation d'Abraham. Les infidélités du peuple, son abandon de la loi divine, ses trahisons et ses rebellions sont abondamment mentionnés. La fidélité de Yahvé, sa miséricorde, son amour mais aussi sa colère sont tout autant évoqués.

La demande de pardon d'un peuple qui exclut l'étranger, quelle contradiction !

Pourquoi avoir oublié la femme nubienne de Moïse, Rahab la cananéenne, Ruth la moabite, Balaam l'édomite et Job l'arabe ? Cette volonté d'exclusion n'est-elle pas une plus grande faute ?

Jean-Jacques Demouveaux

Néhémie 10, 1-40
Psaume 98
Cantiques NCTC 284, AC 608 et AL 45-01

Semaine de prière de l'Unité des chrétiens (du 18 au 25)

Un engagement qui exclut

Un accord est signé entre élites dirigeantes. Il engage tout un peuple : "ceux qui peuvent comprendre" et se sont séparés des étrangers pour "marcher selon la loi de Dieu". Marcher selon cette loi, c'est d'abord marquer une originalité exclusive pour adorer un Dieu qui est compris comme exclusif.

Or ce pacte signé est essentiellement politique : le Temple de Jérusalem en est l'enjeu stratégique de pouvoir. Ce sont ici les chefs du peuple, les prêtres et les lévites qui sont confortés au détriment de ceux qui estiment que l'Écriture est seule déterminante pour l'existence d'Israël. Les prophètes sont oubliés. Dès lors, les élites enferment le peuple dans un repli sur soi qu'ils spiritualisent ; ils refusent toute remise en question prophétique qui pourrait accompagner Israël vers les aurores messianiques universelles espérées par Ésaïe.

Jean-Jacques Demouveaux

JANVIER

JEUDI 24

Néhémie 11, **1-36**
Psaume 99
Cantiques NCTC 302, AC 427 et AL 44-07

Semaine de prière de l'Unité des chrétiens (du 18 au 25)

Merci pour les volontaires

La ville de Jérusalem est maintenant sécurisée. Le temple et les murailles sont réparés.

Mais il faut repeupler la capitale religieuse. Sans êtres humains, il n'y a pas de vie.

Voici comment l'on procède : un citoyen sur dix est tiré au sort ; d'autres s'offrent spontanément pour y habiter.

Aujourd'hui, l'église n'est ni une citadelle, ni un lieu fermé. Elle doit pourtant être habitée. Nos édifices, nos structures, nos commissions ont pourtant besoin de volontaires-bénévoles pour que la Parole circule et que le témoignage au Dieu de Jésus-Christ soit effectif. Ils sont précieux, celles et ceux qui osent quitter leur confort ou leur sécurité pour offrir leurs talents à l'œuvre de Dieu.

Nous sommes reconnaissants à Dieu pour la nuée de témoins qu'il suscite pour que sa présence vivante soit manifeste au cœur de notre monde.

Charly Marilleau, Union des églises évangéliques libres de France

JANVIER

VENDREDI 25

Néhémie 12, **1-43**
Psaume 100
Cantiques NCTC 256, AC 253 et AL 41-08

Semaine de prière de l'Unité des chrétiens (du 18 au 25)

Des hommes et des fêtes

Nous trouvons dans ce chapitre des listes de noms. Fastidieuses ou inutiles ? Certainement pas ! Ce sont toujours des hommes et des familles qui ont été utiles, présents, au bon endroit et au bon moment, pour que s'accomplisse le plan de Dieu.

Aujourd'hui encore, ce sont des personnes et des individus que Dieu aime et intègre dans ses projets. Vous en faites partie !

La fin des travaux, c'est l'occasion d'une fête et de grands défilés en musique. "Faire la fête" dans l'église, c'est aussi vivre des moments uniques de louange et de rencontre. Nous avons suffisamment de sujets de joie et de reconnaissance.

Par exemple, le psaume 100 du jour, nous invite à acclamer Dieu avec des cris de joie. À lui offrir un culte joyeux.

Parce qu'Il est notre créateur, et nous son peuple.

Que la louange a sa source dans le fait qu'il nous aime pour toujours et qu'il est fidèle à jamais.

Charly Marilleau

JANVIER

SAMEDI 26

Néhémie 12, **44** à 13, **31**
Psaume 101
Cantiques AC 630 et AL 46-05

Néhémie... Monsieur propre ?

Néhémie ne trouve pas une situation idyllique à Jérusalem. Il quitte même un certain confort pour s'atteler à une tâche ingrate dans la capitale religieuse.

On ne peut nier son action efficace et son investissement dans beaucoup de domaines. Il rencontre aussi pas mal de difficultés.

Par son courage, sa foi et sa persévérance, il contribue à remettre les choses dans l'ordre et à assainir une situation qui avait besoin de l'être : respect de la loi, observation du Sabbat, questions éthiques délicates.

N'idéalisons pas les hommes, mais reconnaissons que Dieu cherche, encore aujourd'hui, des servantes et des serviteurs qui voient les problèmes, retroussent leurs manches et font avancer le règne de Dieu.

Il n'y a pas "d'homme providentiel", mais celui qui est venu il y a plus de deux mille ans est capable de nous aider pour être "sel de la terre et lumière du monde".

Charly Marilleau

JANVIER

DIMANCHE 27

Jacques 1, 1-11 - Néhémie 8, **1-10**
1 Corinthiens 12, **12-30** - Luc 1, **1-4** et 4, **14-21**
Psaume 19, **8-15**
Cantiques NCTC 290 et AL 46-01

Jacques serviteur de Jésus-Christ, Dieu et Seigneur

Le verset inaugural de l'épître peut être traduit : "Jacques, esclave de Jésus-Christ, Dieu et Seigneur". L'auteur proclame la seigneurie du Christ en ouverture de sa lettre.

Il invite ensuite à comprendre l'existence comme confrontation à toutes sortes d'épreuves* qui font grandir dans la certitude de n'être jamais abandonné : en effet, Dieu est un Dieu bienveillant qui donne à tous*. Il faut vivre dans cette confiance et ne pas avoir une âme partagée (lit. "double"). Jacques envisage un homme unifié en Dieu.

L'existence n'est pas déterminée à l'avance et le croyant doit se réjouir de cette mobilité de l'existence : le pauvre sera élevé et le riche abaissé*. En effet, le riche, s'il n'a pas connu le manque ne pourra demander la sagesse qui lui fait défaut. Tant qu'il est dans sa richesse, il a l'impression de ne manquer de rien. Il n'est donc pas ouvert au Dieu qui donne à celui qui demande.

Élian Cuvillier, Église protestante unie de France

* Versets 2, 5, 9 et 10

PRIÈRE

Seigneur notre Dieu ! L'homme crie à Toi au jour de la détresse et il Te rend grâces au jour de la joie.

Ô, s'il est beau de rendre grâces quand l'homme comprend si aisément que Tu dispenses les dons excellents et parfaits, quand le cœur de chair lui-même saisit aussitôt et que l'entendement terrestre accorde sans retard son consentement ;

il y a cependant plus de félicité à rendre grâces quand la vie devient un discours confus, plus de félicité quand le cœur est oppressé et l'âme assombrie, quand la raison se fait traîtresse dans son ambiguïté et la mémoire trompeuse dans son oubli, quand l'égoïsme recule d'effroi, quand la sagesse humaine résiste, sinon dans la rébellion, du moins dans le découragement ;

alors il y a plus de félicité à rendre grâces à Dieu. Car celui qui rend grâces ainsi aime Dieu, il ose tutoyer Celui à qui rien n'est caché ; Seigneur, Tu sais toutes choses, Tu sais que je t'aime.
Amen.

Søren Kierkegaard

PRIONS, avec le Conseil Œcuménique des Églises
en communion avec les chrétiens
du Danemark, de Finlande, d'Islande, de Norvège,
de Suède

Jacques 1, **12-18**
Psaume 102
Cantiques NCTC, AC et AL Psaume 23

Dieu ne tente personne

v.13

"Dieu ne tente personne" : l'affirmation est une véritable confession de foi. La tentation vient de l'intérieur de l'homme* : elle est expérience d'une puissance qui asservit l'homme. Il est pris à un hameçon intérieur qui transforme l'expérience normale des épreuves de la vie en une compréhension de l'existence comme jouet d'un Dieu pervers.

Il s'agit donc de ne pas s'égarer : il y a une bonne façon de donner, celle de Dieu, qui ne rend pas esclave de celui qui donne. Il y a un don qui fait vivre : il vient du Père qui dirige les astres sans nous faire entrer dans un destin.

Il est le point solide autour duquel tout s'organise : c'est de lui que nous sommes issus. Jacques affirme ainsi que ce qui fonde l'existence humaine, c'est une Parole de bénédiction dont l'origine est à situer dans la volonté du "Père des lumières". Le croyant est "engendré" de cette "Parole de vérité".

Élian Cuvillier

* cf Marc 7, 20-23

JANVIER
MARDI 29

Jacques 1, **19-27**
Psaume 103
Cantiques AC 233 et AL 22-01

Soyez des poètes de la parole v.22

Jacques invite à devenir "réalisateur" littéralement "poète" de la Parole. Être "poète" de la Parole, c'est regarder le miroir de son origine et discerner que derrière la loi du monde, il y a une autre loi qui fonde le sujet humain, dans laquelle il faut "demeurer". Être "prompt à écouter, lent à parler et lent à la colère", c'est laisser faire l'œuvre de la Parole en soi, la laisser travailler. Car la Parole a la puissance de sauver nos vies !

Réaliser la Parole, c'est alors "tenir sa langue en bride" c'est-à-dire ne pas se laisser tromper par les discours qui fuient la rencontre avec l'autre. La vraie religion ce n'est pas le discours sur Dieu (religion spéculative et bavarde), c'est la rencontre de l'autre au lieu même de son manque, "visiter la veuve et l'orphelin". Mais la religion véritable ne se limite pas à l'horizontalité : se "garder loin du monde" c'est s'ouvrir à la transcendance, articuler l'horizontal et le vertical.

Élian Cuvillier

Jacques 2, **1-13**
Psaume 104
Cantique AC 541

Pauvres du point de vue du monde... Riches en foi et héritiers du Royaume

v.5

Dans cette lettre soucieuse d'inscrire la foi au plus concret de la vie personnelle et sociale de chacun, l'auteur met en garde contre la fascination que peuvent exercer les richesses et... les riches. Cette exigence nous rappelle celle de Jésus dans le Sermon sur la montagne*, invitant à vivre la Loi de Moïse, plusieurs fois citée par Jésus comme par Jacques, à l'aune du principe énoncé au livre du Lévitique : "Tu aimeras ton prochain comme toi-même".

La référence essentielle, Jacques la nomme "loi royale" ou "loi de liberté", expression paradoxale mais que nous pouvons comprendre comme l'exhortation à un comportement "inspiré par la liberté que donne la foi" en Jésus-Christ. Cette liberté se nourrit d'amour et de compassion et sait reconnaître, par-delà les apparences, la vraie richesse en chaque personne.

Marianne Seckel, Église protestante unie de France

* Matthieu 6, 19-34

L.S.07.25 C.S.16.44 L.L.20.53 C.L.08.21

JANVIER

JEUDI 31

Jacques 2, **14-26**
Psaume 105
Cantique AC 629

Vivre et agir en accord avec ce que je crois

Nous sommes au cœur de la lettre de Jacques et au cœur des controverses qu'elle a suscitées. Jacques distingue radicalement une prétendue foi, s'exprimant en paroles trompeuses, foi stérile et même morte, d'une foi vivante qui s'exprime par des œuvres, dont sont donnés deux exemples :

- exemple d'un dessaisissement absolu, exemple du don, Abraham a cru au Dieu qui "pourvoit" ;

- exemple d'accueil et de pleine confiance, Rahab*, dont la foi n'est jamais mentionnée mais qui a permis la libre circulation de ceux qu'elle a reconnus comme porteurs de la Parole.

Pour Abraham comme pour Rahab, il ne peut pas être question de foi en Jésus-Christ, mais, en amont, de foi au Dieu qui appelle, qui libère et se révèle à l'intime de chacun.

Ainsi comprise, la foi est indissociable de notre manière d'être et de vivre avec autrui.

Marianne Seckel

* Josué 2

Jacques 3, **1-12**
Psaume 106
Cantique AC 229

Préserve ta langue du mal...

Ps 34, 4 et Jacques 3

Comme un vibrant avertissement, Jacques use de multiples comparaisons pour signifier que le ministère de la parole - enseignement, prédication, catéchèse ou toute forme d'accompagnement - n'est pas accessible à n'importe qui. Tel le mors dans la bouche du cheval ou le gouvernail du bateau qui permet de choisir une direction, telle est la langue en notre bouche. Qui plus est, sa maîtrise est plus difficile que celle des bêtes sauvages !

Qui donc est le maître de la parole ? Où en est la source ? De même que la foi est dévoilée par les œuvres qu'elle suscite, la parole témoigne de la source qui l'alimente, source maléfique ou source vivifiante.

Bien des sages, comme les auteurs des psaumes et proverbes bibliques, l'ont dit avant Jacques qui, par ce rappel insistant, exhorte les communautés chrétiennes et chaque lecteur au discernement.

Marianne Seckel

FÉVRIER

SAMEDI 2

Jacques 3, **13-18**
Psaume 107
Cantiques AC 534 et AL 36-29

La sagesse, une espérance

Te paari (la sagesse), à lire et à écouter Jacques, est une espérance qui vit dans le temps et avec le temps, c'est-à-dire qui est portée par la patience.

Une espérance qui repose sur la force de la Parole, que préfère le Christ Jésus à celle de la violence des mots ou des gestes.

Une espérance qui, sans masquer la souffrance, permet qu'émergent du cœur des personnes, qui ne se parlent plus, la paix et l'amour.

Puisse-t-il, donc, être là, aujourd'hui même, ce jour où tout le monde sera éternellement intelligent, raisonnable et sage !

Jacques Teraì a IHORAI, Église Protestante Maohi

FÉVRIER

DIMANCHE 3

Jacques 4, **1-10** - Jérémie 1, **4-19**
1 Corinthiens 12, **31** à 13, **13** - **Luc 4, 21-30**
Psaume 71
Cantiques AC 566 et AL 23-11

Pourquoi suis-je en chaire ?

Ce n'est pas un gag !

Parce que Jésus leur a dit, lors du culte de ce jour du Sabbat-là qu'accepter d'être libérés du mal, qui ronge leur cœur et qu'ils pouponnent, voilà ce qui pourrait les aider à reconnaître en lui le *Tapao* (signe) des signes de Dieu, c'est-à-dire plus que les signes qu'ils attendent, les paroissiens de Nazareth, en Galilée, avec leur pasteur et leurs diacres, veulent tuer le Prédicateur du jour !

Ah, non ! En chaire, je ne suis pas pour dire ce qu'on veut entendre, mais ce que je crois, ce que j'espère et ce que j'aime !

Jacques Teraì a IHORAI

PRIÈRE

Que je sois en Irlande ou au Royaume-Uni, voire même ici, à Tahiti, et dans les îles, tu m'as fait, Père, pour être libre.

Libre pour vivre et non pour mourir.

Libre pour aimer et non pour haïr.

Sur la Terre, tu n'as pas beaucoup d'enfants, mais que des enfants.

Alors, Père, pardonne-moi de n'avoir pas su aimer ton autre enfant en la personne que j'ai croisée sur mon chemin.

Que ton Règne arrive, aujourd'hui même, Père, afin que t'aimer et aimer l'autre, comme tu m'aimes, soit quelque chose de véritable et d'éternel !

Amen.

Jacques Teraì a IHORAI

PRIONS, avec le Conseil Œcuménique des Églises en communion avec les chrétiens d'Irlande, du Royaume-Uni

Jacques 4, 11-17
Psaume 108
Cantiques NCTC 254, AC 261 et AL 41-01

Soli Deo gloria

Nous avons le choix, soit être ami du monde, soit être ami de Dieu. Difficile de jouer sur les deux tableaux ; c'est pourtant ce que nous faisons sans cesse. Pour nous donner bonne conscience nous disposons d'un arsenal impressionnant d'arguments. Ainsi, le plus couramment employé est celui-ci : *Comment comprendre les rouages du monde sans en être partie prenante ?*

À la suite de l'ecclésiaste, Jacques nous rappelle que nous ne sommes que vapeur qui paraît un instant puis s'évanouit... Il n'y a pas lieu toutefois de se jeter sans avenir, corps et âme, face au rien, il s'agit plutôt de s'intégrer dans le plan de Dieu. Car faire le bien, c'est le vouloir, c'est être capable de l'attendre et le guetter, le réaliser pour la seule gloire de Dieu.

Freddy Vanweddingen, Union des églises protestantes d'Alsace et de Lorraine

L.S.07.18 C.S.16.52 L.L.01.41 C.L.10.56

FÉVRIER

MARDI 5

Jacques 5, **1-6**
Psaume 109
Cantiques AC 613 et AL 47-21

Vous avez condamné le juste

Le juste vivra par la foi ! Le juste n'est pas aveuglé par ce qui brille, car il possède en lui la richesse qui donne du sens à sa vie. Cette richesse porte pour nom Jésus-Christ. En nous éloignant du Christ nous nous éloignons de l'essentiel, du sens qu'aurait pu avoir notre vie. Sans le Christ nos vies ressemblent à un gruyère, remplies de trous que nous comblons par des artifices, tels le paraître, les richesses, etc.

On dirait aujourd'hui, *je déteste ma silhouette parce qu'elle est vide*. Mais en gardant le cap sur le Christ nous traversons nos vies dignement, laissant derrière nous comme une traînée de paix et d'amour. D'autres pourront alors suivre la même voie.

Riches, alors, de cette richesse immatérielle nous pourrons entrer en communion avec le Seigneur Dieu.

Freddy Vanweddingen

MERCREDI 6

Jacques 5, **7-20**
Psaume 110
Cantiques AC 628 et AL 47-15

Affermissez vos cœurs

v.8

Quelle est la vocation du chrétien sinon de rester fidèle au bonheur qui lui est donné par Jésus-Christ et de prendre patience, convaincu que le Seigneur est proche ? Pas question ici de fatalisme ni de renoncer à la vie présente. Le mot d'ordre, *affermissez vos cœurs*, du verset 8, ainsi que l'allusion à l'histoire de Job montrent qu'il ne s'agit pas de s'en tenir à une attitude passive, mais à une fidélité active et à se montrer endurant.

L'Évangile n'est pas un instrument dans la main des forts pour légitimer leur pouvoir et appeler les pauvres à la patience, il est ferment et doit conduire à une *metanoïa*, c'est-à-dire à un changement de mentalité. Mais les paroles de Jacques débouchent naturellement sur une réflexion quant à la fonction du christianisme dans les conflits sociaux. Elles ont également une portée eschatologique ; la venue du Seigneur est proche, soyons persévérants.

Freddy Vanweddingen

FÉVRIER
JEUDI 7

Lévitique 17, 1-16
Psaume 111
Cantique AL 41-17

Respectez le vivant !

En hébreu, le titre du Lévitique se dit : "Il appelle" ! Dieu appelle son peuple ! Il lui demande le respect et l'attention, dans ses relations avec le Seigneur d'abord, mais également avec toute la création.

Ainsi même ce qu'on mange n'est pas juste de la *bouffe*, mais de la nourriture, qu'il convient de traiter avec respect. Le repas est un moment de fraternité, et ce qui y est consommé nous est *offert* par le Créateur. Avant d'abattre un animal pour le manger, il faut d'abord le présenter à Dieu, et il ne faut pas le tuer n'importe comment. C'est surtout le sang qu'il convient de traiter avec respect car il véhicule le *nèphesh*, le souffle de Dieu*. C'est pour cela que le sang versé sur l'autel est sacré.

Peut-être des versets à méditer devant le rayon de boucherie et ses promotions de viande élevée en batterie ?

Élisabeth Brinkman, Église protestante unie de France

* Genèse 2, 7

Lévitique 18, **1-30**
Psaume 112
Cantiques NCTC, AC et AL 101

Je suis le SEIGNEUR, votre Dieu

Puisque Le SEIGNEUR est saint, son peuple doit l'être également, jusque dans ses actes les plus intimes. Saint veut dire *mis à part* : l'Israélite ne doit pas agir comme le païen, qu'il soit Égyptien ou Cananéen.

D'où cette longue liste des formes interdites de sexualité. Il s'agit peut-être de protection contre la consanguinité dans la première partie, mais plus profondément, l'auteur du livre s'oppose à tout ce qui peut référer aux pratiques païennes : la prostitution sacrée, le sacrifice humain, le mariage entre demi-frère et sœur comme à la cour égyptienne, les orgies... tout ce qui réduit le corps de l'autre à un objet.

De nouveau quelque chose à méditer en tant que chrétien : le respect de l'autre et de son altérité fondamentale.

Élisabeth Brinkmann

FÉVRIER

SAMEDI 9

Lévitique 19, 1-37
Psaume 113
Cantiques AC 537 et AL 36-04

Soyez saints, car je suis saint

Être le peuple de Dieu impose d'avoir des limites : on ne peut pas faire n'importe quoi. Le code de sainteté, c'est le nom qu'on donne parfois à ce chapitre, fait penser par certains côtés au Décalogue : honore ton père et ta mère, tu ne tueras point, tu ne te feras pas d'idoles...

Mais il dit autre chose encore : freine tes impulsions, bride ton désir de tout avoir et de tout posséder ! Tu ne mesureras pas seulement une mesure juste, mais tu laisseras dans ton champ de quoi glaner pour le pauvre. Tu donneras sa part à l'autre, que ce soit l'étranger, le pauvre ou Dieu lui-même. Et tu feras cela parce que toi-même tu as été pauvre et immigré. N'y a-t-il pas un verset en Matthieu qui dit : *Car j'ai eu faim et vous m'avez donné à manger ; j'ai eu soif et vous m'avez donné à boire ; j'étais un étranger et vous m'avez recueilli** ?

Élisabeth Brinkman

* Chapitre 25

FÉVRIER

DIMANCHE 10

Lévitique 20, 1-27 - Ésaïe 6, **1-8**
1 Corinthiens 15, **1-11** - Luc 5, **1-11**
Psaume 138
Cantiques AC 515 et AL 35-20

Vivre... ensemble !

Le texte nous le rappelle : il y a des comportements qui mènent à la mort ou à la séparation. Ici, ils sont du domaine des rapports sexuels. On ne peut pas faire impunément n'importe quoi sous peine de mettre en péril la vie ou le vivre ensemble d'une société. Il s'agit de tabous.

Les tabous sont la conséquence directe d'un projet de société. Ici, c'est l'alliance de Dieu avec son peuple Israël : "c'est moi l'Éternel, votre Dieu, qui vous ai séparés des peuples... afin que vous soyez à moi"*.

Si nous voulons reformuler les "tabous" de notre société et de notre église, il convient de revisiter le pacte qui la fonde : une alliance conclue dans la mort du Christ qui nous libère du péché dans les limites de l'amour. Il en va de notre relation à Dieu, de notre vie et du vivre ensemble de nos communautés ecclésiales et humaines.

Hans-Joachim Lung, Église protestante unie de France

* Versets 24 et 26

PRIÈRE

Seigneur, notre Dieu,

Tu nous rappelles sans cesse que tu veux que nous vivions
pleinement, heureux, réconciliés avec nous-mêmes et les autres.

Tu nous as ouvert un espace de vie avec ses limites à respecter.

Donne-nous de le remplir pleinement.

Donne-nous de consentir aux limites que tu as posées.

Afin qu'il y ait la vie en plénitude
et que la mort perde son emprise.

Hans-Joachim Lung

PRIONS, avec le Conseil Œcuménique des Églises
en communion avec les chrétiens
de Belgique, du Luxembourg, des Pays-Bas

Lévitique 21, **1-24**
Psaume 114
Cantiques AC 623 et AL 46-08

Profanation ?

Aujourd'hui il n'y a plus que les cimetières que l'on profane. L'espace de Dieu semble s'être rétréci au lieu des morts. Même là, il n'est pas sûr que la profanation porte atteinte à Dieu ou aux morts.

Quand le texte parle de profanation il parle d'abord d'une relation vivante : comment entrer en contact avec Dieu ? Comment penser sa sainteté aujourd'hui ? La sainteté est cette part dans la relation qui nous échappe. Elle se soustrait aux représentations et aux fantasmes que nous projetons sur ce que nous nommons Dieu.

Si l'on regarde sous cet angle la notion de pureté, elle prend à nouveau sens : comment se débarrasser de ces scories qui figent et faussent ma relation avec Dieu ? Comment renoncer à vouloir tout savoir de lui afin de pouvoir croire ? Comment accepter son énigme afin de pouvoir lui faire confiance ? Serait-ce là aujourd'hui que nous sommes en danger de profaner le nom de Dieu ?

Hans-Joachim Lung

FÉVRIER

MARDI 12

Lévitique 22, **1-33**
Psaume 115
Cantiques NCTC 260, AC 249 et AL 42-03

Offrandes et sacrifices

Loin semble le temps des sacrifices. Ces gestes qui prélèvent des animaux ou des fruits de la terre pour les offrir à Dieu afin d'exprimer la reconnaissance.

Le geste du sacrifice est une réponse à la question : "Qu'est-ce qui appartient à Dieu ? Quelle est sa place dans notre vie ?". Le sacrifice est devenu une réponse obsolète. La question a gardé sa pertinence.

Sommes-nous toujours convaincus que nous recevons tout de Dieu ? Nous sentons-nous comme bénéficiaires de sa grâce ayant peu de mérites dans le succès et l'acquisition des biens de notre vie ? Si oui, par quel geste exprimons-nous notre reconnaissance ? Notre contribution à la vie de l'église peut alors prendre ce caractère d'offrande : prélever une partie du fruit de notre travail en signe de reconnaissance et d'action de grâce. Ainsi notre don devient une confession de foi en acte, une reconnaissance de la place de Dieu dans notre vie.

Hans-Joachim Lung

MERCREDI 13

Luc 8, **1-21**
Psaume 116
Cantiques NCTC 299, AC 230 et AL 22-04

Étrange cortège - Étranges auditeurs v.1 à 8

Dans l'étrange cortège qui accompagne Jésus pour être à son école, tout le monde est surpris de découvrir des femmes. Avaient-elles comme les hommes délaissé leur famille et leurs travaux ? C'est probable et surprenant, surtout vu les mœurs de l'époque. Elles aussi étaient extrêmement attentives.

L'une d'elles avait été guérie par Jésus manifestement d'une grave maladie, sept démons, la dose maximum. On comprendrait qu'elle ait eu pour lui un grand attachement.

De quel ordre sa maladie ? Épilepsie ? Troubles psychiques ? Ce qui est sûr, c'est qu'elle avait été gravement "dérangée", comme on dit. Nous la retrouverons devant le tombeau vide, les bras chargés d'aromates et de parfums, dérisoires efforts pour qu'un être chéri ne "redevienne poussière"... quand le "semeur" avait, croyait-on, fini de "semer".

Un seul questionnement : quel auditeur ai-je été de la parole géniale de Jésus à l'occasion d'une prédication ou d'une lecture ?

Roger Parmentier, Église protestante unie de France

JEUDI 14

Luc 8, 2- 39
Psaume 117
Cantique AC 489

Tempête dans le métro

v.22 à 25 *

Il n'en peut plus de fatigue et, dans le métro, ses compagnons protègent son sommeil. Dans la dernière partie du trajet monte une bande de néo-fascistes, très excités, revenant d'une expédition. Sans tarder ils agressent les camarades, rapidement submergés, les coups succédant aux accusations méprisantes et aux injures. Et lui le bras replié, continue à dormir.

Ses compagnons finissent par le réveiller et s'écrient : "Camarade, ne vois-tu pas qu'ils nous enfoncent ?". Réveillé il fait front ; en quelques paroles il impose un grand calme. Les adversaires sont sidérés. Mais il dit à ceux de son équipe : "Pourquoi avez-vous si peur ? N'avez-vous pas encore cette foi fondée sur la grande réalisation en marche ?". Profondément impressionnés, ils murmurent entre eux : "Ce frère nous dépasse. Il y a un secret en lui. Comment parvient-il à casser même le mépris, la haine et la violence ?".

Roger Parmentier

* Évangile de Luc actualisé, 1974, extrait

FÉVRIER
VENDREDI 15

Luc 8, **40-56**
Psaume 118
Cantiques AC 545 et AL 62-86

Appels à la foi

v.40 à 55 *

L'échange continue encore qu'un membre de la famille du pasteur vient lui dire : "Quel malheur ! Cette fois il n'y a plus d'espoir. Elle ne fera plus d'autres tentatives. Hélas ! Il est inutile de courir et d'insister".

Notre homme fait celui qui n'a rien entendu et dit au père : "C'est le moment d'avoir foi, toi qui la prêches aux autres. Ne te laisse pas détruire ou dominer par la douleur".

Il entre et dit à tous : "Pourquoi ces cris ? Cette jeune fille n'est pas morte, mais dans le coma". Beaucoup le prennent pour un imbécile. Mais il met tout le monde à la porte et prend avec lui le père et la mère de la jeune fille et ses propres compagnons. Il entre dans la chambre, prend la main inanimée et dit "Debout mon amie ! Ouvre les yeux ! La vie est merveilleuse. Tant d'amour est possible. Toi aussi je t'appelle à changer la vie".

Aussitôt la jeune fille se lève et se met à marcher.

Roger Parmentier

* Évangile de Luc actualisé, 1974, extrait

FÉVRIER

SAMEDI 16

Luc 9, **1-17**
Psaume 119, **1-32**
Cantiques NCTC 246, AC 532 et AL 36-30

Nous sommes envoyés pour nourrir

Autrefois, ils n'étaient que Douze, les disciples ; aujourd'hui, nous sommes bien plus nombreux. Et Jésus continue à nous envoyer, chacun, en mission.

Non pas pour rendre des gens perplexes comme le fut Hérode. Mais pour les nourrir, comme ce fut le cas, près de Bethsaïda, pour cinq mille hommes, sans compter les femmes et les enfants.

Chaque chrétien est un disciple, envoyé en mission, auprès des gens qu'il rencontre. Et grâce à Jésus qui lui donne ce qu'il faut, il peut nourrir chacun et chacune. Avec de quoi manger, de quoi aimer, de quoi réconforter, de quoi croire, de quoi prier.

Merci, Jésus, d'inviter chaque chrétien à dire à son prochain, grâce à l'Évangile, au partage, à l'amitié, à l'écoute mutuelle : bon appétit !

Marc Chambron, Église protestante unie de France

FÉVRIER

DIMANCHE 17

Luc 9, **18-36** - Deutéronome 26, **4-10**
Romains 10, **8-13** - **Luc 4, 1-13**
Psaume 91
Cantiques NCTC 188, AC 411 et AL 45-13

1er DIMANCHE DU CARÊME

Repousser les tentations

Jésus avait jeûné pendant quarante jours, ce que rappelle le Carême dans lequel nous entrons, que l'Église fait justement durer quarante jours.

Ensuite, c'est le démon, l'adversaire, qui va essayer, à trois reprises, de tenter Jésus. En agissant par lui-même, sans Dieu, et s'il le faut, contre Dieu. Il lui propose de changer une pierre en pain, de gouverner le monde entier, de sauter, sans risque, du sommet du Temple. Mais Jésus refuse toutes ces tentations, pour rester fidèle à la Parole de Dieu et à sa volonté.

Le tentateur veut aussi nous faire douter de Dieu, distendre la confiance, briser la communion. C'est la seule tentation qui compte vraiment : vouloir nous éloigner de Dieu. Mais sur cette tentation, le Christ a su, à trois reprises, remporter la victoire. Et sa victoire, c'est aussi la nôtre.

Marc Chambron

PRIÈRE

"Seigneur notre Dieu, tu nous appelles à entrer dans la repentance en ce temps de Carême.

Fais-nous la grâce de progresser dans la connaissance du mystère du Christ, et de cheminer avec lui dans sa passion. Que son combat soit notre force, pour que nous marchions résolument vers sa lumière".*

Et donne-nous de prier avec les chrétiens d'Espagne, d'Italie, de Malte et du Portugal, pour que progressent, dans ces pays et partout dans le monde, la foi, l'espérance et l'amour - et de prier avec les chrétiens du Vatican, pour qu'avance l'œcuménisme.

Marc Chambron

* Liturgie de l'Église luthérienne

PRIONS, avec le Conseil Œcuménique des Églises en communion avec les chrétiens d'Espagne, d'Italie, de Malte, du Portugal, du Vatican

LUNDI 18

Luc 9, **37-56**
Psaume 119, **33-64**
Cantiques NCTC 391, AC 883 et AL 62-72

En route avec Jésus

Jésus guérit un enfant possédé, puis il encourage ses disciples, il ne fait jamais de mal à personne. Et pourtant le Christ doit annoncer ses prochaines souffrances, et il n'est pas accueilli partout ; on le refuse en Samarie.

Ainsi la réponse à l'amour n'est pas forcément l'amour. Les actes bons peuvent être mal accueillis. Non seulement les disciples, mais même Jésus, peuvent être incompris et malmenés.

Être chrétien, c'est faire ce que l'Évangile nous demande, quitte à prendre des risques.

Mais même si, parfois, les épreuves sont nombreuses, si le chemin est rude, nous savons qu'il nous conduit vers une plénitude : celle du pardon, de la foi, de la grâce, de l'amour. Alors, bonne route à chacun et à tous. Et merci, Seigneur, de nous faire toujours virer du bon côté.

Marc Chambron

FÉVRIER

MARDI 19

Luc 9, **57** à 10, **16**
Psaume 119, **65-96**
Cantique AL 44-10

Il dit à un autre : Suis-moi

v.59

Tout quitter pour suivre Jésus, telle est la condition missionnaire du disciple.

Ils étaient en route, on parlait en chemin. Enthousiasme premier des pèlerins.

Mais la réponse de Jésus leur dit tout en images. Certains sont comme des renards qui s'enterrent, d'autres, tels les oiseaux, volent dans le ciel.

Terrier de renard ou nid d'oiseau, la condition chrétienne, ni tout au fond, ni tout en haut, est celle d'un cheminement sur terre et sous le ciel. Elle n'est ni repas de proie, ni repos de nid, mais une destination, une destinée.

L'envoi et la mission des soixante-douze disciples de Jésus exigent un abandon total. "Le prix de la grâce".

Michel Leplay, Église protestante unie de France

FÉVRIER

MERCREDI 20

Luc 10, **17-24**
Psaume 119, **97-144**
Cantiques NCTC 256, AC 253 et AL 41-08

Sous l'action de l'Esprit saint

v.21

On sait la retenue du vocabulaire hébraïque pour prononcer le nom de Dieu : "le Saint, béni soit-il".

Mais voici dans l'Évangile une révélation complémentaire. Le tétragramme sacré, tu par Moïse, devient un nom propre "sous l'action du Saint-Esprit".

C'est la joyeuse annonce aux tout-petits, de l'appellation de Père au nom de son Fils. Nous avons là en germe ce qui deviendra dans l'Église ultérieure et ses conciles la doctrine de la Trinité, un seul Dieu, Père, Fils et Saint-Esprit, en trois personnes.

Il y a certes des difficultés et des subtilités dans cette affirmation qui, pourtant, n'enlève rien au fondamental monothéisme biblique. Cette vérité est réservée à la vie profonde des enfants de Dieu en Jésus-Christ, sous l'action de l'Esprit.

Michel Leplay

L.S.06.51 C.S.17.18 L.L.12.14 C.L.03.13

FÉVRIER

JEUDI 21

Luc 10, **25-42**
Psaume 119, **145-176**
Cantiques NCTC 280, AC 607 et AL 46-02

Et toi, fais de même

v.37

La lecture de ce jour est comme le menu d'un repas complet : entrée, plat principal et dessert.

D'abord, que faire pour entrer dans la vie éternelle ? On dirait aujourd'hui : pour partager une vie fraternelle. Réponse simple et totale : aime Dieu et ton prochain. Alors la parabole centrale du Bon samaritain répond exactement sur le mode des relations courtes et de charité.

Ensuite, une relation longue, celle de l'institution de la justice après l'événement de la charité : l'installation du blessé à l'auberge.

La lecture se termine par la visite de Jésus à Marthe et à Marie.

Entre le Samaritain qui secourt et la femme qui écoute, l'essentiel, Marthe prépare une tarte pour les voyageurs.

Michel Leplay

FÉVRIER

VENDREDI 22

Lévitique 23, **1-44**
Psaume 120
Cantique AL 33-02

Un concentré de fêtes... pour un vrai bonheur !

La signification de ces fêtes se perd dans la mémoire, mais peut reprendre du sens quand l'existence s'y prête.

Le Sabbat d'abord, travaille la conscience de notre limite (dans le temps, le gain...) et oriente le regard sur Celui qui donne la vie.

Pâque et la fête des pains sans levain rappellent l'acte initiateur et libérateur de Dieu sur nos existences, qui renouvelle sans cesse celui/celle qui lui laisse place.

S'ajoutent ensuite la patience (7 semaines !), le don au pauvre et à l'immigré (Dieu insiste*), l'action de grâce, l'accueil du pardon, le sens de notre propre précarité (les tentes !), le sens du don pour le service divin...

Voilà le cocktail festif qui donne une joie réelle**.

Mais tout cela ne se fait pas sans sacrifice, préfiguration du Christ, mis à mort par les humains, révélant en plénitude tout cet amour divin.

Gill Daudé, Église protestante unie de France

* verset 22
** verset 40

FÉVRIER

SAMEDI 23

Lévitique 24, **1-23**
Psaume 121
Cantique AL 14-12

Lapider les blasphémateurs ? Tuer les criminels ?

Notre texte commence par la lumière... mais se termine par l'horreur de la lapidation.

"Œil pour œil, dent pour dent" : même si c'est une "avancée" vers une justice régulée par la loi (on ne se fait plus justice soi-même), même si on l'explique par le fait que le blasphème d'un individu était compris comme celui de tout le groupe, notre sensibilité occidentale est choquée. Mais le symbole reste fort : nier Dieu, auteur de la vie, ou nier l'autre en le tuant, c'est mourir soi-même.

L'Évangile le dit aussi mais inverse les choses : c'est Dieu (ou son envoyé que l'on dit divin et humain) qui est lapidé et crucifié... pour blasphème*. Dieu mis à mort avec les humains, à la place des humains.

Désormais, faire couler le sang même pour blasphème contre Dieu ou contre les autres, n'est plus justifiable. Reste la loi de l'amour.

Gill Daudé

* Jean 10, 33

FÉVRIER

DIMANCHE 24

Lévitique 25, 1-54 - Genèse 15, **5-18**
Philippiens 3, **17** à 4, **1** - Luc 9, **28-36**
Psaume 27
Cantiques NCTC 212, AC 475 et AL 34-15

2e DIMANCHE DU CARÊME

Sois le rédempteur de ton frère et de la terre !

Travailler six jours, se reposer le septième ; faire reposer sa terre une année sur sept, et tous les sept fois sept ans reprendre à zéro les relations sociales et commerciales...

Dans ces temps de jachère, apprendre à dépendre de Dieu*, se savoir de passage car rien ne nous appartient**, et donc être solidaire (sans intérêt !) du pauvre et de l'immigré, préserver le droit de rachat (rédemption) d'une terre vendue par nécessité et des personnes surendettées... C'est cela respecter Dieu, la terre, son frère.

Des lois qui questionnent notre postmodernité individualiste transformant les humains en exploitants-exploités.

Rédempteur : ce titre sera donné à Dieu qui s'occupe de son peuple, puis à Jésus qui s'occupe de l'humanité, harmonise nos relations à la terre, à nos biens et les uns aux autres.

La lumière de la transfiguration vient de ce côté-là.

Gill Daudé

* verset 21
** verset 23

PRIÈRE

En toi, Seigneur, est la source de la vie,
dans ta lumière nous verrons la lumière.
Sauve-nous, ô Fils de Dieu
transfiguré sur le Thabor,
nous qui te chantons : Alléluia !

Transfiguré sur la montagne,
Ô Christ notre Dieu.
Laissant tes disciples contempler ta gloire
autant qu'ils le pouvaient supporter :
fais briller sur nous aussi, pécheurs,
ton éternelle clarté
par les prières de la Mère de Dieu,
Ô Source de lumière, gloire à toi !

Chant et tropaire orthodoxes de la Transfiguration

Gill Daudé

PRIONS, avec le Conseil Œcuménique des Églises
en communion avec les chrétiens
d'Allemagne, de France

Lévitique 25, **55** à 26, **46**
Psaume 122
Cantiques NCTC, AC et AL 36

Je maintiendrai mon alliance avec vous...

Lév. 26, 9

Une dame n'ayant jamais rencontré de protestant me demandait un jour : "expliquez-moi les lois et règlements du protestantisme". Ainsi s'imaginait-elle que les protestants vivaient sous le joug d'un ensemble de contraintes et non point dans la joie de la liberté du Christ.

Lecteurs du Lévitique, on pourrait aussi imaginer le judaïsme saturé de lois sur le moindre détail de la vie. Mais la Torah juive n'est pas la Loi (lex) romaine et les orientations bibliques ne sont pas des instruments de répression au service d'un État mais des voies ouvertes au service du prochain, de l'étranger, des pauvres et méprisés des sociétés de rentabilité.

Instruments de reconnaissance des autres et non établissements de privilèges, telles se présentent les recommandations de l'alliance de grâce à quiconque est appelé hors de toutes les servitudes du monde.

Serge Guilmin, Église protestante unie de France

FÉVRIER

MARDI 26

Lévitique 27, **1-34**
Psaume 123
Cantiques AC 601 et AL 45-21

... Si quelqu'un est trop pauvre... Lév. 27, 8

Une tarification analogue se retrouve notamment, d'après les notes de la TOB, dans les temples phéniciens de Marseille et de Carthage, environ deux cents ans avant le Christ.

Cependant il semble qu'un souci de justice se fait jour dans l'application de ces tarifs : une fois encore le pauvre est pris en considération. Un médiateur, en l'occurrence le prêtre, évalue la somme fixée en fonction des ressources de celui qui accomplit un vœu.

Il s'agit bien ici d'un règlement qui touche aux usages religieux de l'ancien Israël et non point d'une pratique fiscale. Par ailleurs nul n'est assuré que l'observation du Jubilé ait été effective. Mais ce que nous retenons de ces dispositions, c'est que, bien loin de la religion des sacrifices et des dons votifs, elles se préoccupent en priorité de la condition de l'homme en sa plus évidente réalité.

Serge Guilmin

Luc 11, **1-13**
Psaume 124
Cantiques NCTC 235 et AL 62-24

Quand vous priez, dites : Père... v.2

Comment prier et parler avec Dieu ? Le passage que nous lisons aujourd'hui est composé de trois parties distinctes et se complétant. Dans la prière qui nous est donnée par Jésus lui-même nous pouvons l'appeler "Notre Père..." et elle nous rappelle que nous sommes tous enfants de Dieu.

Une parabole le compare ensuite à un ami qu'on peut toujours solliciter et puis Luc reparle de Dieu comme d'un père, plus qu'un père.

Nous pouvons nous adresser à Dieu en toute confiance et lui parler librement. Il est un Dieu proche et soucieux de notre vie et de nos préoccupations et attentif à notre prière.

Retrouvons la force, la pertinence et la nouveauté de cette prière qui risque trop souvent d'entrer dans nos routines et devenir une habitude. Un chemin de vie où Dieu nous accompagne, en nous pardonnant, vers le règne promis.

Sibylle Klumpp, Église protestante unie de France

FÉVRIER
JEUDI 28

Luc 11, **14-26**
Psaume 125
Cantiques AC 537 et AL 36-04

Le muet se met à parler

v.14

Il est étonnant que la libération de la parole par Jésus suscite plus d'interrogations et d'opposition que le fait de laisser le muet sans parole.

La parole libérée fait peur et ce n'est pas par hasard que des pouvoirs politiques et religieux enferment les peuples dans le silence pour pouvoir asseoir leur totalitarisme. Quand la parole est absente et que l'autre est réduit au silence, la violence s'installe.

Jésus est cette parole libératrice qui met fin à tous les mutismes et à nos difficultés de trouver des mots pour délier la parole. Ce n'est pas l'œuvre de Béelzebul, mais la puissance libératrice de Dieu et signe de la présence du royaume de Dieu parmi nous quand les "muets se mettent à parler" librement.

Sibylle Klumpp

L.S.06.36 C.S.17.31 L.L.21.05 C.L.07.16

MARS

VENDREDI 1

Luc 11, **27-36**
Psaume 126
Cantiques NCTC 213, AC 226 et AL 21-05

Oser la lumière

Pourquoi Jésus souligne-t-il qu'il est évidemment absurde d'allumer une lampe pour la cacher ? Peut-être pour prévenir les deux risques qui guettent le témoin. En effet, quand on met une lampe sous un boisseau, soit elle lui met le feu, soit on ne la voit plus et bientôt, privée d'air, elle s'éteint !

Ainsi le premier risque, c'est d'être des croyants "enflammés" dont la conviction est si forte qu'elle ne respecte plus la liberté d'autrui. C'est oublier que la lumière qui est en Christ n'aveugle pas de sa puissance, mais qu'elle se révèle au monde dans les ténèbres de la Croix.

Le deuxième, c'est d'être des chrétiens "éteints", que nul ne voit ni n'entend parce qu'ils ont étouffé l'espérance en la gardant pour eux. Alors qu'il faudrait oser des paroles et des actes pour faire venir au grand jour de notre terre déboussolée, l'espérance reçue de Dieu.

Michel Bertrand, Église protestante unie de France

PRIÈRE

JOURNÉE MONDIALE DE PRIÈRE DES FEMMES
s'informer pour prier - prier pour agir

Prions, unis autour du monde, avec les chrétiennes de la France : J'étais étranger et vous m'avez accueilli.
(Lév 19, 1-2, 33-37 ; Apoc 21, 3b-4 ; Matt 25, 31-40)

Louange à toi, Seigneur !
Tu nous as créés à ton image, tous différents !

Pardon, Seigneur, pour toutes les fois où nous oublions tes commandements, pour notre manque d'accueil, pour nos paroles blessantes, nos attitudes humiliantes, notre indifférence.

Nous te confions nos jeunes qui, par leurs échanges culturels, créent des passerelles... les familles multiculturelles... les jeunes filles qui osent franchir les frontières, celles qui réussissent, celles qui sont prises dans le piège qu'est le trafic des personnes humaines... les personnes qui sont obligées de quitter leur foyer à cause de la guerre, des catastrophes naturelles, les économies défaillantes... les Églises, lieux d'accueil...

Seigneur notre Dieu, aide-nous à travailler à toute forme de réconciliation pour que nos communautés soient levain d'humanité. Amen.

Extrait de la prière venant cette année de France.

Nicola Kontzi-Méresse, Église protestante unie de France

SAMEDI 2

Luc 11, **37-54**
Psaume 127
Cantiques NCTC 302, AC 427 et AL 44-07

Ils disent et ne font pas

Ces paroles de Jésus contre les pharisiens et les légistes constituent l'un des passages les plus durs des évangiles. On pourrait les résumer par cette expression souvent entendue à propos des croyants : "ils disent et ne font pas".

Leur hypocrisie consiste, en effet, à prescrire pour les autres des règles "accablantes" qu'eux-mêmes ne mettent pas en pratique. Ils font de la Loi une source de pouvoir orgueilleux qui les enferme dans le malheur et qui barre au peuple le chemin du salut.

Or, en Christ, nul besoin d'intermédiaire pour "paraître" devant Dieu et les autres. Dans sa grâce, chacun peut désormais voir sa vie telle qu'elle est, chacun peut assumer toute son existence, "l'extérieur" comme "l'intérieur", même les zones d'ombre qu'on voudrait camoufler. Telle est l'expérience libératrice de la foi qui ouvre à une vie nouvelle.

Michel Bertrand

PRIÈRE

Notre Dieu et notre Père nous te présentons les souffrances et les quêtes des hommes et des femmes de ce temps.

Tu sais mieux que nous-mêmes leurs attentes, leurs questions, leurs espoirs. Donne-nous de les écouter et de les comprendre et d'y répondre en fidélité à ta Parole. Envoie sur nous ton Saint-Esprit pour qu'il ouvre nos cœurs, nos oreilles et nos bouches.

Nous mesurons chaque jour combien ton Évangile est difficile à annoncer parce qu'il bouleverse les puissances et les idoles de ce monde, nos propres égoïsmes, nos conforts et nos habitudes.

Mais nous savons que tu veilles sur chacun de tes enfants. Nous croyons que tu nous donneras la force et le courage de partager cette Bonne Nouvelle avec celles et ceux qui ne la connaissent pas et d'abord avec nos plus proches prochains.

Au nom du Christ qui s'est fait proche de chacun de nous, jusqu'à la croix.

Amen.

Michel Bertrand

PRIONS, avec le Conseil Œcuménique des Églises en communion avec les chrétiens d'Andorre, d'Autriche, du Liechtenstein, de Monaco, de Saint-Marin, de Suisse

DIMANCHE 3

Luc 12, 1-12 - Exode 3, **1-15**
1 Corinthiens 10, **1-12** - **Luc 13, 1-9**
Psaume 103
Cantiques AC 537 et AL 36-04

3e DIMANCHE DU CARÊME

Le courage de la parole

Les foules se pressent auprès de Jésus, en attente d'une parole d'espérance. Pour y répondre, il commence par les mettre en garde contre les pharisiens, comparant leur message à du levain impur qui travaillerait sournoisement la pâte humaine.

Il leur oppose la clarté de l'Évangile qu'il a confié dans le secret à ses disciples et qu'ils doivent maintenant proclamer publiquement, même si cela suscite des oppositions. Jésus, en marche vers sa Passion, sait bien l'hostilité que son message rencontre. Rien pour autant ne saurait l'arrêter, car Dieu veille sur ceux qui le portent.

Aujourd'hui encore, sa promesse appelle les chrétiens au témoignage, au cœur d'un monde travaillé lui aussi par des "levains" obscurs et qui n'est pas plus près que celui d'hier à recevoir l'Évangile. Ils ne sauraient pour autant se décourager, ni se réduire au silence.

Michel Bertrand

MARS

LUNDI 4

Luc 12, **13-34**
Psaume 128
Cantiques NCTC 18, AC et AL 128

L'inquiétude, la nourriture et la vie v.22

Seule une société solidaire peut entendre sans sursauter une telle parole. Oserions-nous la dire devant les files d'attentes de nos banques alimentaires ; à plus forte raison dans les pays qui souffrent de la faim ?

Mais précisément c'est à nous qu'elle s'adresse avec une double interrogation :

Comment se fait-il qu'à notre porte il puisse y avoir des hommes et des femmes qui n'ont même plus la possibilité d'entendre une parole sur l'essentiel de leur vie, la place que Dieu leur donne dans son Royaume ?

Comment se fait-il que notre monde nous ait tellement convaincu de l'importance de notre lendemain matériel que nous ne puissions entendre que notre vie peut refléter l'attente du Royaume, en donner des signes par les priorités que nous lui donnons ?

Dieu ne vous accordera-t-il pas aussi le reste ?

Jean-Arnold de Clermont, Église protestante unie de France

MARDI 5

Luc 12, **35-48**
Psaume 129
Cantiques NCTC 296, AC 428 et AL 44-03

Comme des serviteurs qui attendent leur maître...

v.36

J'aime ce critère pour juger de notre existence.

Il indique la vigilance qui nous est demandée. Si nous ne l'attendons plus c'est que nous n'avons guère d'espérance, que tout n'est que fatalité et lutte pour la vie.

Il suggère aussi que nous n'avons pas de crainte à nous retrouver devant lui, non en raison de nos qualités, mais parce que nous pouvons nous confier en sa grâce.

Il dit encore que cette vie dans l'attente de son retour trace le chemin de notre existence, pour que la joie de la fête soit préparée.

Aujourd'hui ou demain, lecteur du matin ou du soir, nous nous demanderons quel serviteur nous serons. Tournés vers la volonté de Dieu, malgré bien d'autres sollicitations ? Confiants, malgré les craintes et les difficultés de notre vie ? Actifs, pour donner des signes de son Royaume qui vient ?

Jean-Arnold de Clermont

 L.S.06.26 C.S.17.39 L.L.01.46 C.L.10.40

MARS

MERCREDI 6

Luc 12, **49-59**
Psaume 130
Cantiques NCTC 284, AC 608 et AL 45-01

La division...

v.51

Il ne s'agit pas de nos petites divisions entre croyants de différentes confessions ou même religions ! Il s'agit d'une division profonde "pour" ou "contre" Dieu. Celui que le crucifié révèle dans sa plénitude, par le baptême de sa mort.

Peut-être préférerions-nous la paix, celle qui consiste à éluder toute question sur le sens de notre vie, sur ce dont demain sera fait, nous qui ne passons une journée sans nous soucier du temps qu'il fera demain ?

Il s'agit de choisir la vie avec Dieu, rien que cela. C'est-à-dire affirmer ce à quoi se réfère notre existence, même si nous savons qu'il y a loin entre ce que nous voulons et vivons. Il s'agit de répondre "oui" au "oui" de Dieu à l'égard de l'humanité qui pourtant l'a rejeté. Maintenant, comme hier et demain.

Et le reste, y compris les aléas de notre vie, prendra une autre dimension, seconde, plus légère, car notre essentiel est ailleurs.

Jean-Arnold de Clermont

Luc 13, 1-17
Psaume 131
Cantiques NCTC 253, AC 241 et AL 41-06

Debout !

Trois sujets nous accompagnent aujourd'hui à travers ces trois passages : l'urgence de la conversion de nos mentalités, l'infinie patience de Dieu et un signe du royaume dont les critères ne sont pas les nôtres.

L'Évangile est concentré dans les jeux de mots - entre attaché et libéré, travailler et guérir, courbé et redressé, bœuf (âne) et fille d'Abraham, un jour et dix-huit ans - accompagnés du signe du royaume à l'œuvre dans le renversement du sabbat-légaliste en sabbat-libérateur.

Luc nous invite à découvrir l'essentiel de la Bonne nouvelle : la valeur de chaque homme aux yeux de Dieu. Cet "homme" est aujourd'hui une femme. Excellente introduction à la "journée de la femme" de demain !

Puissions-nous affronter chaque situation tordue dans l'esprit de l'Évangile qui redresse et met debout.

Antoine Pfeiffer, Union des églises protestantes d'Alsace et de Lorraine

MARS
VENDREDI 8

Luc 13, **18-30**
Psaume 132
Cantiques AC 539 et AL 36-19

"Vu à la télé" ou en réalité ?

C'est génial ! Cette expression est devenue courante à propos de tout et de n'importe quoi. Elle ne fait pas partie de mon vocabulaire habituel, mais lorsque je contemple la minuscule fleur ou le brin d'herbe qui perce la dure dalle de béton de ma terrasse, émerveillé, je pense aussi que c'est génial.

Une graine à peine visible à l'œil nu, confiée à la terre, une cuillère à café de levain capable de faire lever 40 kg de farine : incroyable, mais vrai.

Sans bruit, sans publicité tapageuse, le royaume croît et s'affermit à travers les martyrs-résistants d'hier et les témoins-indignés d'aujourd'hui. Ce royaume inauguré par la vie et l'œuvre du Christ renverse l'échelle des valeurs qui comptent d'habitude dans nos sociétés. Comme la graine et le levain, la puissance du Seigneur agit dans et malgré nos faiblesses. C'est génial !

On ne dira pas "Vu à la télé" ; il suffit d'ouvrir les yeux et les cœurs.

Antoine Pfeiffer

L.S.06.20 C.S.17.44 L.L.04.09 C.L.14.08

Luc 13, **31** à 14, **6**
Psaume 133
Cantiques NCTC 191, AC 445 et AL 33-06

Espérer malgré tout...

Jésus est conscient qu'il se jette dans la gueule du loup en montant à Jérusalem, la ville qui a déjà tué d'autres prophètes avant lui. Il ne pleure pas sur son propre sort, mais sur l'incompréhension de ses habitants et la dureté de leurs chefs qui s'opposent au projet de rassemblement contenu dans sa prédication.

Combien de prophètes se sont succédés depuis, et particulièrement au cours de ces cinquante dernières années ?

Je ne puis lire ce passage et faire abstraction de la situation actuelle à Jérusalem (en mars 2012). Quand vous lirez ces lignes, aura-t-elle changé ? J'ose l'espérer.

Quand viendra le jour où la diversité de ses enfants sera enfin rassemblée dans la "ville de la paix" ?

Je ne veux pas attendre la fin des temps, mais encourager, au moins dans ma prière, tous les efforts en faveur d'une paix qui rassemble les acteurs de la justice.

Antoine Pfeiffer

PRIÈRE

Seigneur, notre Dieu,

Nous sommes invités à prier pour les chrétiens de Myanmar, cette mystérieuse Birmanie, et de Thaïlande, que les médias nous présentent comme un paradis pour fils prodigues !

Nous te louons pour les merveilles de ta création que ces terres recèlent.

Nous te louons aussi pour la riche diversité des peuples industrieux de ces pays, pour leur bonheur de vivre, leur capacité à l'art et l'industrie.

En même temps, les adversités tant naturelles qu'humaines qui les assaillent nous appellent à un engagement déterminé pour la solidarité humaine, la sauvegarde de la création, la justice et la paix !

Apprends-nous à aimer nos prochains d'ici et d'ailleurs, à retrouver en toi, Jésus-Christ, au bout de notre chemin de découvertes, nos frères et nos sœurs, nos pères et nos mères, nos fils et nos filles !

Amen.

Gilbert Beaume, Église protestante unie de France

**PRIONS, avec le Conseil Œcuménique des Églises
en communion avec les chrétiens
du Myanmar, de Thaïlande**

MARS

DIMANCHE 10

Luc 14, **7-24** - Josué 5, **10-12**
2 Corinthiens 5, **17-21** - **Luc 15, 1-3** et **11-32**
Psaume 34

4e DIMANCHE DU CARÊME *Cantiques AC 532 et AL 36-30*

Car mon fils que voici était mort et il est revenu à la vie

Luc 15, 24

Ce matin, nous sommes submergés de textes de Luc ! Nos deux listes de lectures se croisent ! Ayant reçu pour mission de vous proposer quelques pistes de réflexion pour aujourd'hui et pour demain, je suis frappé de leur rapprochement.

On a tout dit sur le jeune homme prodigue et le père miséricordieux. Certains veulent accabler le jeune homme. "On ne part pas comme ça !". Mais si ! Luc, dans le chapitre qui précède, vous somme de réfléchir avant de partir !

Le jeune homme a tout calculé... En Grèce, en Thaïlande, on peut vivre de peu, au soleil, et les filles sont jolies. Or, il est victime de ce que l'on ne peut prévoir, la famine (la crise monétaire !).

Alors il reste, là-bas, l'amour du Père, qui sans reproche, voit renaître celui qui était mort et qui lui est rendu... Fils de la grâce !

Gilbert Beaume

MARS

LUNDI 11

Luc 14, **25-35**
Psaume 134
Cantiques AC 734 et AL 53-05

Quiconque ne me suit pas ne peut être mon disciple

v.27

Vous voyez bien ! Le jeune homme de la parabole d'hier avait raison !

Il faut un jour partir, même si le voyage ne se fait que dans sa tête...

Pour être fils, fille, faut-il un jour cesser de l'être, lâcher prise ?

Pour être père, mère, faut-il un jour laisser l'autre partir ?

Jésus assure, en lui, on va se trouver soi-même... pour se découvrir, comme au travers de l'exil, fils ou fille, père ou mère... en s'acceptant et en acceptant les autres, dans le pardon de soi, le pardon de l'autre que l'on peut désormais accorder, s'accorder, recevoir...

Un Autre nous tient désormais en sa grâce !

Gilbert Beaume

MARDI 12

Proverbes 1, **1-19**
Psaume 135
Cantiques NCTC, AC et AL 135

Apprendre à être juste, honnête et loyal

Le livre des Proverbes croit qu'il est possible et souhaitable d'apprendre à mieux vivre, avec les autres, avec soi-même et avec Dieu. Il croit qu'il est possible et souhaitable de recueillir les fruits de l'expérience accumulée par ceux qui nous ont précédés. Il croit enfin qu'il est utile de transmettre aux générations suivantes l'enseignement reçu.

Voulons-nous apprendre à mieux vivre avec les autres, ce qui est la seule manière de mieux vivre avec Dieu et avec nous-mêmes ?

Acceptons-nous pour cela d'entendre ce que d'autres ont découvert avant nous ? Acceptons-nous enfin la responsabilité de transmettre ce que nous avons reçu ?

Trois réponses positives à ces questions nous feront peut-être justes, honnêtes et loyaux, car elles nous obligent déjà à sortir du seul souci de nous-mêmes.

Olivier Brès, Église protestante unie de France

MARS

MERCREDI 13

Proverbes 1, **20-33**
Psaume 136
Cantiques NCTC, AC et AL 92

Sots, railleurs, stupides, vous me chercherez mais vous ne me trouverez pas

La sagesse ne se convoque pas. Elle n'est pas une roue de secours que nous pourrions réquisitionner au temps du malheur ou de la souffrance.

C'est comme avec les amis ou la famille. Si nous n'avons pas cultivé les liens avec eux, ils ne répondront pas à nos appels quand nous aurons besoin d'eux.

Le sot se satisfait de lui-même, le railleur se croit supérieur, le stupide se targue de son intelligence. Tous les trois fondent leur existence sur eux-mêmes. Ils n'ont besoin que d'eux-mêmes.

Le sage n'échappe pas aux malheurs et aux souffrances. Mais il peut s'appuyer sur la sollicitude de Dieu et des autres. Puisqu'il n'a pas été solitaire dans le bonheur et la joie, le sage se découvre accompagné dans la traversée des temps sombres.

Olivier Brès

L.S.06.09 C.S.17.52 L.L.06.30 C.L.20.08

Luc 15, **1-10**
Psaume 137
Cantiques NCTC, AC et AL 133

Non pas l'indignation mais la jubilation

La bonne nouvelle que Jésus annonce provoque l'indignation des uns et la joie des autres. Dans ces deux paraboles, on voit la joie du propriétaire en retrouvant l'animal ou l'objet qui lui importait, qui avait de la valeur à ses yeux. Pour partager sa joie il invite voisins et amis à faire la fête avec lui.

Oubliés la peine, les efforts et l'inquiétude de la longue et fatigante recherche ! La joie des retrouvailles l'emporte.

Souvenons-nous, ce bonheur est célébré ici-bas en communauté comme il l'est au ciel par Dieu et ses anges.

Cette joie à laquelle Dieu nous invite n'est autre que celle du service, j'oserai dire de l'évangélisation, du témoignage. C'est l'espérance qui nous porte pendant la "recherche" et la jubilation qui nous anime lorsqu'on voit revivre ce qui était mort, lorsqu'on retrouve ce qui est précieux à nos yeux.

Tout à la joie, Dieu nous invite à fêter avec lui.

Henri Frantz, Fédération des Églises Évangéliques Baptistes de France

MARS
VENDREDI 15

Luc 15, **11-32**
Psaume 138
Cantiques NCTC, AC et AL 138

Apparences et réalité

Deux fils et deux parcours bien différents. Ainsi est la vie, heureusement !

Voilà un de nos enfants, épris d'indépendance et de liberté, qui se lance dans les aventures les plus folles, et les parents plongés dans l'angoisse. Tandis que l'autre se coule "sagement" dans le moule du raisonnable. Les deux seront confrontés, à nouveau, au choix décisif de la construction de leur propre vie.

La bonne nouvelle que Jésus annonce est celle d'une conversion toujours possible. Les jeux ne sont pas faits une fois pour toutes et les apparences peuvent être trompeuses.

Ne désespérons ni de celui qui est loin, ni de celui qui, tout en étant proche, est en réalité aussi éloigné du projet de Dieu.

Puisque Dieu garde ses bras ouverts pour l'un comme pour l'autre, toi : "Va et fais de même".

Henri Frantz

L.S.06.05 C.S.17.55 L.L.07.26 C.L.22.18

Luc 16, **1-18**
Psaume 139
Cantiques NCTC, AC et AL 139

Faites-vous des amis

Avisé, habile, prudent, oui ! Malhonnête, trompeur, injuste, non !

Aucun doute là-dessus dans cette surprenante parabole de Jésus sur Dieu et l'argent. Cette "richesse de ce monde" est trompeuse parce qu'elle ne nous fera pas vivre éternellement.

Être avisé c'est peut-être justement utiliser ce bien matériel, sonnant et trébuchant, pour se constituer un capital relationnel. Se montrer généreux, se faire des amis, investir dans les relations humaines, c'est assurément une autre manière de faire fructifier notre argent.

Et quelle est notre vraie "richesse" ici-bas ? Plus je vais, plus je crois qu'elle est dans les relations d'amitié que nous avons réussi à bâtir.

Plutôt qu'aimer et amasser l'argent de ce monde utilisons-le pour aimer notre prochain et nous amasser des amis.

Aimer Dieu, aimer notre prochain et un peu nous-mêmes ! Voilà le programme.

Henri Frantz

PRIÈRE

Seigneur, nous venons à toi avec humilité,

Nous avons trop tendance à juger ceux qui ne nous ressemblent pas, à chercher des boucs émissaires, pour éviter de nous remettre en question. Nos présupposés ou notre indifférence occultent ton amour.

Mais en définitive, ton pardon est une source de vie et de libération pour tous.

Par ta grâce, apprends-nous à poser un regard renouvelé sur ceux qui nous entourent,

Par ta Parole, apprends-nous à vivre de nouvelles fraternités.

Nous te rendons grâce pour ton amour pour ce monde et pour cette humanité que tu veux réconcilier en un seul corps.

Amen.

Daniel Cassou, Église protestante unie de France

PRIONS, avec le Conseil Œcuménique des Églises en communion avec les chrétiens du Cambodge, du Laos, du Vietnam

DIMANCHE 17

Luc 16, **19-31** - Ésaïe 43, **16-21**
Philippiens 3, **8-14** - **Jean 8, 1-11**
Psaume 126
Cantiques NCTC 270, AC 407 et AL 43-04

5e DIMANCHE DU CARÊME

Je ne te condamne pas !

Pour neutraliser l'autorité de Jésus, des scribes et des pharisiens sont prêts à tout !

Prêts à humilier une femme en public, surprise en adultère. Prêts à la tuer dans un simulacre de procès où Jésus serait le juge malgré lui. La loi de Moïse est devenue un prétexte pour légitimer leurs prérogatives. Ils justifient leur violence en sachant perfidement que la législation romaine interdit aux juifs de mettre à mort un condamné. En réalité, cette femme est un appât pour piéger et condamner l'enseignement de Jésus.

Mais Jésus dénonce cette manipulation en brisant leur raisonnement mortifère. La puissance de son pardon pour cette femme préfigure une vie nouvelle, celle que le Christ accomplira jusqu'au matin de Pâques.

Aujourd'hui, Dieu vient libérer nos cœurs pour participer à une humanité réconciliée.

Daniel Cassou

MARS

LUNDI 18

Luc 17, **1-19**
Psaume 140
Cantiques AC 613 et AL 47-21

Donne-nous plus de foi !

Face à la demande inattendue des disciples, Jésus prend l'exemple d'une graine de moutarde aux dimensions dérisoires, mais à la croissance spectaculaire.

La foi permet de réaliser ce qui est impossible aux yeux de l'homme. Elle donne une force spirituelle, bien au-delà des capacités physiques et intellectuelles que l'homme peut déployer. Oui, la foi relève et met en marche ! Elle surgit de la rencontre bouleversante entre ce lépreux guéri et Jésus. La foi s'incarne, tant pour les disciples que pour ce Samaritain, dans l'expérience inépuisable du pardon reçu et donné. Nous ne sommes pas des étrangers devant Dieu !

En Christ, Dieu nous fait confiance et nous appelle à son service. Accepterons-nous que son pardon et son amour fassent des miracles dans le quotidien de nos vies ?

Daniel Cassou

L.S.05.59 C.S.17.59 L.L.09.18 C.L.00.14

MARDI 19

Luc 17, **20-37**
Psaume 141
Cantiques AC 320 et AL 31-30

Êtes-vous prêts ?

Oui, êtes-vous prêts à entendre que le royaume de Dieu est déjà à notre portée ? (comme les pharisiens).

Êtes-vous prêts à ne pas voir vos désirs, même les plus nobles, se réaliser ? (comme ceux des disciples).

Êtes-vous prêts à vivre des temps difficiles tout en conservant la foi ? (Contrairement à une majorité de personnes vivant au temps de Noé ou de Lot qui ont péri en ne considérant qu'une vie ici-bas).

"Soyez toujours prêts !" semble nous dire le Christ. Ne perdez pas votre temps en discussions théologiques ! Ni en voyages ou pèlerinages pour trouver du sens à votre vie ! Ni en projets humains qui ne seraient que des trompe-l'œil !

Le cœur de la foi se trouve en Jésus-Christ : il a inauguré le royaume de Dieu parmi nous et reviendra de la même manière qu'il est venu pour l'établir une fois pour toutes. Soyez-en sûrs : "Là où est le corps, là s'assembleront les vautours" !

Guy Delarbre, Union des églises évangéliques libres

MARS

MERCREDI 20

Luc 18, 1-17
Psaume 142
Cantiques AC 726 et AL 51-06

Dieu est bon

Dieu est bon. Voilà un principe qui devrait générer une attitude de foi et de confiance en l'avenir. Mais avez-vous une vision à trop court terme ? Faites-vous fi des vents contraires, à l'exemple de la veuve ?

Dieu est bon. Il l'est à tel point qu'il ne regarde pas aux apparences. Il entend les prières qui s'adressent à lui et qui viennent d'un cœur blessé. À quoi bon avoir une vie religieuse bien réglée si elle ressemble à une coquille vide, vide d'amour et d'humilité !

Dieu est bon. Il ne l'est pas que pour des disciples, des proches, des initiés. Il l'est encore pour des inconnus et des petits enfants.

En se présentant à nous en Jésus-Christ, Dieu fait sauter les verrous de la peur, de l'orgueil, des principes religieux, d'une vision réductrice de l'amour de Dieu.

Percevez-vous la bonté de Dieu ? Si oui, en témoignez-vous ?

Si non, rien n'est perdu : cette méditation peut vous aider à reprendre courage.

Guy Delarbre

Luc 18, **18-34**
Psaume 143
Cantique AL 41-29

Ce qui est impossible aux hommes est possible à Dieu

Nous pouvons êtres riches et pauvres à la fois.

Le chef religieux est riche mais il se rend compte qu'il lui manque quelque chose. Son titre, ses biens, son savoir, sa foi religieuse ne sont pas suffisants pour lui donner toute satisfaction ; mais quand il est confronté au choix de se défaire de ses acquis, il est perdu.

La richesse selon Dieu est d'une autre nature qui réclame une mort à soi-même. Les disciples sont riches du privilège d'être auprès du Christ, d'avoir fait le choix de le suivre, d'avoir tout laissé, mais il leur manque encore la faculté de comprendre certaines de ses paroles.

La richesse selon Dieu réclame une révision de ses acquis théologiques.

Qu'est-ce qui fait aujourd'hui votre richesse ? Êtes-vous satisfaits ?

Il se peut que des choses doivent être vues autrement et que des choix s'imposent.

Restez fertiles à la Parole de Dieu !

Guy Delarbre

L.S.05.53 C.S.18.04 L.L.11.58 C.L.02.28

MARS

VENDREDI 22

Luc 18, **35** à 19, **10**
Psaume 144
Cantiques AC 408 et AL 46-10

Chemins croisés

Sur la route qui mène Jésus vers Jérusalem et la mort, il rencontre deux hommes en chemin vers le royaume et la guérison. Ils expriment leur espérance et leur désir que Jésus puisse changer leur vie en positif. L'aveugle sait précisément ce qu'il veut : "voir" ! Zachée sait confusément que sa vie aurait besoin d'une orientation nouvelle.

Nous assistons alors à ces rencontres où la vie triomphe : l'aveugle est guéri et est ainsi signe vivant du règne de Dieu. Zachée se libère de la corruption et de l'accaparement et devient capable de voir et les autres et leurs besoins mais aussi de réparer quelques dégâts qu'il avait causés. La vie recommence !

Alors : quel chemin te ferait envie ?

Eva Nocquet, Église protestante unie de France

L.S.05.51 C.S.18.05 L.L.12.59 C.L.03.02

MARS
SAMEDI 23

Luc 19, **11-27**
Psaume 145
Cantiques AC 167 et AL 13-03

Dix - Trois - Un

Cette histoire m'agresse par sa violence et la fin terrible où le roi ordonne d'"égorger devant moi ceux qui n'ont pas voulu que je règne sur eux". Il était haï, contesté, et pourtant élu roi ailleurs.

Les deux qui, en son absence, ont bien travaillé sont récompensés : dix pour dix, cinq pour cinq. Celui qui n'a rien fait par peur est réprimandé et perd tout. Que sont devenus les sept autres, ils étaient bien dix ? Est-ce que dix pour cent n'agissent que par la menace ou n'agissent pas à cause de la peur ? Qui est ce roi ? Le même acclamé* ou désigné** ? Pourquoi égorger devant lui ceux qui ne l'acceptent pas comme roi ?

Le verdict est radical comme le choix est décisif : pour ou contre le roi, c'est une question de vie ou de mort.

Nos lenteurs ont-elles besoin de ce genre de menace ?

La bonté ne nous mène-t-elle pas à la conversion*** ?

Eva Nocquet

* Chapitre 19, 38
** Chapitre 23, 38
*** Romains 2, 4

PRIÈRE

Seigneur,

combien de fois pleures-tu sur nous qui ne voyons pas que tu nous as visités ?

Pardonne-nous et accueille-nous à nouveau dans ta bienveillance.

Et si nous sommes bornés, convertis nos cœurs et ouvre nos yeux pour voir les signes de ta puissance de vie et de résurrection.

Fais de nous des artisans de paix dans l'agitation de ce monde malgré notre inconstance à te rester fidèle dans l'adversité. Que ce ne soient pas seulement les pierres qui crient ta louange, mais nous, tes disciples, tes enfants bien-aimés.

Qu'ainsi, ta paix et ton amour circulent en nous et que ta louange coule de nos cœurs joyeux !

Merci pour tout ce que tu nous donnes à travers Jésus de Nazareth, le Christ, notre Sauveur.

Amen.

Eva Nocquet

PRIONS, avec le Conseil Œcuménique des Églises en communion avec les chrétiens de Chine, de Taïwan, du Tibet

DIMANCHE 24

Luc 19, 28-44 - Ésaïe 50, **4-7**
Philippiens 2, **6-11**
Psaume 48
Cantiques NCTC 191, AC 445 et AL 33-06

DIMANCHE DES RAMEAUX

Paix dans le ciel...

La foule de disciples ne s'est-elle pas trompée en criant "paix dans le ciel" ?

Dans le ciel : il doit forcément y avoir la paix - mais c'est sur terre qu'il y en a si peu.

Louer Dieu pour la paix dans le ciel me paraît simple.

Mais sur terre ?

Même Jésus pleure sur la ville dont la paix est le nom et la vocation : Jérusalem.

Elle n'a pas reconnu le moment - kairos - où Dieu l'a visitée et elle est au bord de l'étouffement.

Passerons-nous aussi à côté du message de paix qu'incarne Jésus le crucifié-ressuscité ?

Saurons-nous voir les actes de puissance de Dieu dans la résurrection, celle que nous fêterons à Pâques et celle qui traverse nos vies ?

Nous le louerons alors avec joie pour la paix, au ciel et sur terre !

Eva Nocquet

MARS

LUNDI 25

Luc 19, **45** à 20, **8**
Psaume 146
Cantiques AC 429 et AL 44-15

Une place pour l'autorité

Les grands prêtres, les scribes et les anciens sont bien embarrassés : Jésus ne leur dira pas d'où il tient son autorité. N'auraient-ils pourtant pas pu le comprendre, en se souvenant des prophètes d'Israël qui s'élevèrent contre les autorités religieuses et politiques d'Israël ? Les voici rendus muets, malgré leurs savoirs et leurs raisonnements, incapables qu'ils sont de remettre en cause leurs certitudes.

N'est-ce pas à cela - accepter d'être remis en cause - que l'évangile de Luc conduit ses lecteurs d'hier et d'aujourd'hui ? Mettre à distance ses assurances, relativiser ses "a priori", regarder ce qui est sans en avoir déterminé le sens à l'avance, suspendre le jugement…

Car certainement cela est-il indispensable pour laisser place en soi à l'autorité d'un autre, l'autorité de celui qui est envoyé par grâce et pour la grâce.

Dominique Hernandez, Église protestante unie de France

MARDI 26

Luc 20, **9-44**
Psaume 147
Cantiques NCTC 289, AC 622 et AL 47-07

Autorité sans borne

Une vigne convoitée par des vignerons locataires n'hésitant pas à tuer ; une pièce à l'effigie de César ; une femme veuve successivement de sept frères : trois étapes dans un parcours de haine et de pièges où ses adversaires se relaient pour tenter de prendre Jésus en défaut et pouvoir l'accuser.

Et par trois fois, ils sont réduits au silence. Quand Jésus les interroge à son tour, c'est toujours au sujet de l'autorité du Christ, son autorité : qui est le plus grand de David ou du Christ ?

Au-delà de l'aspect doctrinal de la question, travaillée par Luc du début de l'évangile au livre des Actes, le lecteur découvre dans l'ampleur du chapitre que cette autorité s'engage et l'engage non seulement dans le domaine religieux mais aussi dans celui de la société, non seulement pour le temps de sa vie mais aussi pour l'après de la vie. Cette autorité dépasse toutes les bornes. Ceci même est libération et source d'intégrité : Bonne Nouvelle !

Dominique Hernandez

À DÉCOUVRIR :

FONDATION PROTESTANTE LA CAUSE
69, avenue Ernest Jolly
78955 CARRIÈRES-SOUS-POISSY
Tél. : 01 39 70 50 52S
Site Internet : www.lacause.org

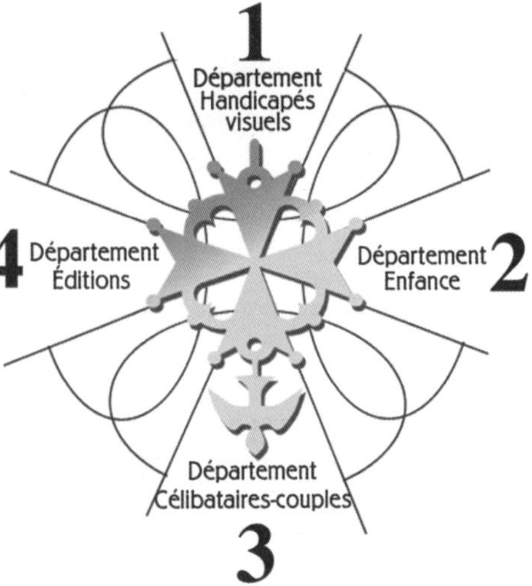

Mon nom et adresse :

☐ **souhaite recevoir gratuitement un exemplaire des «Nouvelles de La Cause »**

☐ Je m'intéresse particulièrement au service n° :

MARS

MERCREDI 27

Luc 20, **45** à 21, **38**
Psaume 148
Cantique AL 54-12

L'offrande

L'évangile de ce jour pourrait nous amener à méditer aussi bien sur le regard que Jésus porte sur les scribes que sur son discours au Mont des Oliviers. Mais, il importe en cette période de carême de placer l'offrande au centre de notre méditation : le concept du "donner" et du "recevoir".

Cette veuve est la seule à donner de son nécessaire. Elle le fait sans calcul et s'en remet à la bienveillance de Dieu. Plus tard, c'est Dieu qui offre son fils unique en sacrifice expiatoire afin que le monde ait la vie en abondance. Le roi David nous donne une clé de compréhension de ce concept quand il dit qu'il n'offrira pas au Seigneur des sacrifices qui ne lui coûtent rien*.

Comprendre cela c'est recevoir la grâce que Dieu nous accorde et la vie éternelle qu'il nous offre. Alors demandons-lui de nous accorder la volonté de savoir donner afin de pouvoir recevoir.

Jean-Pierre Zang, Église protestante unie de France

* 2 Samuel 24, 24

PRIÈRE

POUR LE JEUDI-SAINT

Dieu créateur,

En ce jour où nous nous souvenons de l'humiliante arrestation de Jésus-Christ, notre fragilité est toujours devant nous. Notre conviction non affermie ouvre les portes à un doute incrédule qui témoigne de notre faiblesse.

Seigneur, Tu es le rocher sur lequel nous fondons notre foi et la source de notre force spirituelle. Nous croyons en Toi.

Que ton Esprit-Saint nous saisisse et nous amène vers une redécouverte de ta volonté à travers les Saintes Écritures.

Que par ton Esprit-Saint, ce temps de carême soit toujours le signe qui nous réveille de nos oublis. Que ce temps nous rappelle l'essentiel de la vie qui se manifeste par ton amour pour nous. Au-delà de tout, donne-nous Seigneur de savoir t'aimer et de savoir aimer notre prochain.

Amen.

Jean-Pierre Zang

JEUDI 28

Luc 22, 1-65 - Ésaïe 52, **13-15**
Exode 12, **1-14** - 1 Corinthiens 11, **23-26** - Jean 13, **1-15**
Psaume 149

JEUDI-SAINT

Cantique AL 44-12

Une histoire qui change la vie

L'histoire de la passion de Jésus-Christ est si saisissante qu'elle est toujours nouvelle. Elle renouvelle constamment notre envie de vouloir changer le cours des évènements pour autant que cela ait pu dépendre de nous. C'est l'expression de notre compassion.

Si pour nous aujourd'hui l'innocence de Jésus ne fait aucun doute, à son époque, la révolution philosophique, culturelle et spirituelle qu'apportait son enseignement mettait en porte-à-faux ceux qui profitaient du système. Jésus est venu rétablir l'ordre et la loi pour une meilleure compréhension de la volonté de Dieu. Car celle-ci a été aliénée par le pharisaïsme ambiant.

C'est avec beaucoup de peine que nous nous souvenons que notre salut est passé par des souffrances atroces de Jésus-Christ. Mais la joie de la réconciliation avec Dieu est toujours immense car ce fils trahi, jugé, battu, condamné et crucifié a vaincu la mort par sa résurrection.

Jean-Pierre Zang

PRIÈRE

POUR LE VENDREDI-SAINT

Dieu notre Père,

Donne-nous de lire la passion de Jésus, comme un engagement à accompagner et soulager la souffrance autour de nous et en nous.

Dieu notre Père,

Aide-nous à ne pas être fascinés, attirés par la souffrance et la mort, ni à nous y habituer ; aide-nous à les parcourir en regardant à Toi comme puissance de Vie.

Dieu notre Père,

Entraîne-nous à la suite de Jésus, à garder en mémoire les paroles anciennes, les chants et les psaumes de ton peuple pour qu'ils orientent et interprètent nos vies.

Loué sois-tu pour ta présence, hier, aujourd'hui et demain. Amen !

Bernard Antérion, Église protestante unie de France

MARS

VENDREDI 29

Luc 22, 66 à **23, 39** - Ésaïe 52, **13** à 53, **12**
Hébreux 4, **14** à 5, **10** - Jean 19, **17-30**
Psaume 150

VENDREDI-SAINT *Cantiques NCTC 123, AC 448 et AL 33-26*

Paroles et agitations sur le chemin ultime

Jésus n'explique pas, ne justifie pas et ne console pas. Il entend et renvoie aux autres ce qui se passe. Les paroles, deviennent témoignages des autres : "c'est toi qui le dis". Jésus est dit, agit et reconnu par les autres mêmes hostiles. Tous s'agitent, lui le juste, reste seul, il est livré, transmis de l'un à l'autre. Les actions sont scandées par des paroles anciennes qui deviennent vives, les psaumes sont sollicités.

La passion est ici unique, elle fait vraiment évangile. Jamais la figure de la divinité, n'a été si grande, si singulière si troublante et si humaine à la fois. Nous pouvons nous réjouir et être reconnaissants pour cette singularité fondatrice de la foi qui tient ensemble la conviction que "sûrement cet homme était juste" et qu'il est devenu ainsi et pour toujours, solidaire de tous les vivants parfois meurtris, solitaires et abandonnés.

Bernard Antérion

MARS
SAMEDI 30

Luc 23, **50** à **24,** **12** - Ésaïe 53, **7-12**
Exode 14, **15-25** - Romains 6, **3-11**
Psaume 1
Cantiques NCTC 123, AC 431 et AL 52-06

SAMEDI-SAINT

Ouvertures vigoureuses, décisives

Rien ne reste en l'état. La croix même, doit s'ouvrir ! C'est l'humanité bonne et juste de Joseph. Le sabbat et sa préparation sont bousculés, des femmes regardent de loin. Le tombeau est rendu caduc, tout est ouvert comme un vide parcouru par des paroles entendues et ressenties. La mémoire est aussi ouverte à la vie, comme un rendez-vous à ne pas manquer : "alors elles se rappelèrent ses paroles !". L'anonymat même ne vient plus clore les identités, voici les deux Marie et Jeanne et les autres...

Le plus dur reste à vivre : ouvrir la conscience et la foi des hommes, les chefs, parmi lesquels cependant, la puissance d'ouverture se manifeste ; Pierre sauve l'honneur, il court, se penche, voit et s'en va, étonné par ces ouvertures comme puissance de renouveau en train de naître. La réalité de l'Evangile sera d'ouvrir en nous, ce qui reste fermé, faire vivre en nous, ce qui meurt et nous inviter encore au rendez-vous de la vie.

Bernard Antérion

DIMANCHE 31

Luc 24, **13-35** - Actes 10, **34-43**
1 Corinthiens 5, **6-8** - Jean 20, **1-9**
Psaume 118, **1-20**
Cantique AC 482

PÂQUES

Joie de la présence du Christ !

Quel chemin pour découvrir la joie et l'espérance au plus profond de son être !

Du doute aux questions, du désarroi au feu qui brûle en leur cœur, les disciples d'Emmaüs retracent ce qui les anime avec cet Autre qui marche à leur côté. Celui qui les a rejoints écoute leur histoire, leur peine, leur cri. Il parcourt les Écritures avec eux et se révèle par sa parole, sa présence et la fraction du pain.

Le Christ ressuscité se fait compagnon de route pour chacun de nous. Dans la joie comme dans la peine, il vient nous rejoindre pour marcher avec nous, pour entendre de notre bouche le vécu de notre existence. Il vivifie la Parole et se rend présent dans le partage du pain et du vin pour que chacun de nous puisse découvrir la joie. Celle qui brûle le cœur, qui donne l'espérance, qui fait tressaillir tout notre être au point que nous ayons envie de courir pour dire à tous nos frères : Alléluia ! Christ est vraiment ressuscité !

Sophie Zentz-Amedro, Église protestante unie de France

PRIÈRE

Alléluia ! Il est vivant !

Ô Dieu, en ce jour de Pâques, crions de joie !
Tu es venu dans notre humanité,
tu t'es fait homme pour tout donner.
Dans la vie, dans la mort tu as tout traversé,
pour nous donner l'éternité.
Parfois nous hésitons, nous doutons,
nous nous éloignons de ta parole, des autres et de nous-mêmes...
en cherchant plus loin, ailleurs, ce qui est là, tout près et que ton Fils nous révèle.
En ce jour nouveau, notre cœur brûle à ta parole, notre vie s'égaye d'un chant nouveau, l'espérance nous ouvre à la paix !
Alléluia ! Tu es vivant ! Crions de joie !

Sophie Zentz-Amedro

PRIONS, avec le Conseil Œcuménique des Églises en communion avec les chrétiens de Brunéi, de Malaisie, de Singapour

AVRIL

LUNDI 1

Luc 24, **36-53**
Psaume 2
Cantique AC 476

Paix et bénédiction

Les femmes, les disciples d'Emmaüs, Pierre et les autres apôtres vivent l'annonce de la résurrection sans trop comprendre.

Les apparitions du Christ crucifié et ressuscité ne peuvent être réalité vivante et pleine d'espérance, pour eux comme pour nous, qu'au travers d'une mémoire des Écritures, des paroles de Jésus et du souffle de l'Esprit.

"La Paix soit avec vous", c'est par ces quelques mots que Jésus les accueille, les rejoint, se fait présence de Dieu au milieu d'eux. C'est dans la paix, que le Christ accueille chacun de nous pour nous reconnaître, nous aimer, nous bénir.

Cette présence incarnée du Fils de l'homme, marquée par les blessures de la croix, nous annonce un amour triomphant. Doute et angoisse, souffrance et maladie, peur et faiblesse... tout est dépassé au matin de Pâques.

Le Dieu s'est fait homme. Le Dieu vivant s'est relevé. Le Dieu vivant nous donne sa paix. Le Dieu vivant envoie sur nous son esprit. Le Dieu vivant nous bénit.

Sophie Zentz-Amedro

AVRIL
MARDI 2

Proverbes 2, **1-22**
Psaume 4
Cantiques AC 239 et AL 22-07

Mon fils, si tu reçois mes paroles...

Si... si... si... Que de conditions au début du chapitre, pour finir par "trouver la connaissance de Dieu". La foi est-elle le fruit de conditions à remplir ? Le bonheur nécessite-t-il, lui aussi, d'accomplir certains devoirs ? Le sens commun répond que oui. Mais la Bible ?

Il faut que je lise bien ce qui est écrit : "si tu reçois mes paroles". C'est la première condition, la seule vraie, la seule nécessaire et suffisante. Car Dieu parle le premier, Dieu offre gratuitement. Mais il me faut saisir le cadeau, il me faut ouvrir les oreilles et le cœur à ce qui m'est dit. Car la foi est relation, et la question est seulement celle-ci : est-ce que j'en veux bien ?

Tout le reste coule alors de source, même si ce n'est pas "un long fleuve tranquille" ! Tout le reste est mise en adéquation de ma vie avec ces paroles reçues de Dieu, en Christ.

David Mitrani, Église protestante unie de France

Proverbes 3, 1-20
Psaume 8
Cantique AL 47-01

Ne sois pas sage à tes propres yeux

Être fou aux yeux du monde, ça, je sais faire : le contraire de ce que les gens attendent de moi, le contraire de la morale, le contraire de ce qu'eux considèrent comme mon intérêt. Mais fou par rapport à moi ? Qu'est-ce que c'est ?

C'est me laisser déplacer par une autre logique, une autre raison, un autre intérêt, que les miens. C'est abandonner mes propres défenses, mes propres sécurités. C'est arrêter de chercher à gagner ma vie, à protéger ma liberté. C'est ne plus vouloir à toute force me projeter dans l'avenir, et cesser aussi de me laisser déterminer par mon passé.

Anarchiste, jouisseur ? Non pas. Car c'est une autre sagesse qui m'est proposée en lieu et place de la mienne. Celle de Dieu, un Dieu qui "donne sa vie pour ses amis". La sagesse de "à qui perd gagne"... Tout lâcher pour retrouver les bras paternels. Chiche ?

David Mitrani

AVRIL
JEUDI 4

Proverbes 3, **21** à 4, **9**
Psaume 9
Cantiques AC 153 et AL 12-07

Ne dis pas... v.27

Curieuse interpellation placée au centre de la péricope : la pingrerie du cœur engendre la strangulation de la parole qui engendre l'étouffement du geste qui engendre la flatulence du mensonge.

C'est vrai que ce passage nous dit d'abord : "si tu en as les moyens". Honnêtement sommes-nous à tel point démunis que nous ne pouvons même pas partager un sourire apaisant, une parole qui encourage, une soupe qui réchauffe, un lit pour dormir ou du temps à donner ?

Nous sommes appelés à vivre de la sagesse que Dieu donne afin que s'épanouisse la sagesse qui est la nôtre par héritage. Celle de tous les jours, sans artifice ni gloire. Celle qui se joue et qui déjoue les miroirs aux alouettes et les discours bien policés. Selon notre texte, aimer le prochain ne peut se vérifier qu'au travers de ce que nous sommes au quotidien avec tous ses hauts et ses bas. Jésus n'aurait-il pas repris cet enseignement pour le prolonger* ?

Michel Pons, Église protestante unie de France

* Matthieu 25, 31-46

AVRIL

VENDREDI 5

Proverbes 4, **10-27**
Psaume 10
Cantique AC 834

Veille soigneusement sur ton cœur

En relisant ce texte j'ai cru entendre, loin, très loin derrière la voix paternelle du présent texte, celle de Dieu disant à son peuple : "Voici j'ai mis devant toi la vie et la mort. Choisis la vie"*. Hier comme aujourd'hui et demain, l'essentiel résidera toujours dans les libertés que nous avons à choisir : choix de la route, choix des compagnons, choix des breuvages, choix du pain, choix d'une manière de voir, choix des mots à échanger. Choix des sentiments à entretenir. Au fond, c'est une affaire de cœur.

Chez les Touaregs, après avoir rendu visite, après vous être rassasiés et reposés, avoir bu les trois verres de thé, vos hôtes, s'étant discrètement assurés que vous avez assez de provisions et d'eau, vous remettent sur la bonne route en vous accompagnant jusqu'à ce qu'à l'évidence vous ne puissiez vous tromper. On ne fait jamais des choix tout seul même si parfois notre entêtement nous incite à une liberté trompeuse.

Michel Pons

* Deutéronome 30, 15

AVRIL

SAMEDI 6

Psaume 3
Psaume 11
Cantiques AC 221 et AL 53-04

J'ai fait du Seigneur mon refuge Ps 11, 1

Le psalmiste réagit face à la capitulation des hommes devant la violence de la société.

Hier comme aujourd'hui, ne laissons pas croire *aux méchants* qu'ils sont devenus *les puissants de ce monde*.

Le petit, le cœur droit, le juste n'ont pas à se retirer ou s'isoler par crainte de la violence. Le Seigneur attend de nous des actes de justice qui ne sont pas à leur tour des actes méchants ou violents mais qui protègent, qui re-suscitent la vie.

Si l'homme ne croit pas toujours en Dieu, Lui veille et croit en chacun de nous, *Il apprécie les humains*, comme Pâques l'a manifesté.

Le psalmiste nous invite ainsi à prendre pour refuge le Seigneur et trouver avec Lui d'autres réponses. Sachons donc nous tourner vers Lui afin de trouver ces réponses qui relèvent, qui offrent de nouvelles espérances aux petits, aux cœurs droits et à tous les justes du monde.

Marc Schaefer, Église protestante unie de France

DIMANCHE 7

Psaume 5 - Actes 5, **12-16**
Apocalypse 1, **9-19** - Jean 20, **19-31**
Psaume 118, 21-29
Cantique AL 48-09

Le Seigneur est Dieu et il nous a donné la lumière

Ps 118, 27

Une semaine après Pâques, il n'est peut-être pas inutile de nous demander : quelle est la lumière qui nous fait vivre ?

Du tombeau, le Seigneur est sorti vivant. De ce vide naît ce qui peut remplir chacune de nos vies. Nous devons ainsi à Dieu la victoire de la vie sur les ténèbres. À travers la résurrection de son Fils nous pouvons proclamer que jaillit désormais une nouvelle lumière qui vient éclairer nos vies.

De cette lumière se manifestent la bonté et la fidélité de Dieu.

Alors si je vis de cette lumière, je peux, à mon tour, devenir Lumière pour le monde.

Marc Schaefer

PRIÈRE

Seigneur nous te rendons Grâce pour le don surprenant que tu nous as fait.
À travers ton amour révélé par le tombeau vide,
une nouvelle vie a été offerte à chacun d'entre nous.
Merci pour Ta lumière qui vient ainsi nous éclairer quand nous traversons des périodes sombres de nos existences.
Cette route,
ce chemin que tu éclaires de Ta lumière nouvelle
nous permet désormais à notre tour d'être lumière dans le monde.

Quel cadeau précieux que Ton amour,
C'est une merveille pour nos vies.
Tu es Notre Dieu
Bon et fidèle
Amen.

Marc Schaefer

PRIONS, avec le Conseil Œcuménique des Églises en communion avec les chrétiens d'Indonésie, des Philippines, du Timor oriental

Psaume 6
Psaume 12
Cantiques NCTC 266, AC 610 et AL 45-06

Je n'en peux plus... Ps 6

Il est clair que les auteurs des psaumes n'étaient pas épargnés par les difficultés. Ils décrivent avec justesse ce que l'être humain ressent lorsqu'il est confronté à ses semblables et qu'il se trouve dans une situation douloureuse.

À la lecture de ces textes, on peut se demander si les épreuves que nous traversons étaient voulues par Dieu ? Je ne le crois pas. Nous rencontrons tous des difficultés. Les uns plus, les autres moins. C'est la vie.

Cependant, les réflexions du psalmiste se terminent toujours sur une note optimiste. Après la complainte, la supplication, il y a la louange qui s'appuie sur la foi. Une sorte de méthode Coué ?

J'y vois plutôt la démonstration qu'au plus profond de notre détresse humaine, il y a la présence de Dieu qui nous porte, quoi que nous ressentions.

Robert Muller, Armée du Salut

AVRIL

MARDI 9

Psaume 7
Psaume 13
Cantiques NCTC 303, AC 626 et AL 47-10

Ça n'en finit pas !

Ps 13

Les efforts que l'on peut faire pour sortir d'une situation difficile (dans le domaine matériel, moral, affectif, de la santé ou autre) s'apparentent parfois à des tentatives désespérées. On s'efforce de reprendre pied, mais à chaque fois le sol se dérobe. Une nouvelle difficulté succède à la précédente, comme si un autre barreau cédait chaque fois que l'on veut gravir l'échelle. On n'en voit pas l'issue. Alors on peut être tenté de dire à Dieu ce qu'il devrait faire pour nous sortir de cette situation.

Dans sa conclusion, le psalmiste prend ses distances avec les turbulences qui l'entourent. Humblement, il réaffirme sa confiance dans le secours de Dieu, sans compter le temps que cela prendra. Nous pouvons dire avec lui : "Je compte sur ta bonté, (...) et je veux chanter en ton honneur pour ce que tu as fait pour moi".

Robert Muller

LE DEUTÉRONOME

Le nom Deutéronome ("deuxième loi") vient de la traduction grecque de Dt 17,18 où il est en fait question d'une copie de la loi. Cependant dans le contexte du Pentateuque, il s'agit bien d'une deuxième loi, qui suit celle du Sinaï. On peut distinguer cinq grandes parties dans ce testament de Moïse : deux introductions en 1-4 et 5-11 qui contiennent des rappels historiques et des exhortations à respecter la loi du Dieu d'Israël qui se trouve en 12-16, les bénédictions et malédictions en 27-30, et le récit de la mort de Moïse en 31-34.

La structure du Dt rappelle celle des traités de vassalités des Assyriens (8e-7e s. av. J-C). Ceux-ci voulaient imposer à leurs vassaux une loyauté absolue envers le roi assyrien. Les auteurs de la première version du Dt reprennent cette forme dans un but subversif en affirmant que le seul Seigneur d'Israël c'est son Dieu. Cette première version du Dt fut rédigée probablement à l'époque du roi Josias vers 620 av. J-C. qui voulait faire du temple de Jérusalem le seul sanctuaire légitime (2 Rois 22-23). Après la destruction du temple en 586, le Dt fut réécrit à la lumière de cette catastrophe.

Thomas Römer, professeur de bible hébraïque, Université de Lausanne et Collège de France

AVRIL
MERCREDI 10

Deutéronome 1, **1-18**
Psaume 14
Cantiques NCTC 301, AC 425 et AL 44-05

Les points sur les "i"

Il n'y a que ça de vrai : la justice, c'est la condition *sine qua non* de la vie.

Moïse dresse le bilan. Ce qu'il peut laisser de mieux à son peuple, une réflexion. Qui doit lui permettre d'être, de demeurer quoi qu'il arrive, un peuple vivant, libre, en marche. Qui a quelque chose à donner à l'humanité.

Une pensée claire (inutile d'aller la chercher au bout du monde ou de couper les cheveux en quatre) et profonde. L'exigence de justice.

Justice impartiale. Parce que l'autre, ami ou adversaire, est mon prochain. Une justice semblable à la manne : chacun doit en avoir sa juste part. Une justice qui doit être réfléchie, organisée, comme la vie de la cité - la vie politique...

Une justice qui est la forme première de l'amour.

"Nous devons apprendre à vivre ensemble comme des frères, sinon nous mourrons tous ensemble comme des idiots" (Martin Luther King).

Viviane Gransart, Armée du Salut

Deutéronome 1, 19-33
Psaume 15
Cantiques NCTC 279, AC 616 et AL 47-04

Quand Dieu cherche

Une histoire qui fait signe !

Elle dit une conception de Dieu élémentaire. Dieu du catéchisme... qui doit savoir, pouvoir, dominer, etc. Statue, dogme.

Moïse renverse l'idole. Il nous montre Dieu sensible, attentif à la vie, à la détresse de ses créatures. Il vient à leur rencontre. Il "cherche", il "aplanit pour eux des chemins dans les déserts", pour les amener à une autre vie, dans la justice et la liberté.

Trop dérangeante, cette conception de Dieu a du mal à "passer". Il faut vite revenir aux fondamentaux. Un veau d'or. Rassurant. Voyant... et stérile. Impossible d'avancer, d'évoluer. Voie sans issue.

Mais la promesse, elle, demeure. Fidèlement, "Dieu nous cherche un lieu de campement", accompagne nos errances. Jusqu'à ce que nos yeux discernent un chemin de salut. Quand l'étranger est perçu, peut-être, comme un prochain... un frère ?

Viviane Gransart

AVRIL

VENDREDI 12

Deutéronome 1, **34** à 2, **1**
Psaume 16
Cantiques NCTC 181, AC 403 et AL 43-02

On tourne en rond

Quand on ne veut pas voir l'issue possible. Celle que Dieu propose ? Parce que trop novatrice, trop loin des idées reçues ?

Une espérance inespérée, inconcevable ?

Alors on tourne en rond, on broie du noir dans un désert sans fin.

Le peuple d'Israël a connu cela, et Moïse le lui rappelle, qui lui-même est pris dans cette nasse.

Et pourtant, il subsiste une espérance, une promesse. Même dans ce marasme, ils ne sont pas seuls, abandonnés. Là encore, la colonne de feu et de nuée est là, la manne leur est donnée jour après jour.

Peut-on penser que Dieu les comprend - malgré tout ? En tout cas, il est là. Il veille sur eux. Il maintient son alliance et sa promesse. La Terre... ce sera pour leurs enfants, mais eux ne sont pas abandonnés.

"Rien... ni la mort ni la vie... (ni même nos errements) ne peut nous séparer de l'amour de Dieu"*.

Viviane Gransart

* Romains 8, 38

AVRIL
SAMEDI 13

Deutéronome 2, **2-23**
Psaume 17
Cantiques NCTC 173, AC 255 et AL 41-05

Dans mon innocence, je verrai ton visage

Ps 17, 15

Quand il est accusé, méprisé par les autres, et parfois accablé par les circonstances, l'être humain cherche à clamer, de manière obsessionnelle, son innocence. Mais qui prête l'oreille à l'homme renversé ?

En nous invitant à partager sa prière, le psalmiste réassure notre cœur et notre âme quant à la présence de ce Dieu qu'il invoque et prend à témoin. Car l'exaucement vient, sensible à travers l'écoute, l'apaisement, la reconnaissance.

Alors le persécuté échappe au sentiment de traque et à sa terrible solitude, il sent sa gorge se dénouer, sa parole renaître pour un aveu, une quête, une espérance. Oui, l'Allié a surgi, présence métaphorisée par des ailes, un glaive, un visage...

Ne s'agirait-il pas de cette "voix de fin silence" qu'entendit le Prophète Élie, dont on ne sait plus si c'est celle de Dieu ou celle de l'homme ?

Prière de l'un comme prière de l'autre, elles sont en communion, elles sont la communion.

Florence Taubmann, Église protestante unie de France

PRIÈRE

Seigneur notre Père,

Nous voici devant toi en ce dimanche, en communion les uns avec les autres et en particulier avec ces chrétiens du bout du monde, qui vivent la même réalité spirituelle que nous, dans la foi en Jésus-Christ, mais des réalités sociales et politiques si différentes des nôtres.

Seigneur, que le peuple coréen, séparé par la frontière infernale de l'histoire et de la tyrannie, reçoive la force de ton Évangile à travers le témoignage de tous ceux qui l'ont déjà reçue. Que les Coréens du Nord et ceux du Sud puissent œuvrer ensemble pour la liberté, le mieux-être de tous, et l'avenir des nouvelles générations.

Et nous te prions aussi, de tout notre cœur, pour le peuple japonais, encore si éprouvé par le tsunami et la catastrophe de Fukushima !

Donne à tous, après l'énergie du désespoir, la force de l'Espérance, les intelligences et les talents nécessaires à la reconstruction, et la consolation de ton Amour.

Amen !

Florence Taubmann

PRIONS, avec le Conseil Œcuménique des Églises en communion avec les chrétiens de Corée du Nord, de Corée du Sud, du Japon

AVRIL

DIMANCHE 14

Deutéronome 2, **24-37** - **Actes 5, 27-41**
Apocalypse 5, **11-14** - Jean 21, **1-19**
Psaume 30
Cantiques NCTC, AC et AL 46

Gamaliel le juste

Dans notre monde où des fanatiques tuent, il est bon de retrouver Rabbi Gamaliel, qui fut le maître pharisien de Saul de Tarse, sans parvenir toujours à lui transmettre son esprit de modération.

Or si les passions de la foi nous ouvrent des chemins de lumière, il faut pourtant, à côté de ceux que brûle un feu intérieur, de ces êtres prudents, tolérants, capables d'exercer un relativisme qui n'a rien à voir avec la banalisation des différences ou l'auto-dénigrement, mais qui découle du respect dû à Dieu et à tout prochain.

Aussi, en écho à la parole magnifique et passionnée d'apôtres prêts au martyre "Il vaut mieux obéir à Dieu plutôt qu'aux hommes !", gardons toujours à l'esprit le non moins précieux propos de Gamaliel : "Si cette entreprise vient des hommes elle se détruira, mais si elle vient de Dieu rien ne pourra la détruire. Ne courez pas le risque d'avoir combattu contre Dieu".

Florence Taubmann

AVRIL

LUNDI 15

Deutéronome 3, 1-11
Psaume 18
Cantiques NCTC 289, AC 622 et AL 47-07

Gros soucis ?

Og, roi de Basan, était nous dit-on le dernier des Réphaim, une race de Géants venue des profondeurs, à l'origine incertaine. La taille de son lit nous impressionne : neuf coudées de long soit au bas mot quatre mètres. On peut supposer que comme tout un chacun il était plus petit que son lit ce qui laisse penser qu'il s'agissait là d'un solide gaillard de largement plus de trois mètres à côté duquel Goliath lui-même n'aurait pas fait le poids. Et c'est cet Og-là que Dieu soumet à Moïse et à son peuple avec d'autres rois de moindre acabit. "Ne crains pas, je l'ai mis dans ta main, il est à ta merci" !

Il convient de confier à Dieu d'abord ses plus gros soucis, puis les moins gros, alors on peut, comme Israël, prendre pleinement possession du pays et enfin "rendre le pays habitable !".

Jacques Gradt, Église protestante unie de France

 L.S.05.01 C.S.18.41 L.L.07.59 C.L.23.43

MARDI 16

Deutéronome 3, **12-29**
Psaume 19
Cantiques NCTC 211, AC 491 et AL 34-04

Prends courage !

C'est Josué qui traversera le Jourdain à la tête du peuple. Aucun de ceux qui avaient traversé la Mer rouge n'aura accès à la terre promise, pas même Moïse qui mourra sans que personne ne sache où se trouve son tombeau. C'est un peuple neuf qui entre dans la terre promise. C'est Josué qui marchera devant le peuple, lui dont le nom est en tout point semblable à celui de Jésus et en a donc la même signification "Dieu sauve". Moïse exhortera et Josué et le peuple ! Tout au long de la marche dans le désert ce ne sera que rappels de la volonté de Dieu et de sa constante présence.

Une fois seul aux commandes, Josué entendra résonner à ses oreilles la voix de Dieu lui-même : "Fortifie-toi et prends courage ! Je suis avec toi !".

Chacun de nous est appelé à rendre habitable le pays où il marche. À nos propres oreilles résonne la voix de Jésus "Prenez courage, j'ai vaincu le monde !"... C'est la même voix !

Jacques Gradt

AVRIL

MERCREDI 17

Deutéronome 4, **1-14**
Psaume 20
Cantiques AC 614 et AL 47-19

L'Église veille et prie !

Si Josué est appelé à se fortifier et à prendre courage cela n'est pas uniquement pour sa propre vie. Non seulement un peuple est l'objet de ses soins mais tous les peuples sont appelés à s'épanouir sous la loi de Dieu.

Pour que le pays soit habitable il convient qu'il le soit pour tous : Il convient donc de cultiver sagesse et intelligence par l'éducation et la transmission. Ce n'est pas le bien-être ou le salut du seul peuple d'Israël qui est en jeu, mais le salut du monde.

Cette sagesse et cette intelligence seront transmises également par Jésus, lui qui fortifiera et rendra courage au lépreux, au boiteux, au paralytique, lui qui appelle aujourd'hui les uns et les autres à se lever et à marcher !

L'Église veille et prie !

Jacques Gradt

L.S.04.57 C.S.18.44 L.L.09.46 C.L.00.24

Deutéronome 4, **15-31**
Psaume 21
Cantiques NCTC, AC et AL 21

Notre Dieu est plein d'amour

v.31

Moïse prédit le malheur au peuple d'Israël s'il se fait une représentation de Dieu. Il l'adjure en lui rappelant que si Dieu n'est pas visible à leurs yeux, il n'est ni absent, ni inexistant.

Sans doute la tentation de le figurer, de lui donner une image ou simplement de s'en faire une idée est grande. Nous nous y surprenons nous-mêmes.

Pourtant, on sait bien qu'à se livrer à d'hypothétiques suppositions ou à des ressentis subjectifs, la nature de Dieu nous échappe quand même. Pour croire, on voudrait lui donner une forme, et pas seulement un contenu. On voudrait matérialiser le spirituel, pour mieux se l'incorporer. Alors il n'y aurait plus le doute ! Non, nous dit Moïse, abandonnez toutes ces démarches raisonnées ou imaginées, parce que votre invisible Seigneur ne veut pas se révéler dans la matérialité, mais seulement dans l'amour. L'amour ne se voit pas. Il s'incarne.

Daniel Lestringant, Église protestante unie de France

AVRIL
VENDREDI 19

Deutéronome 4, **32-43**
Psaume 22
Cantique NCTC 224

Dieu est le seul Seigneur dans le ciel et sur la terre

v.39

Dans la dernière partie de son discours, Moïse argumente en expliquant que Dieu, malgré son invisibilité, s'avère réellement présent et efficace. Rappelez-vous hier, la miraculeuse délivrance de la servitude en Égypte !

Méditez les exploits extraordinaires qu'il a réalisés pour vous ! Vous savez que demain, il fera encore tout pour que vous soyez une nation reconnue dans cette terre dont vous allez entrer en possession. C'est par amour qu'il vous a élus. Certes, il reste dans l'invisibilité, mais il se donne à voir dans la réalité, par des actes favorables, même à travers les questionnements, les épreuves et les déserts mortifères.

Vous jugez qu'il préfère se cacher pour n'être que plus vraiment Dieu ! Non, Dieu ne joue pas avec nous à cache-cache. Son invisibilité lui donne le pouvoir de se révéler à tout moment, en toute circonstance du début à la fin de notre vie.

Daniel Lestringant

Deutéronome 4, **44** à 5, **39**
Psaume 23
Cantiques NCTC, AC et AL 116

Dieu conclut alliance avec nous v.3

Le peuple d'Israël est maintenant doté d'une constitution. Elle ne lui a pas été imposée par un dictat de Dieu. Elle s'est établie dans un face à face entre Dieu et Moïse, auquel le peuple a donné tout pouvoir.

Les tribus et les personnes sont désormais rassemblées en une nation constituée, régie par un ordre. D'un côté Dieu s'engage à protéger le peuple et à lui accorder indéfiniment sa bonté. D'un autre côté, et comme en échange, le peuple s'engage à respecter, en quatre points, son rapport avec Dieu et, en six points, un statut de vie sociale.

Brève constitution aux ordonnances claires qui donnera structure et cohésion lors de l'installation dans le pays promis. On peut penser à un gouvernement théocratique. Mais sa particularité est qu'il est fondé sur l'amour de Dieu pour son peuple. Ce n'est pas un totalitarisme absolutiste. C'est une véritable alliance. Elle reste encore conclue pour nous tous.

Daniel Lestringant

PRIÈRE

Père,

Lorsque, étourdi par mes certitudes, je perds la boussole, donne-moi le Nord.

Lorsque, sollicité par d'incessants bavardages, je n'entends plus, donne-moi ta parole.

Lorsque, bousculé par la tempête, je m'égare, sois pour moi l'étoile,

Lorsque, obsédé par mes ambitions, je tourne en rond, ouvre-moi une porte.

Lorsque, essoufflé par la maladie, je suis en panne, sois pour moi le petit âne.

Lorsque, orphelin, je suis seul sur la route, sois pour moi le compagnon.

Pour tous ceux qui sont du même voyage, donne-moi d'être un signe.

Montre-nous en tout temps comme en tout lieu la route vivante qui mène à la vie.

Par Jésus-Christ,

Amen.

Patrick Booth, Armée du Salut

PRIONS, avec le Conseil Œcuménique des Églises en communion avec les chrétiens de Djibouti, de Somalie

DIMANCHE 21

Deutéronome 5, 23-33 - Actes 13, **14-52**
Apocalypse 7, **9-17** - Jean 10, **27-30**
Psaume 100
Cantiques AC 615 et AL 47-18

Gauche / Droite

v.32

Au désert, en route vers le pays promis, il suffit au peuple de suivre la nuée et le feu. Mais une fois arrivé, plus de signes. Comment vivre ensemble dans ce nouvel espace ? La parole, la thora, les remplacera. Une autre marche commence, intériorisée, où le peuple, en référence à cette parole donnée, apprend à vivre ensemble pour vivre bien. On connaît la suite : peu après, au temps des juges, il n'y a plus ni droite, ni gauche* !

Les prophètes ne cesseront de rappeler le peuple à l'ordre (et à la parole). Parmi eux un certain Jonas, fâché de voir Dieu faire grâce à une ville étrangère qui ne sait pas distinguer sa droite de sa gauche** ! Patience divine sans limite qui se révèle encore avec un Jésus ému, parlant à une foule perdue comme un troupeau sans berger***.

À nous d'entendre cette parole, d'en vivre pour vivre bien, et de la dire, comme Moise en son temps, à tous ceux qui l'attendent.

Patrick Booth

* Juges 17, 6
** Jonas 4, 11
*** Marc 6, 34

AVRIL

LUNDI 22

Deutéronome 6, **1-25**
Psaume 24
Cantiques AC 761 et AL 55-02

Répétiteurs

v.7

Le défi posé aux parents par des medias envahissants et indiscrets est immense. Lequel d'entre eux n'a-t-il jamais été stupéfait par une déclaration péremptoire de son gamin ? Conclusion : puisque les enfants apprennent des autres, qu'ils apprennent aussi de ceux à qui ils sont confiés. Oui, mais parler de quoi et comment ?

Le texte invite à parler du Dieu qui se révèle et de ce qu'il fait. Comme nous ne pouvons parler que de ce que nous avons entendu et reçu, cette transmission pose une exigence : celle de cultiver notre relation avec Dieu.

Le texte invite aussi à joindre le geste à la parole. Encore une exigence : celle de vivre ce que l'on dit. Comme tout adulte est "parent" des plus jeunes, un beau programme pour tous ? Nous pourrions alors répondre avec un grand sourire à cette question de Jésus à ses disciples : quand le fils de l'homme viendra, trouvera-t-il la foi sur la terre* ?

Patrick Booth

* Luc 18, 8

MARDI 23

Deutéronome 7, 1-11
Psaume 25
Cantiques NCTC 216, AC 540 et AL 35-07

Un peuple aimé

v.8

Le seul appel à l'existence pour le peuple d'Israël est l'alliance que Dieu passe avec lui. Dès lors aucun compromis n'est possible avec cette alliance sauf à disparaitre. D'où les garanties sévères que Dieu lui impose.

Aujourd'hui encore ce peuple est le témoin de cette alliance. Exemple qui nous interpelle : en Christ, par delà le statut social ou la couleur de peau, il y a un seul peuple*. Ce peuple est invité par une vie radicale, loin des arrangements et autres mélanges de toutes sortes, à montrer la vocation unique d'un peuple saint, choisi pour témoigner de ce que Dieu a fait**. Alors, d'autres membres s'y ajouteront parce qu'ils se sauront aimés de Dieu.

Patrick Booth

* Galates 3, 28
** 1 Pierre 2, 9

AVRIL

MERCREDI 24

Deutéronome 7, **12-26**
Psaume 26
Cantiques NCTC Ps 119, AC 427 et AL 53-03

Écoutés, gardés et mis en pratique !

On s'habitue vite. Aujourd'hui comme dans le temps. Ainsi les Israélites, au bout de leur périple, se sont installés. Ils se sont arrangés avec la culture ambiante. Leur lien avec l'Éternel se relâche, se délite. Le Dieu qui les a fait sortir d'Égypte ? Un souvenir lointain.

Il ne s'agit pas simplement de vivre comme il faut... et encore ! Car les petits écarts entraînent vite les grandes dérives : la crainte prend le dessus. Nous, nous craignons les puissances des nouveaux marchés ; eux pouvaient plier devant des divinités menaçantes.

S'ancrer dans l'alliance, c'est résister. Loin de "vivre comme il faut", vivre, cela demande d'être à l'écoute. Vivre en relation avec Dieu, ce n'est pas appliquer des règles de vie. C'est porter en soi, comme un trésor, une parole vivante.

Angelika Krause, Église protestante unie de France

Deutéronome 8, **1-20**
Psaume 27
Cantiques NCTC 303, AC 626 et AL Ps 130

Souviens-toi...

Nous connaissons tous des gens qui y sont arrivés à la force du poignet. Il n'est pas difficile de savoir comment ils ont réussi. Ils n'ont rien demandé à personne.

D'autres ont tout donné. Ils ont mis en balance toutes leurs ressources. Ils ont fait leur possible. Mais la réussite n'était pas forcément au rendez-vous.

Du coup, la question s'insinue : qu'est-ce qu'une vie qui en vaut la peine ? Serait-ce l'investissement personnel qui l'emporte ? La grande tentation consiste à tout ramener à soi. À sortir de la relation avec Dieu.

L'antidote proposé par Moïse : prendre en compte notre condition humaine. Nous souvenir du Dieu libérateur qui guérit. Nous pouvons nous ouvrir à Sa parole. Nous pouvons avancer, sachant Dieu derrière nous... et devant nous.

Angelika Krause

AVRIL

VENDREDI 26

Deutéronome 9, **1-17**
Psaume 28
Cantiques NCTC Ps 81, AC 610 et AL 44-15

... Ton peuple est corrompu

Moïse brise les tables de la loi, aux yeux de tous. Ceux qui ne comptent que sur du visible reçoivent un message. Devant leurs yeux : les débris de l'alliance rompue.

Ils n'en pouvaient plus de ce Dieu qui se révèle à sa manière. Parole brûlante sur la montagne. Accessible à tous.

Mais comment la garder ? La parole fondatrice nécessite qu'on construise dessus. Le peuple ignore ce pont de vie audacieux. Il cherche à combler le vide à sa façon, par sa propre construction : à la place de la parole, une statue.

Et nous ? Bannir les statues de nos lieux de culte est un rappel. Mais il importe de poser nos pas sur le pont que Dieu a jeté en Jésus-Christ.

Moïse reste solidaire de son peuple, même dans la rupture de l'alliance. Jésus-Christ porte son Église, bien au-delà de la rupture.

Angelika Krause

SAMEDI 27

Deutéronome 9, **18-29**
Psaume 29
Cantiques NCTC 213, AC 490 et AL 34-30

J'ai prié le Seigneur... v.26

Dieu est-il accessible à tout instant et à tout endroit ?

Selon le témoignage de Moïse, le dialogue ne s'est réalisé qu'au bout de longues recherches.

Dieu est-il donc difficilement joignable ? Parfois il semble absent ou distrait. Le Seigneur a pourtant promis de se laisser trouver par celles et ceux qui le cherchent. Prophètes et évangélistes relatent cette merveilleuse nouvelle.

Mais les personnes qui cherchent et leurs causes varient. Par exemple, ceux qui cherchent à connaître Dieu, le trouveront selon sa promesse.

Quant à la lutte de Moïse, elle portait sur la destinée du peuple élu de Dieu. Moïse y va jusqu'à confronter Dieu à son Alliance. Peut-on s'adresser de la sorte au Dieu à visage destructeur ? Moïse le pouvait, parce qu'il s'effaçait devant la cause plaidée. Supérieure, celle-ci concerne le Seigneur lui-même.

Evert Veldhuizen, Église protestante unie de France

PRIÈRE

En ce dimanche, il nous est proposé de prier pour l'Éthiopie et l'Érythrée.

Mais comment peut-on prier pour ces pays inconnus ?

Prier, est-ce engager un rituel magique ou un moyen de faire pression sur toi, Seigneur ?

Lorsque j'intercède, que se passe-t-il au fait... ?

C'est comme si je me trouvais à mi-chemin entre deux insaisissables, entre mes semblables inconnus, au loin, et toi qui nous a créés tous à ton image.

Mon Dieu, je ne sais pas quoi dire, demander, proposer... Je pourrais me décharger sur toi, car tu sais toutes choses, non... ? Cela est trop facile. Ou si j'allais rendre visite à mes semblables là-bas... ? Cela est trop compliqué.

Je me trouve encore et toujours à mi-chemin, entre facilité et complexité. Mais c'est peut-être précisément là où tu viens à notre rencontre...

Amen.

Evert Veldhuizen

PRIONS, avec le Conseil Œcuménique des Églises en communion avec les chrétiens d'Érythrée, d'Éthiopie

DIMANCHE 28

Deutéronome 10, 1-22 - Actes 14, **21-27**
Apocalypse 21, **1-5** - Jean 13, **31-35**
Psaume 145
Cantiques NCTC 278, AC 435 et AL 34-08

Ce que demande de toi le Seigneur ton Dieu v.12

Au plaidoyer de Moïse, médité hier, succède ici la résolution de Dieu. Aujourd'hui, le Seigneur accepte de recommencer avec le peuple infidèle.

En retour, il demande à son peuple de le craindre et de suivre ses voies.

Cette crainte est le commencement de toute sagesse. Elle est autant un émerveillement qu'une frayeur. Si la révélation de Dieu peut susciter un émerveillement vertigineux, la fragilité humaine de son côté peut effrayer.

Il s'agit d'une double prise de conscience. Ainsi est-elle à même de générer la confiance qui ouvre le cœur envers les faibles et les immigrés.

Ce sont les deux faces de la même médaille. La manifestation de la grâce merveilleuse de Dieu dans la vie humaine et l'instauration concrète de la justice dans le monde. Deux faces indissociables de la même réalité.

Evert Velduizen

AVRIL

LUNDI 29

Deutéronome 11, 1-9
Psaume 30
Cantiques AC 521 et AL 48-03

Reconnaissez Dieu aujourd'hui !

Voici le rappel pour chacun de nous que nous devons reconnaître Dieu dans l'aujourd'hui de notre vie.

Ce n'est ni la foi de nos pères que nous devons présenter à Dieu, ni la foi de nos enfants, mais notre foi et nous-mêmes. C'est à notre être, notre cœur et notre force actuels que s'adresse l'appel à aimer Dieu, à le reconnaître dans notre vie et à observer sa parole.

Cependant, ce que Dieu a fait dans le passé est le terreau qui fait vivre notre foi d'aujourd'hui et nous donne la force d'aller vers l'avenir. Moïse parle à ceux qui étaient enfants lors de la sortie d'Égypte, ou qui sont nés dans le désert.

L'acte de salut de Dieu dans le passé en faveur de leurs pères devait devenir expérience personnelle vivante et actuelle de la nouvelle génération afin qu'elle en saisisse la promesse pour construire son avenir.

Katie Badie, Union des églises évangéliques libres

AVRIL

MARDI 30

Deutéronome 11, **10-32**
Psaume 31
Cantiques AC 741 et AL 52-05

Vous apprendrez ces paroles à vos fils

Si ce n'est pas à nos enfants de vivre notre foi à notre place*, le fait d'avoir reçu la Parole de Dieu et de reconnaître sa vérité dans notre vie implique sa transmission à nos enfants**.

Certes, l'Église n'est plus un peuple où la transmission de la foi est réservée à nos familles. Les jeunes chrétiens ne seront pas forcément nos enfants (ni forcément jeunes !). Cependant, apprendre notre foi à nos enfants reste le signe que nous la vivons dans la réalité de notre quotidien ; transmettre la Parole de Dieu dans notre famille montre qu'elle fait vraiment partie de notre identité de croyant.

Mettre dans notre cœur et notre âme la Parole de Dieu comme nous invite ce texte, afin de vivre pleinement l'intention de Dieu pour notre vie, implique qu'elle s'invite de manière naturelle à notre table, à nos conversations et à nos déplacements journaliers.

Katie Badie

* Verset 2
** Verset 19

MAI

MERCREDI 1

Psaume 9
Psaume 32
Cantiques AC 151 et AL 47-16

Une citadelle pour celui qui est écrasé Ps 9

Ce chant de louange est un cri de foi ! Le psalmiste célèbre la justice de Dieu comme un recours et un espoir face à l'oppression des systèmes humains qui écrasent le faible par la force. Le psalmiste se tourne vers son Dieu pour défendre ses droits parce que le gouvernement humain est défaillant et inattentif aux plus pauvres.

Notre âme réclame la justice. C'est une grande souffrance que de voir nos droits fondamentaux bafoués et ignorés par les puissants. Quand la justice n'agit plus selon l'équité et le droit, mais cède à l'influence du pouvoir et de l'argent, nous nous sentons dépouillés de notre vraie humanité. C'est alors un combat digne des croyants que de dénoncer la corruption. Cependant, la justice humaine nous décevra forcément ; et ce ne sera qu'à Jésus-Christ, qui a subi notre injustice, que nous pourrons confier celui qui est écrasé.

Katie Badie

LISONS CETTE ANNÉE

LES ÉPÎTRES AUX GALATES ET AUX PHILIPPIENS

L'épître aux Galates

L'apôtre Paul s'est rendu plusieurs fois en Galatie (Ac 16 et 18). Ici, il leur écrit pour redynamiser ces églises qui, entre temps, ont subi d'autres influences : une exigence accrue par les lois juives (Ga 5, 1-3) ou, au contraire, un certain relâchement lié à une mauvaise interprétation de la liberté chrétienne (Ga 5, 13-14). Paul souligne alors la thématique de la fidélité : l'exemple de celle du Christ, mort sur la croix (Ga 3, 13) qui fonde celle de l'apôtre (Ga 2, 14) et appelle celle des chrétiens (Ga 3, 1-5). Dans cette veine, un des sommets théologiques sera repris dans la lettre aux Romains : *par la loi, nul n'est justifié devant Dieu, puisque celui qui est juste par la foi vivra* (Ga 3, 11).

L'épître aux Philippiens

Aujourd'hui, sur le site archéologique de Philippes, le visiteur peut admirer une belle mosaïque avec le nom de Paul. Un peu plus loin, une prison illustre même l'endroit où l'apôtre aurait été incarcéré (Ac 16, 23). Ce que la tradition locale a ainsi voulu retenir de son passage témoigne de l'intérêt à la fois pour le personnage et pour son message dont le contenu s'harmonise volontiers avec celui envoyé aux Galates : *la justice (...) vient de Dieu et s'appuie sur la foi* (Ph 3, 9).

Claude Mourlam, Union des églises protestantes d'Alsace et de Lorraine

MAI

JEUDI 2

Philippiens 1, **1-11**
Psaume 33
Cantiques AC 587 et AL 56-06

Clairvoyance et intelligence

v.9

Paul et les Philippiens : une histoire particulière.

Par deux fois, Paul écrit qu'il les chérit et qu'il leur assure son incessante prière auprès de Dieu. D'abord une intention de reconnaissance car la providence de Dieu leur est acquise, ensuite une demande appuyée en faveur de leur témoignage, de leur amour-agape.

Une telle prière n'est pas anodine, elle est sûrement motivée par la crainte de Paul que ses chers amis ne dévient de la vraie foi, celle qu'il leur a enseignée. Le cœur de l'enseignement de Paul est le Christ : crucifié, ressuscité et Seigneur.

De nos jours, nombreux écrits chrétiens circulent pour nous aider à devenir "purs et irréprochables". Cette richesse d'approches traduit la richesse en Christ et, comme pour les Philippiens, notre amour a besoin d'y puiser son essence.

L'aide de l'Esprit nous sera précieuse et nous donnera clairvoyance et intelligence pour discerner ce qui est du Christ, en vérité.

Mireille Rasolofo-Tsalama, Union des églises protestantes d'Alsace et de Lorraine

☾ L.S.04.30 C.S.19.06 L.L.00.46 C.L.11.02

MAI

VENDREDI 3

Philippiens 1, **12-30**
Psaume 34
Cantiques AC 628 et AL 52-19

Vivre pour le Christ !

Paul est détenu en un lieu difficile à préciser. Il écrit aux Philippiens et énonce son désir : être avec le Christ, c'est-à-dire mourir. Mais il formule aussi sa joie : le Christ sera annoncé du fait de son procès.

Mais il reste pédagogue, il exhorte ses amis de Philippes à rester fidèles au Christ. Vivre en lui, croire en lui et aussi souffrir pour lui. C'est la définition paulinienne de l'engagement, à l'image de sa vie. Une vie où l'engagement fait accepter les risques encourus. Le risque de se tenir à ce que nous croyons comme vrai et juste, le risque de se laisser transformer par Dieu et le risque d'être renouvelé par l'Esprit.

Les risques de la foi commencent dès le moment où, lors d'un baptême, lors d'une sainte cène, nous confessons que cela est don de Dieu, que cela est Parole visible de Dieu, que c'est Jésus qui nous invite.

La vie de foi n'est pas qu'intellectuelle et sentimentale, elle est belle et exigeante !

Mireille Rasolofo-Tsalama

L.S.04.28 C.S.19.08 L.L.01.18 C.L.12.14

SAMEDI 4

Philippiens 2, 1-11
Psaume 35
Cantiques AC 621 et AL 33-19

Comme on le fait en Jésus-Christ v.5

Paul propose aux Philippiens une solution pour surmonter leurs conflits et difficultés, c'est l'exemple du Christ. Dans cet hymne, il évoque son abaissement, son obéissance à son Père et son dépouillement, son renoncement à sa condition divine.

Renoncer, un mot fascinant, un grand mot, que l'on lance facilement aux autres, à un adolescent féru de jeux vidéo, ou encore à un enfant gourmand. Mais pour nous-mêmes, renoncer c'est un défi.

Renoncer à notre confort, renoncer à une bonne place, renoncer à une habitude de vie. Quel effroi !

Pour remettre la communauté à flot, l'idée de Paul est simple : pour être prêt à servir et à aimer les autres comme soi-même, le remède est le renoncement à ce qui nous éloigne de Dieu et de Jésus.

Luther a écrit une prière en ce sens : il accepte de renoncer à tout pour se rapprocher de Dieu. Autre prière, celle du Patriarche Athénagoras : renoncer à la volonté d'avoir toujours raison. Accepter de se désarmer pour laisser l'autre en vie.

Mireille Rasolofo-Tsalama

PRIÈRE

Reçois, Seigneur, en ce jour, nos prières pour la paix.

La paix tout d'abord pour et dans nos familles, pour l'harmonie dans le couple, le respect des générations et l'attention portée aux enfants.

Nous te prions pour la paix dans le monde, pour le silence des armes et des violences. Nous te confions tous les points de conflits, tous les lieux où la haine entre des hommes et des femmes arrive à des sommets incontrôlables.

Nous te remercions pour les efforts de paix. Prends en charge ce que nous ne pouvons pas réaliser nous-mêmes, là où nous sommes découragés et impuissants.

Nous te prions pour la paix dans notre cœur. Tu connais tout ce qui s'y trouve, tout ce qui nous préoccupe, tout ce qui fait notre être et notre personnalité.

Nous te prions pour la paix des corps, pour ceux et celles qui souffrent et qui n'en voient pas la fin. Accorde leur ton répit et ta paix, cette paix que toi seul peux donner. Amen.

Didier Meyer, Église protestante unie de France

PRIONS, avec le Conseil Œcuménique des Églises en communion avec les chrétiens d'Ouganda, du Soudan

DIMANCHE 5

Philippiens 2, 12-30 - Actes 15, **1-29**
Apocalypse 21, **10-23** - Jean 14, **23-29**
Psaume 67
Cantiques AC 424 et AL 44-11

Le dernier vœu

Que restera t-il de mon œuvre ? Paul a un seul souci* : que restera-t-il après son passage de ses efforts, de son travail, de sa foi et de son enthousiasme ?

Ces questions ne le traversent qu'un instant mettant sa confiance en son fidèle disciple Timothée et il ne désespère pas de la communauté de Philippes à se tourner de plus belle vers le sujet et la raison de tout salut, Jésus le Christ. C'est en son nom d'ailleurs que Paul se console du fond de sa prison n'ayant pas encore abandonné le projet et l'espoir d'être libéré. Et si ni ses envoyés, ni la paroisse ne sont capables de poursuivre la mission entreprise, elle sera poursuivie au nom de Celui qui peut tout, même s'ils montrent moins de ferveur et d'engouement.

On signalera que Paul tient à passer le flambeau** afin que la lumière continue de briller et qu'il y ait des sources de lumière. Nous ne sommes que de passage, invités à relayer ce que nous avons appris et vécu avec notre Sauveur.

Didier Meyer

* Verset 17
** Verset 15

 L.S.04.25 C.S.19.10 L.L.02.11 C.L.14.34

MAI

LUNDI 6

Philippiens 3, 1-11
Psaume 36
Cantiques NCTC 188, AC 456 et AL 33-04

Appel à la joie ? Pamphlet de mise en garde ?

Paul s'inquiète du devenir de ce qu'il a construit et en particulier de ceux qui voudraient profiter de la situation alors qu'ils n'ont ni la carrure, ni l'état d'esprit.

Paul rappelle son passé, celui où il était reconnu comme un bon pharisien, fidèle à la loi et à la religion, capable d'appliquer sa foi jusqu'à persécuter et tuer*. Malgré toute l'aura dont il bénéficiait, cela ne représentait rien par rapport à tout ce que le Christ allait lui apporter. Sur le chemin de Damas, il a été justifié non dans la loi et la lettre de la loi, mais dans la Foi, celle qui reconnaît la toute puissance de Dieu et sa miséricorde.

Lui qui se faisait justice a découvert comment Dieu pouvait être juste à son égard. Il garde toute l'humilité pour affirmer que malgré ses efforts, il n'est pas encore parvenu au but. Paul a servi de toutes ses forces, pour se mettre à disposition de celui qui peut tout en lui.

Didier Meyer

* Versets 5 et 6

MARDI 7

Philippiens 3, 12 à 4, 1
Psaume 37
Cantiques NCTC 279, AC 550 et AL 31-22

Je m'élance vers le but

v.14

L'apôtre Paul a trouvé une belle parabole de la vie chrétienne, celle de la course de fond : le marathon. Course de longue haleine, d'endurance. Course où ce n'est pas la vitesse qui prime, la distance est longue, le but bien loin.

La course met en route. Aux chrétiens qui ne sont jamais partis - un ventre assis est un ventre mort disait un poète - et à ceux qui se croient déjà arrivés, Paul rappelle que notre vie de chrétien est tendue vers l'avant, vers le Christ.

C'est une vie d'attente et d'espérance, la piste est semée d'obstacles et d'ornières, l'essentiel est de courir (ou de marcher), le marathon n'est jamais achevé. La ligne d'arrivée est dans les cieux.

Et c'est le ciel qui donne sa vérité à la terre.

Georges Schaffner, Union des églises protestantes d'Alsace et de Lorraine

MAI

MERCREDI 8

Philippiens 4, **2-23**
Psaume 38
Cantiques NCTC 266, AC 219 et AL 51-10

Réjouissez-vous

v.4

Nous ne savons plus nous réjouir. Faudra-t-il lancer un avis de recherche : avons perdu la joie ? Non pas la joie facile des amusements mais celle profonde qui colore notre univers et donne une nouvelle vision des choses.

La joie antidote au pessimisme ravageur, à l'angoisse asphyxiante.

L'apôtre Paul ne nous recommande pas la joie pour la joie mais celle qui vient du Christ*. Soyez heureux d'avoir le Christ pour maître ! Et si vous perdez la joie, c'est que vous avez perdu le Christ. C'est lui qu'il s'agit alors de retrouver dans un lien vivant et confiant. C'est lui qui entretiendra votre joie.

La joie, c'est signé Dieu.

À quand remontent votre dernier sourire bienveillant, votre rire libérateur, votre joie rayonnante ?

Georges Schaffner

* Verset 4

2 Rois 2, **1-18** - **Luc 24, 33-53** - Actes 1, **1-11**
Hébreux 9, **24-28** et 10, **19-23**
Psaume 47

ASCENSION

Cantiques NCTC 214, AC 486 et AL 34-31

Il se sépara d'eux

Luc 24, 51

Nos séparations sont souvent douloureuses. Elles signifient rupture, éloignement, perte. Elles signent un échec, une désunion, un détachement, la fin d'un vivre ensemble. Ne reste souvent que la tristesse.

Le départ du Christ Jésus ressuscité ouvre une ère nouvelle, celle de l'absence du maître mais qui est aussi celle de la présence du Seigneur à travers le don promis, celui de l'Esprit Saint.

Absence - présence : tension et paradoxe.

Étonnants ces disciples qui repartent plein de joie ! Revêtus de la force venue d'en haut, à charge pour eux d'annoncer l'œuvre du Ressuscité, d'en être les témoins.

À charge pour nous d'assurer la relève. Le témoin n'est pas celui qui sait mais celui qui naît de l'Esprit.

Georges Schaffner

L.S.04.19 C.S.19.16 L.L.03.58 C.L.18.56

PRIÈRE POUR LE JEUDI DE L'ASCENSION

"La paix soit avec vous".

Seigneur Jésus que cette promesse nous arrache à nos vieilles images de la montée au ciel qui nous figent et nous empêchent de saisir pleinement ton œuvre d'amour qui rassemble les hommes et les met en marche vers le demain de Dieu.

À ta suite et dans ton esprit, que nous puissions nous approcher de nos compagnons de route et leur annoncer en le vivant : "la paix soit avec vous". Ta paix.

Ta paix, c'est l'amour, la justice, la vérité pour tous.

Fais de nous tes ouvriers de paix, tes bâtisseurs d'amour.
Amen.

Georges Schaffner

LES ACTES DES APÔTRES

La dédicace à *Théophile*, écho du Prologue de Luc, montre que ce livre est le deuxième tome de l'œuvre en deux volets du même auteur. C'est le seul livre du Nouveau Testament qui narre l'histoire des origines du christianisme, dans les années 30 à 60. On peut distinguer trois grandes parties : naissance et vie de l'Église à Jérusalem (ch. 1, 1 à ch. 5, 42), martyre d'Étienne et conversion de Saul, déclenchant la diffusion de l'évangile en Judée, Samarie et Syrie, et première mission en Asie mineure à partir d'Antioche (ch. 6, 1 à ch. 15, 35), mission de Paul dans le monde gréco-romain, son arrestation par les chefs juifs à Jérusalem et son transfert à Rome pour y être jugé (ch. 15, 36 à ch. 28, 31).

Ce plan, historiquement lacunaire, a la visée essentielle de souligner ces 3 thèmes fondamentaux : - L'évangile comme accomplissement des promesses du premier Testament et priorité donnée à l'évangélisation des Juifs ; - L'opposition des autorités juives à ce message ; - L'ouverture de l'évangile au monde païen.

L'intention la plus probable de ce récit est de conforter dans leur foi les chrétiens d'origine païenne, symbolisés par Théophile, en légitimant l'annonce de l'évangile à toutes les nations.

Charles L'Eplattenier

MAI

VENDREDI 10

Actes 1, **1-26**
Psaume 39
Cantiques AC 537 et AL 36-04

Une page se tourne

Deuxième choc ! Après avoir vu Jésus crucifié, l'avoir retrouvé ressuscité, voici que les disciples voient Jésus partir. Les événements se précipitent mais ils ne saisissent pas encore tout. Heureusement, il y a ces promesses : *vous recevrez une Puissance, le Saint-Esprit, Jésus reviendra, glorieux*. Les disciples se réfugient dans la prière, entre eux, à Jérusalem. Une page se tourne. Jésus n'est plus là, définitivement. Enfin, presque ! Alors autant aussi tourner la page de Judas et désigner Matthias. Et attendre.

Combien de fois ne sommes-nous pas dans les mêmes situations. Après un temps de formation, de partage, tout semble s'écrouler. Pour repartir, nous devons passer par ce temps de recul, d'intériorisation, de prières. Pour repartir, nous devons accepter d'être transformés et de vivre selon les promesses reçues. N'est-ce pas là le commencement de la foi, de la vie de disciple ? Une page doit se tourner dans nos vies.

Philippe Aurouze, Église adventiste du septième jour

MAI
SAMEDI 11

Actes 2, **1-13**
Psaume 40
Cantiques NCTC 216, AC 507 et AL 35-07

Coup de tonnerre !

C'est long dix jours de prières, ensemble. Mais c'est quelquefois nécessaire. Et là, coup de tonnerre. Le Saint-Esprit envahit la pièce, remplit les disciples assemblés et leur accorde ce dynamisme promis. Ils s'expriment et ne cessent de parler. Au point que la foule, multiple, diverse, présente à Jérusalem, se réunit autour d'eux. Personne ne comprend ce qui se passe mais tous comprennent ce qu'ils disent. Paradoxe du miracle. Folie pour certains, perplexité pour d'autres. Mais tous *entendent parler dans leur langue des merveilles de Dieu*.

Quelle interpellation pour moi, pour nous ! Combien de fois mes propos expriment-ils *les merveilles de Dieu* ? Remplie de l'Esprit, ma vie témoigne-t-elle des bontés de Dieu, de sa grâce, de son amour dans un langage compréhensible par l'autre, c'est-à-dire dans son langage, sa culture ? Coup de tonnerre (bis) dans ma vie ! Le Saint-Esprit, Dieu, me qualifie pour que les autres le découvrent comme un Dieu extraordinaire, merveilleux.

Philippe Aurouze

PRIÈRE

Mon Dieu,

Pardon pour tous ces moments où dans mon chemin de vie, j'ai oublié tes promesses, tes enseignements car trop pris par l'instant présent. Merci de m'avoir encouragé, de m'avoir accordé ta paix, de m'avoir rassuré.

Dans cette relation d'intimité avec toi, par la prière, merci de m'accompagner dans ma transformation intérieure.

Je te remets mes doutes, mes fragilités, mes questionnements.

Je te remets aussi mes frères et sœurs, ces disciples qui, avec moi, pourront proclamer tes merveilles.

Merci au Saint-Esprit de me qualifier. Qu'ainsi, je puisse, là où je suis, vivre comme témoin de la Bonne Nouvelle.

Que ma vie devienne prédication au bénéfice du plus grand nombre.

Que grâce te soit rendue.

Amen.

Philippe Aurouze

PRIONS, avec le Conseil Œcuménique des Églises en communion avec les chrétiens du Kenya, de Tanzanie

166/2013

MAI

DIMANCHE 12

Actes 2, 14-36 - Actes 7, **55-60**
Apocalypse 22, **12-20** - Jean 17, **20-26**
Psaume 97
Cantiques NCTC 266, AC 610, AL 45-06

Première prédication

Pierre, leader, prend ses responsabilités. Conduit par l'Esprit, il ne peut se taire. Et devant la foule rassemblée, il prend la parole. Ce n'est plus le Pierre, craintif, traître par lâcheté dans la cour du sanhédrin. Pierre a changé, a été transformé. Une nouvelle ère s'ouvre : celle du témoignage, du partage de la Bonne Nouvelle. Voici donc la première prédication. Et quelle annonce, quelle proclamation !

Là encore, un enseignement pour chacun de nous. Le discours s'ancre dans la culture de ses auditeurs. *Vous savez ce qui a été annoncé. Eh bien c'est arrivé.* Puis, avec franchise, il progresse sur le cœur du message : *Jésus est ressuscité ! Il est Seigneur !*

Deux éléments retiendront mon attention. La répétition du *Dieu l'a ressuscité* et le lien entre la promesse faite au verset 21 conduisant à Jésus-Christ par la conclusion au verset 36. L'espérance se concrétise par l'action de Dieu manifesté en Jésus-Christ. Tout simplement magnifique.

Philippe Aurouze

MAI

LUNDI 13

Actes 2, 37-47
Psaume 41
Cantiques NCTC, AC et AL 65

Tous les jours au Temple !

Les membres de l'Église primitive n'avaient ni radio, ni télé, ni même de bibles, mais des lieux ouverts où ils se rendaient chaque jour pour prier, écouter les apôtres, partager la sainte-Cène et, dans les maisons, vivre des repas fraternels et joyeux en veillant à ce que personne ne manque de rien. Tout cela par le Saint-Esprit accueilli à Pentecôte.

Si cette vie de l'Église était vécue dans notre pays avec ses renoncements et son amour fraternel, l'Évangile, pris au sérieux, ferait ce que n'ont jamais pu faire nos discours, nos associations, nos traditions, nos Églises unies ou indépendantes.

Pour remuer la masse des incroyants, l'Église doit redevenir vraiment chrétienne, vivant d'abord de la vie du Christ, ensuite de la vie fraternelle et enfin de la vie missionnaire. Ainsi l'Église n'a pas d'époque. Elle naît dans le temps de Dieu. Si ce n'est pas parmi nous c'est ailleurs. Quant à nous, il reste à nous laisser enivrer par le Saint-Esprit pour être nous-mêmes cette Église.

Philippe Ingrand, Église protestante unie de France

MARDI 14

Actes 3, **1-26**
Psaume 42
Cantiques NCTC, AC et AL 91

Il entra dans le temple en sautant

Le prophète Ésaïe avait prédit : "Alors le boiteux sautera comme un cerf". On nous dépeint ici les effets de la joie : le boiteux de naissance, guéri miraculeusement, s'affermit sur ses pieds et saute en louant Dieu. Grâce au Seigneur, il est ravi de pouvoir faire ce qu'il n'a jamais fait. C'est d'autant plus un miracle que, à la naissance, un homme ne sait pas se tenir sur ses pieds ni sauter de joie. C'est une nouvelle naissance, une conversion.

Voici donc un homme habitant au pays "où coulent le lait et le miel", qui mendie à la porte du temple et qui va y entrer en sautant et louant Dieu ! Il est guéri au nom de Jésus.

Il n'est pas question de "photographier" Pierre ou le boiteux, mais l'Esprit de Dieu pour le faire paraître dans les journaux et à la foule.

Nous qui avons eu, parfois, l'impression de rester en panne après des délivrances, de nous arrêter dans la foi, il est temps de nous convertir et d'entrer au temple en sautant de joie.

Philippe Ingrand

MAI

MERCREDI 15

Actes 4, **1-22**
Psaume 43
Cantiques NCTC, AC et AL 24

Des compagnons de Jésus

Les hommes et les femmes de la première Église parlaient, agissaient et témoignaient par l'Esprit de Jésus, qui est le Saint-Esprit. En eux on reconnaissait qu'ils étaient "avec Jésus" ou "compagnons de Jésus" traduit la TOB. Pierre et Jean si timides, ignorants, n'ayant pas le certificat d'études deviennent prêcheurs grâce à l'union spirituelle avec Jésus. On a de la peine à reconnaître Pierre, le renieur...

Quand le Saint-Esprit s'empare d'un homme tout change, c'est un miracle, une conversion. Pour les compagnons de Jésus leur joie de vivre se traduit par le courage dans les paroles, l'audace dans l'action, la fermeté dans le témoignage.

Le discours de Pierre produit un double effet sur ses juges : d'abord ils ne veulent rien savoir du Christ, ensuite ils s'étonnent que des gens incultes, des Galiléens, sachent parler comme Pierre.

Songeons à la puissance d'évangélisation que chacun de nous, croyant, aurait, s'il était vraiment pénétré par l'Esprit de Jésus.

Philippe Ingrand

MAI
JEUDI 16

Actes 4, **23-31**
Psaume 44
Cantiques NCTC 267, AC 250 et AL 21-03

Annoncer la parole avec une pleine assurance

Le livre des Actes apparaît comme une envolée épique de l'Église naissante centrée sur l'œuvre missionnaire à ses débuts, avec tous ces gestes de solidarité, d'audace, d'élan, d'enthousiasme, ce va-et-vient permanent d'un lieu à un autre, d'une culture à une autre, dans la rencontre de l'Évangile vers le monde des humains au nom de Jésus-Christ.

La menace n'est pas loin, et ces témoins qui deviennent, malgré leur peur, bouche de Dieu, mains de l'Éternel car plus forte est la ferme conviction d'évangéliser.

"Annoncer la Parole avec une pleine assurance", voilà qui nous renvoie à nos hésitations quand nous pensons que la Parole peut se dispenser de nos paroles et de nos gestes parfois asséchés par nos replis, oubliant que le "levain travaille toujours la pâte".

Cette envolée épique est encore d'actualité toutes les fois où nous annonçons la parole avec assurance "sous la conduite de l'Esprit".

Valérie Mali, Église protestante unie de France

MAI

VENDREDI 17

Actes 4, **32** à 5, **16**
Psaume 45
Cantiques NCTC, AC et AL 133

La multitude n'était qu'un cœur et qu'une âme

v.32

Est-ce là le fruit de "faire la vérité" ? Discerner derrière le chaos de l'histoire humaine, et ouvrir le regard vers la lente "construction de la cité de Dieu", celle de sa justice. Une justice qui passe par une manière d'être au monde et aux autres, à commencer par ceux qui ont choisi de vivre de la Bonne Nouvelle, "la multitude de ceux qui croyaient et qui n'étaient qu'un cœur et qu'une âme".

Vision idéalisée, espérée, réelle de cette communauté naissante ? Du moins, elle nous dit un petit bout de la justice de Dieu à travers le partage, la solidarité, la conversion du cœur et de l'âme.

Si le monde antique s'enferme dans ses distinctions sociales, celui de l'Évangile s'ouvre peu à peu aux autres en mettant en œuvre l'amour de l'autre, l'amour de l'ennemi, la compassion.

Les fruits de l'Évangile ne sont pas loin du cœur mais au plus près de chacun, en chacun quand nous faisons place à un peu plus de solidarité.

Valérie Mali

SAMEDI 18

Joël 3, 1-5
Jean 7, 37-39
Psaume 46
Cantiques NCTC 215, AC 509 et AL 35-06

S'abreuver à la source d'eau vive

L'eau, d'importance vitale, symbole du jugement de l'homme comme de sa bénédiction, occupe une place essentielle dans la Bible. Ce n'est pas qu'une histoire de liquide, si précieux soit-il, mais l'eau nous renvoie avec l'Évangile de Jean au ministère de Jésus, comme "source d'eau vive", comme il nous renvoie à "la puissance vivifiante de Dieu" et "promesse de restauration pour le peuple dispersé", dans l'ancien Testament.

C'est une eau vive, en mouvement qui nous déplace comme la parole de Jésus nous déplace, nous renouvelle, suscite une vie nouvelle, la vie tout simplement quand elle est prise au sérieux.

À l'aube de Pentecôte, de la chambre haute aux rues de Jérusalem, c'est à la source de vie qu'ils puiseront pour éprouver le souffle de l'Esprit, la joie du grand large, ils iront se désaltérer non dans l'abîme d'un puits sans fond mais dans ce geste d'hospitalité de Dieu pour l'humanité : c'est le Christ. La source est pour tous ceux qui ont soif !

Valérie Mali

PRIÈRE

Dieu notre Père, nous te prions pour les chrétiens au Malawi et en Zambie : qu'ils découvrent toujours mieux le sens de leur baptême.

Nous te prions pour les couples : qu'ils découvrent en Jésus celui qui peut faire durer leur amour toute la vie.

Nous te prions pour les paysans qui espèrent la pluie ; donne-leur de pouvoir vivre du fruit de leur travail.

Qu'en regardant à ton Fils, nous soyons de plus en plus transformés à ton image, Père, et ainsi témoins de ton amour.

Matthias Helmlinger, Église protestante unie de France

PRIONS, avec le Conseil Œcuménique des Églises en communion avec les chrétiens du Malawi, de Zambie

MAI

DIMANCHE 19

Actes 2, **1-11** - **Romains 8, 8-17**
Jean 14, **15-26**
Psaume 104
Cantiques AC 218 et AL 51-07

PENTECÔTE

Esprit du Père et Esprit du fils : un seul et même Esprit

Comment être certain d'avoir reçu le Saint-Esprit ? Par une expérience ou une émotion ? Expérience et émotion sont bien sûr au rendez-vous avec Dieu ; mais elles ne donnent pas de certitude.

Seul Jésus donne une certitude. Regardons à Lui, à Lui qui reçoit l'Esprit Saint au baptême, à Lui qui nous promet de l'envoyer lorsqu'il s'en ira.

Jésus s'en est allé auprès du Père, mais il ne laisse pas les siens "orphelins", il envoie l'Esprit de vérité.

Celui-ci demeure en nous et nous fait entrer dans la vie de Jésus, dans la relation Père-Fils qui ne peut jamais être détruite.

"Ceux-là sont fils de Dieu qui sont conduits par l'Esprit de Dieu"*.

Matthias Helmlinger

* Romains 8, 14

LUNDI 20

Actes 4, **23-31**
1 Corinthiens 2, **6-15**
Psaume 47
Cantiques NCTC 267, AC 250 et AL 23-03

Accorde à Tes serviteurs de dire la Parole v.29

Hérode (représentant d'Israël) et Ponce Pilate (représentant des Nations) se sont associés contre Jésus. Le Messie du Seigneur a été rejeté. Mais Israël et les nations n'ont fait qu'accomplir tous "les desseins établis d'avance par Dieu". Ces desseins sont annoncés depuis des siècles dans les Écritures*. Le Messie étant hors d'atteinte depuis qu'il est à la droite du Père, les menaces continuent. Elles touchent ceux qui sont envoyés par Jésus.

En Irak, un pasteur a vu plusieurs chrétiens tués dans les attentats. Il a cherché dans la Bible comment réagir. D'après notre texte, la seule réponse appropriée aux menaces est de prier pour pouvoir annoncer encore plus fort la Parole de Dieu. C'est ce que firent les apôtres et c'est ce que fit ce pasteur avec son assemblée.

"Ils furent remplis du Saint-Esprit et disaient avec assurance la Parole de Dieu"**.

Matthias Helmlinger

* Psaume 2 cité ici

** Verset 31

MARDI 21

Actes 5, **17-42**
Psaume 48
Cantiques NCTC 255, AC 257 et AL 41-07

Le Dieu de nos pères a ressuscité Jésus v.30

Pierre et les apôtres sont juifs ; ils parlent de Dieu en disant : "le Dieu de nos pères". Avec l'Évangile, nous ne changeons pas de Dieu. C'est bien le même Dieu, le Dieu d'Abraham, d'Isaac et de Jacob, "le Nom*". Il est à l'origine des événements dont Pierre et les apôtres sont témoins.

Si l'Évangile est une doctrine, il est une doctrine reliée à des événements. Jésus a été ressuscité, "exalté par la droite de Dieu comme Prince et Sauveur". Ce n'est pas une théorie, mais un événement dans lequel nous recevons le pardon de nos péchés.

Pierre et les apôtres ne se sentent pas autorisés à passer sous silence ce message si fort. Si la fidélité à ce message entraîne la persécution, la joie est plus forte. À cause du Nom.

Matthias Helmlinger

* Verset 41

MERCREDI 22

Actes 6, **1-15**
Psaume 49
Cantiques NCTC 301, AC 425 et AL 44-06

Le comité des Sept

Voici que l'Église primitive prospère. Mais entre annonce de la Parole et service des tables, les apôtres ne savent plus où donner de la tête...

Déjà les uns maugréent contre les autres : leurs veuves sont négligées dans le service quotidien...

Stop ! Il faut ici arrêter tout commérage et les douze apôtres de provoquer une assemblée générale pour mieux choisir et élire sept diacres pour s'occuper des plus humbles. Tout de suite ce service social est reconnu par l'Église qui prie pour lui et chaque diacre reçoit une mission avec imposition des mains. Ainsi l'Église s'organise autour de plusieurs services (ministères). Service de la parole et service des tables.

Mais chacun annonce l'évangile en parole et en actes : pour preuve, Philippe et Étienne, cantonnés au service des tables seront remarqués dans le Livre des Actes comme de bons pédagogues en matière d'annonce de l'Évangile. Pour la santé de nos églises, sachons toujours être : tous prédicateurs et tous serviteurs.

Bernard Millet, Église protestante unie de France

JEUDI 23

Actes 7, **1-29**
Psaume 50
Cantiques AC 537 et AL 36-04

Abraham notre père...

Quelque temps après la passion de Jésus, Étienne est à son tour accusé de blasphème et sommé de rendre des comptes. En homme de foi, il choisit en toute confiance de raconter l'histoire du salut en passant par Abraham et Moïse. La première prédication chrétienne ne manque pas de nous lier à notre héritage juif.

Étienne reprend toute cette histoire pour tenter de faire entendre à ses interlocuteurs les signes et les prodiges qui se réalisent dans la première communauté chrétienne et s'inscrivent dans l'histoire du salut.

Mais ses interlocuteurs sauront-ils l'entendre ? Étienne, comme bien des prophètes de l'ancien testament, tente d'ouvrir l'alliance et parle de Moïse comme un précurseur du Christ... Mais un tel discours peut-il être entendu dans ce contexte difficile qui assiste à l'opposition entre disciples de Jésus et gardiens de la tradition ? C'est dans ce contexte très tendu que commencent les persécutions.

Bernard Millet

MAI

VENDREDI 24

Actes 7, 30 à 8, 1
Psaume 51
Cantiques NCTC 258, AC 252 et AL 41-16

La Parole bafouée

La fin du discours d'Étienne ne permet hélas pas de gagner la confiance des religieux, fermés à toute nouveauté et capables du pire c'est-à-dire de la condamnation à mort par lapidation pour sauvegarder la tradition... Les détracteurs d'Étienne n'ont pas été sensibles à sa parole ni à ses prodiges... Il sera le premier martyr chrétien !

Mais Étienne a bien fait de parler de la sorte et aujourd'hui encore, son intelligence et son courage nous impressionnent.

Dans un temps à nouveau marqué par les durcissements idéologiques et religieux, les accusations de blasphème nous font quelquefois frémir. Prions pour que jamais ne revienne ce temps où la parole est bafouée et la vie si mal respectée sous prétexte de sauvegarder des traditions.

Bernard Millet

MAI

SAMEDI 25

Actes 8, **1-25**
Psaume 52
Cantiques AC 231 et AL 22-05

Une parole et des actes

v.5 à 24

Dans la bonne ville de Samarie Philippe prêche le Christ ; quant à Simon le magicien, on ne sait pas bien. Ici, c'est la Parole qui vient en premier, puis des guérisons, puis des baptêmes - dont celui de Simon - et enfin, par l'intermédiaire de Pierre et de Jean, la prière et le don de l'Esprit par imposition des mains. L'ordre des événements est important car ce n'est pas l'extraordinaire qui prime, mais l'écoute de la parole prêchée, celle "du Seigneur", et l'Esprit est donné en surplus, comme pour parachever le tout.

Qu'est devenu Simon ? Il a disparu dans un trou noir de l'Histoire du Salut. Pourtant, j'ose espérer qu'il n'est pas perdu car il se met au bénéfice de la prière des autres. Certains chrétiens ont besoin d'actes de puissance pour soutenir leur foi, d'autres moins. Tous, et c'est là l'essentiel, ont d'abord besoin d'entendre le Christ prêché. C'est cela qui leur donne la force d'agir. Et l'Esprit est donné en plus.

Gilles Vidal, Église protestante unie de France

PRIÈRE

Seigneur garde-moi de juger mon frère ou ma sœur, ici ou là-bas.

Préserve-moi de poser sur lui ou sur elle des étiquettes, d'avoir des préjugés.

Arase les barrières que je peux dresser entre nous.

Ralentis notre allure que nous puissions prendre le temps de nous connaître.

Instruis-moi pour que je l'instruise et que je me laisse instruire par sa sagesse.

Fais-nous boire ensemble à la source de ta grâce, nous qui sommes enfants d'un même Père.

Et si nos routes se séparent, que nos cœurs restent unis et nos souvenirs inaltérables.

Et que Ton Esprit nous envoie vers d'autres rencontres.

Amen.

Gilles Vidal

PRIONS, avec le Conseil Œcuménique des Églises en communion avec les chrétiens du Botswana, du Zimbabwe

182/2013

DIMANCHE 26

Actes 8, 26-40 - Proverbes 8, **22-31**
Romains 5, **1-5** - Jean 16, **12-15**
Psaume 8
Cantiques NCTC, AC ou AL 8

Qu'est-ce qui empêche que je reçoive le baptême ?

Actes 8, 36

Rien. Rien n'empêche que ce personnage important reçoive le baptême.

Eh oui, n'en déplaise à certains, la Bible aime aussi les riches ! Pour Dieu, ce n'est pas un problème. Ni la classe sociale, ni la couleur de peau, ni le degré d'instruction, ni encore moins le genre (surtout dans le cas qui nous préoccupe, un eunuque : ni homme, ni femme en quelque sorte), ni, si l'on y réfléchit bien, la religion, car cet homme, à cette époque, en a forcément une...

Donc rien de tout cela n'est un obstacle pour recevoir le baptême. Il suffit d'être un homme ou une femme suffisamment curieux pour s'être laissé instruire, puis confesser sa foi au Christ. Après, et après seulement, l'Esprit est donné, même si c'est Lui qui est à l'origine de l'affaire ! La grâce de Dieu, manifestée dans le baptême, est vraiment une grâce sans frontières.

Gilles Vidal

MAI

LUNDI 27

Actes 9, **1-25**
Psaume 53
Cantiques AC 408 et AL 46-10

Il retrouva la vue

v.18

Saul est victime d'un double aveuglement. D'abord par son fanatisme qui fait de lui le persécuteur n°1 des chrétiens. Puis par "une lumière éclatante venue du ciel". Cette lumière ne signife rien en elle-même en dehors de la Parole qui révèle à Paul que "le Seigneur" et "Jésus" sont bien une seule et même personne : le messie.

Saul ne choisit pas de devenir Paul, à proprement parler il ne se convertit pas, disons plutôt qu'il est converti - au sens d'interversé - par Dieu. Et cela s'est manifesté par un appel, un envoi en mission* : "entre dans la ville", que l'on peut entendre à présent comme "entre dans ta nouvelle vie".

La foi, la conversion sont des dons de Dieu. Elles ne relèvent pas d'abord d'une démarche humaine. Il faut à Paul trois jours de cécité et d'abstinence pour le comprendre. C'est finalement peu. Certains mettent toute une vie ! Et pour moi ?

Gilles Vidal

* Verset 6

MARDI 28

Actes 9, **26-43**
Psaume 54
Cantique AC 609

Vivre en paix... ?

Si je dis "paix", vous me répondrez silence, calme... vivre en paix, c'est pour nous vivre en bonne entente, sans faire de bruit...

Ici l'Église qui "vit en paix" est une Église réticente à accueillir un Saul fraîchement converti ; une Église engagée dans des controverses, confrontée à des menaces de mort... Drôle de paix ! Une paix tissée de méfiance et de peur, de disputes et de persécutions...

Et pourtant cette Église vit : elle "s'édifie, elle marche, elle s'accroît...". Elle vit en paix avec Dieu, qui fait d'elle une Église vivante, une Église qui accepte et surmonte les conflits, une Église qui apprend à offrir un espace de communion, de partage, une Église disponible au souffle de l'Esprit.

Puissions-nous vivre en paix avec Dieu, pour être des Églises et des chrétiens vivants, sachant accueillir, protéger et encourager, inventer avec "l'appui du Saint Esprit" un avenir ouvert !

Nadine Py-Theodore, Église protestante unie de France

MAI

MERCREDI 29

Actes 10, **1-23**
Psaume 55
Cantiques NCTC 258, AC 252 et AL 41-16

Voir ? Voire... !

Deux visions, une adressée à Corneille, soldat païen, l'autre à Pierre, Juif et disciple du Christ. Deux visions, s'adressant à chacun dans ses catégories, ses façons de penser : au soldat, elle donne un ordre : "envoie chercher..." ; le croyant en prière, elle l'invite à une réflexion d'ordre théologique.

Nous aimerions parfois avoir une vision - comme une manifestation irréfragable de Dieu... pourtant la vision ne fait pas tout, elle reste incompréhensible par elle-même. Il faut la parole, entendue, partagée, répétée - par les envoyés de Corneille, par l'Esprit, plus tard par Pierre devant les frères de Jérusalem - pour que la vision prenne sens.

S'arrêter à ce qui se voit, c'est passer à côté de la rencontre : Corneille est un païen, les animaux sont impurs... des barrières trop hautes pour être franchies. Seule la Parole peut les faire tomber.

Nadine Py-Theodore

MAI

JEUDI 30

Actes 10, **23-48**
Psaume 56
Cantiques AC 536 et AL 36-22

Témoin

v.39 à 43

Pierre utilise quatre fois le mot "témoin" ou "témoignage" : c'est le titre qu'il revendique pour lui-même et les autres disciples. Témoins de l'œuvre de Jésus et de sa résurrection, chargés par Dieu lui-même de "porter témoignage", de proclamer le pardon des péchés par le Nom de Jésus. Cette transmission se fait ici en franchissant les frontières, ces frontières étanches qui séparent les purs des impurs, en empêchant toute vraie rencontre, tout vrai partage.

Récit d'une double conversion : celle de Corneille, le centurion romain, acceptant de reconnaître la seigneurie de "ce Jésus de Nazareth", et celle de Pierre, acceptant d'être témoin d'un Dieu qui "ne regarde pas au masque"... Pour transmettre, pour témoigner, il me faut reconnaître chez l'autre, l'étranger, l'impur, la même quête, la même soif de Dieu que chez moi. Et accepter de "partager" mon Dieu, d'être fait frère ou sœur de cet étranger...

Nadine Py-Theodore

L.S.03.55 C.S.19.42 L.L.23.49 C.L.10.02

MAI

VENDREDI 31

Actes 11, 1-18
Psaume 57
Cantiques NCTC 215, AC 509 et AL 35-06

Une nouvelle Pentecôte ?

Ah ! Comme j'aurais voulu, en tant que prédicateur, être bruyamment interrompu par le Saint-Esprit "tombant" sur l'assemblée ! Bon, je pense qu'il a quand même parfois agi, mais moins spectaculairement !

L'enjeu était capital : les païens pouvaient se convertir au Dieu de Jésus-Christ, les judéo-chrétiens pouvaient, eux, désormais les accueillir et même manger avec eux (communion), Dieu lui-même intervenait avec puissance par son Esprit : une vraie révolution ! On appelle souvent cet événement "la Pentecôte des païens"*.

N'aurions-nous pas besoin aujourd'hui d'une nouvelle Pentecôte dans l'Église (comme l'avait prié Jean XXIII) ? Pas forcément avec les mêmes signes, mais avec les mêmes résultats : une renaissance, dans la joie, la paix, l'amour et un grand désir d'annoncer cet Évangile merveilleux !

Francis Willm, Église protestante unie de France

* cf Actes 2

JUIN
SAMEDI 1

Actes 11, **19-30**
Psaume 58
Cantiques NCTC 249, AC 522 et AL 36-13

L'Église en marche !

Voici la première évangélisation en terre païenne, à Antioche, capitale de la Syrie, cinq cent mille âmes. Les acteurs n'en sont pas les "huiles" de l'Église, mais des chrétiens Hellénistes de Chypre et de Cyrène, sans mandat particulier ! Ils proclament "la Bonne Nouvelle de Jésus Seigneur", titre attribué normalement à l'empereur ! Et l'Esprit Saint, le héros du livre des Actes, a-t-on dit, est à l'œuvre : l'effet est "considérable"*.

Mais il faut enseigner ces nouveaux convertis venant du paganisme. Barnabas, qui "s'en réjouit", prend l'initiative de chercher Saul, l'ancien persécuteur des chrétiens !

Et à côté de la catéchèse se développe le service : solidarité avec les frères éprouvés de Judée.

Prédication, enseignement, diaconie : c'est le programme de l'Esprit !

Il n'a pas changé aujourd'hui et attend notre disponibilité !

Francis Willm

* Actes 21, 24-26

PRIÈRE

Notre Père,

Nous te prions pour nos frères et sœurs dans la foi, tracassés ou même persécutés dans beaucoup de pays. Renouvelle en eux jour après jour le courage de la foi, la patience dans l'espérance, la force de l'amour...

Nous te prions pour ceux qui leur veulent ou leur font du mal, afin qu'ils te découvrent et changent de vie.

Nous te prions pour ceux qui leur viennent en aide, dans des organismes chrétiens où souvent ils prennent des risques.

Et nous te prions pour nos Églises qui n'ont rien à craindre ici ! Préserve-nous de l'immobilisme, de la tiédeur, de l'habitude et aussi du découragement. Seigneur, "envoie des ouvriers dans ta moisson" !

Et nous te prions pour nos frères et sœurs dans ces pays d'Afrique du Sud, où le racisme et la pauvreté sont toujours terriblement actuels...

Merci, Père, pour la fidélité de ton amour ! Renouvelle en nous ton Saint Esprit ! Amen.

Francis Willm

PRIONS, avec le Conseil Œcuménique des Églises en communion avec les chrétiens d'Afrique du Sud, du Lesotho, de Namibie, du Swaziland

DIMANCHE 2

Actes 12, **1-25** - Genèse 14, **18-20**
1 Corinthiens 11, **23-26** - Luc 9, **11-17**
Psaume 110
Cantiques AC 514 et AL 35-19

Réalité ou rêve ?

Merveilleux récit plein de suspense et même d'humour, qu'il vaut la peine de lire en entier. On peut y faire trois niveaux de lecture.

On peut le recevoir tel quel : une miraculeuse délivrance, exaucement de la prière de l'Église, lui permettant de continuer l'évangélisation, malgré les opposants, qui d'ailleurs seront punis... par Dieu !

On peut aussi chercher une explication logique, rêve ou autre... Ainsi Pierre et les chrétiens sont convaincus de l'action fidèle du Seigneur dans les épreuves les plus dures...

On peut y voir enfin une sorte de récit de passion, mort et résurrection, comme ceux des évangiles, rappelant que "tout disciple accompli sera comme son Maître"* : c'est le chemin de la croix, à la suite de Jésus.

Pensons aux chrétiens persécutés, ne les laissons pas dehors : faisons-les entrer dans nos préoccupations et nos prières !

Francis Willm

* Luc 6, 40

LUNDI 3

Actes 13, **1-12**
Psaume 59
Cantiques NCTC 216, AC 507 et AL 35-07

Après Pierre, voici Paul

La vie de la première communauté chrétienne continue et le nombre de ses membres augmente. L'entrée en scène de Paul et de tous ceux qui l'accompagnent, en particulier Barnabas, témoigne de la conviction qu'il faut porter la parole de Dieu plus loin malgré les vicissitudes déjà rencontrées, comme le meurtre d'Étienne, l'emprisonnement de Pierre.

Paul ne s'autoproclame pas missionnaire. Il se détache d'un groupe de l'église d'Antioche. Le culte, le jeûne, la prière, et enfin l'imposition des mains, ont précédé et accompagnent désormais son envoi pour l'œuvre à laquelle Dieu l'appelle. Des désaccords théologiques avec d'autres prédicateurs vont voir le jour au fil des années, des heurts avec des défenseurs d'autres cultes vont avoir lieu. Rien ne sera plus fort que cet enracinement dans la connaissance et la méditation des paroles de Dieu et de Jésus partagée avec la communauté.

Évelyne Jouve, Église protestante unie de France

MARDI 4

Actes 13, **13-25**
Psaume 60
Cantiques AC 550 et AL 36-35

Après la lecture de la loi et des prophètes, l'exhortation

v.15

Paul est invité à prêcher à la synagogue dans le cadre d'un office régulier le jour du sabbat. Il s'adresse à un auditoire divers et sa première phrase permet à tous de se sentir concernés par ce qu'il va dire. Il le refera au milieu de son discours. Cela ne veut pas dire que tous adhèreront à son enseignement mais il se met à la portée de tous. Parler à tous, parler à chacun et chacune en particulier, c'est l'enjeu d'une prédication, d'une méditation.

"Écoute ! Dieu nous parle...", thème de la campagne de l'Église Réformée lancée en 2010, souligne que personne n'est maître de la manière dont la parole va être reçue. Le but c'est qu'elle puisse atteindre le cœur de la personne qui l'entend, lui murmurer Dieu.

L'histoire biblique est la référence immuable de la rencontre de Dieu avec les hommes. Il ne s'agit pas de nous enfermer avec elle dans du formol mais de continuer à la faire vivre. Dieu dépasse les limites du temps, de l'espace et des mots.

Évelyne Jouve

 L.S.03.52 C.S.19.47 L.L.01.32 C.L.15.45

JUIN

MERCREDI 5

Actes 13, **26-52**
Psaume *61*
Cantiques AC 179 et AL 14-08

C'est à nous que cette parole de salut a été envoyée

v.26

Au milieu de sa prédication Paul lance l'enjeu de ses paroles puisées dans la Loi et les Prophètes : il s'agit de paroles de vie, celles qui libèrent l'être humain de tout fardeau inutile, de toute culpabilité mortifère. Elles sont dites par un homme, ici en l'occurrence Paul, mais cela pourrait être chacun de nous. Chacun, chacune est porteur de ce trésor. Ces paroles prennent leur source en Jésus que certains ont condamné et continuent à condamner mais qui est revenu à la vie pour donner la vie à ceux qui l'accueillent. Habités par la force de l'Esprit qui agit au-delà des faiblesses humaines, Paul et Barnabas ont eu la force de répliquer aux opposants.

Si nous avons déjà eu peur de témoigner de la force de vie de Dieu en Jésus, si nous en avons douté, si nous nous sommes rebellés contre Dieu, la parole de vie peut toujours être reçue à nouveau, elle nous est adressée.

Évelyne Jouve

L.S.03.51 C.S.19.48 L.L.02.01 C.L.16.48

Actes 14, **1-28**
Psaume 62
Cantiques AC 221 et AL 53-04

Contre vents et marées

Rien ne peut faire obstacle à ce grand vent de liberté que la Parole de Jésus a manifesté en tout temps et en tout lieu. Parole qui trouve toujours des oreilles pour être entendue et des cœurs pour être reçue.

En toutes circonstances elle est une invitation à reprendre en main sa vie, à risquer les premiers pas d'une marche nouvelle, difficile, boiteuse peut-être, mais certaine. "Lève-toi droit sur tes pieds !".

Ne pas se résigner, ne pas abandonner, ne pas se soumettre et se démettre à je ne sais quel destin, mais faire face, relever la tête, résister, tenir ferme, debout, voilà la force d'une parole qui trace à chacun un chemin nouveau. Parole d'hier et d'aujourd'hui, transmise de générations en générations... À toi maintenant de risquer les premiers pas de la liberté de son amour.

Pierre Zentz, Église protestante unie de France

JUIN

VENDREDI 7

Actes 15, **1-21**
Psaume 63
Cantiques AC 628 et AL 47-15

Entre loi et foi

N'y aurait-il qu'une consonne qui diffère ? Bien sûr que non ! Et la circoncision n'est qu'un prétexte pour marquer le différend entre les judéo-chrétiens et les pagano-chrétiens. Les païens, nouveaux convertis, doivent-ils nécessairement devenir juifs pour avoir part à la plénitude du salut donné par l'Évangile ? Eh bien non, c'est bien par la foi que nous sommes sauvés... Tous, nous sommes au bénéfice de la grâce... passer de la première à la deuxième alliance, vivre de la liberté de la Parole.

La Réforme a bien réaffirmé cette primauté de la foi même si les œuvres sont utiles... Vivre de cette liberté de la Parole... découvrir qu'on est aimé d'un amour inconditionnel, voilà l'enjeu de ce premier synode à Jérusalem... Ma grâce te suffit !

Pierre Zentz

 L.S.03.50 C.S.19.49 L.L.03.09 C.L.18.44

Actes 15, **22-35**
Psaume 64
Cantiques AC 313 et AL 43-07

Concilier l'inconciliable

Premier synode des premiers chrétiens à Jérusalem (suite).

Dans toute conciliation pour arriver à un consensus, on essaye de dépasser le conflit en acceptant des compromis.

Ici au premier synode de Jérusalem, on coupe la poire en deux. On n'impose pas la "circoncision" pour ne pas accumuler d'obstacles devant ceux des païens qui se tournent vers Dieu, mais on prescrit une "observance" des règles de pureté, s'abstenir de toutes pratiques idolâtres.

Ainsi l'Évangile nous rend libres, nous affranchit de tout, aussi bien, par exemple ici, des pratiques juives que des rites païens.

Voilà une bonne nouvelle, la foi chrétienne ne s'inscrit plus dans les pratiques et les traditions des religions... Elle nous appelle à la liberté, à la responsabilité, à la fraternité et à la solidarité.

Pierre Zentz

PRIÈRE

Pourquoi, Seigneur ?

À toi qui nous aimes,
je dois avouer que je ne comprends pas :
pourquoi la maladie,
pourquoi la violence,
pourquoi la mort ?

Tu n'es pas venu pour "expliquer la souffrance,
mais pour la remplir de ta présence", n'est-ce pas ?
Alors, Seigneur,
accueille mes questions,
accueille mes doutes,
accueille mes larmes.

Je ne comprends pas, Seigneur,
mais je veux te faire confiance.
Donne-moi Ta paix.

Serge Wüthrich, Église protestante unie de France

PRIONS, avec le Conseil Œcuménique des Églises en communion avec les chrétiens d'Angola, du Mozambique

DIMANCHE 9

Psaume 10 - 1 Rois 17, **17-24**
Galates 1, **11-19** - Luc 7, **11-17**
Psaume 30
Cantiques NCTC, AC et AL 22

Pourquoi, Seigneur ?

Notre vie est jalonnée de "pourquoi ?". Les épreuves, la maladie, les deuils, les accidents de la vie nous portent, comme le psalmiste, à cette interrogation. Ils nous poussent à chercher du secours.

En ce sens, nos "pourquoi" sont déjà une prière : ils témoignent que nous croyons, ou, à tout le moins, de la volonté de ne pas se laisser emporter par le doute. C'est pour cela que cette interpellation monte si facilement à nos lèvres.

Dieu, lui, écoute nos prières. Il n'est pas offensé quand on se tourne vers lui pour le questionner. Son fils l'a fait sur la croix. Nous aussi, nous pouvons lui dire ce qui nous pèse ou nous trouble.

C'est là la confiance du psalmiste : Dieu rassure le cœur des humbles et exauce leurs désirs.

Aurons-nous l'humilité de nous approcher de lui ? Et saurons-nous attendre sa réponse ?

Serge Wüthrich

JUIN

LUNDI 10

Psaume 11
Psaume 65
Cantiques NCTC, AC et AL 65

Dieu visite la terre

Avec quels yeux regardons-nous la nature ? Comment considérons-nous le monde : comme un lieu que Dieu visite et soutient, ou comme un grand supermarché dans lequel nous pouvons nous servir sans vergogne ?

Calvin parlait d'une double révélation de Dieu : "générale" dans la nature et "spéciale" dans la Bible. Si le monde est le lieu de la révélation de Dieu, comme le psaume 65 nous invite à le considérer, ne faut-il pas alors le regarder avec humilité et émerveillement ? Ne faut-il pas être reconnaissant pour les sciences et tout ce que les hommes ont pu découvrir de son fonctionnement ? Ne faut-il pas se battre pour qu'il ne soit pas défiguré ? Ne faut-il pas considérer l'abondance que Dieu y met* comme étant à la disposition équitable de tous ?

Que faisons-nous de la terre, lieu où Dieu nous visite ?

Serge Wüthrich

* Verset 10

MARDI 11

Deutéronome 12, 1-19
Psaume 66
Cantiques AC 231 et AL 22-05

Tu te réjouiras de Dieu seul dans le lieu qu'il se choisira

Ne surtout pas retomber, telle est l'obsession au retour de captivité puisqu'elle est associée à l'idée de punition divine du péché. Pour retrouver l'alliance accordée aux patriarches, revenir sur la terre des ancêtres ne suffira pas, il faudra aussi se tenir à l'écart de leurs fautes. Lire et pratiquer la Loi doit devenir un sujet de joie puisque cela assure un lien fort avec Dieu. Les rabbins de notre neuvième siècle en ont même fait une fête, Simhat Torah (la joie de la Torah).

Les croyants sont appelés à ne renouveler ni l'erreur des païens, en pratiquant l'idolâtrie en tous lieux, ni l'erreur de Babel, en choisissant eux-mêmes un lieu à leur convenance pour, en fin de compte, se construire une vie sans Dieu.

Pour faire vivre les siens, Dieu leur donne la liberté et une terre en possession. Pour vivre avec eux, il leur révèle sa Loi et un lieu de rendez-vous sacré.

Michel Cordier, Union des églises protestantes d'Alsace et de Lorraine

JUIN

MERCREDI 12

Deutéronome 12, **20** à 13, **1**
Psaume 67
Cantiques AC 514 et AL 35-19

Le pur et l'impur mangeront ensemble

Hormis le rappel de l'exclusivité de Jérusalem pour les sacrifices et dons sacrés, ce texte revient aux prescriptions universelles données à Noé au lendemain du déluge.

Chacun pourra manger à sa guise de la viande sur ses terres, même du bétail susceptible d'être offert à Dieu. Il ne s'en attribue pas le monopole, ni ne le concède à son clergé. Ne sera interdite que la consommation de sang, vecteur de la vie dans la pensée de ce temps. Ce serait déposséder deux fois cet animal de sa vie, ce serait être non seulement maître mais aussi propriétaire d'une vie qui n'appartient qu'à Dieu seul.

Le plus beau passerait presque inaperçu. Deux personnes, l'une pure et l'autre impure selon les rites, pourront en manger ensemble. Dieu ne nous rejette pas à l'écart de ce monde, il nous y fait briller* pour tous.

Dommage de lire ce texte en diagonale, non ?

Michel Cordier

* Cf Matthieu 5, 16

JEUDI 13

Deutéronome 13, **2-19**
Psaume 68
Cantiques NCTC 300, AC 405 et AL 43-06

Le Seigneur reviendra de sa colère

Bien sûr, le récit de la Sortie d'Égypte décrit une nouvelle donne. Mais Dieu n'est pas dupe : même des prophètes, non seulement s'égareront eux-mêmes, mais pousseront à la faute d'autres qu'ils avaient pour mission de ramener à Dieu. Toute institution, même religieuse, même de réveil, sera toujours faillible.

Donner à la fois (et à la foi !) en même temps la Loi avec ses 613 commandements et une vaste liberté, c'est réaffirmer la primauté de l'Esprit sur la lettre. C'est mettre au cœur de nos vies le besoin d'une relation vraie avec Dieu, plus importante que tout autre lien.

C'est en Dieu que nous avons trouvé notre liberté et le sens de nos vies, l'espace qui nous permet d'aimer et de nous épanouir. Veillons à l'entretenir avec le même soin attentif et jaloux que Dieu a pour nous.

Notre fidélité nourrit ce lien, le pardon de Dieu le cimente.

Michel Cordier

JUIN

VENDREDI 14

Deutéronome 14, **1-29**
Psaume 69
Cantiques NCTC, AC et AL 36

Du discernement !

Ne faites pas n'importe quoi ! Ne mangez pas n'importe quoi !

Ne gobez pas n'importe quoi !

Je ne sais pas si Dieu mange "bio", mais il nous souhaite sûrement sobres et sains. Pour que nos intelligences, comme nos corps, soient lucides, disponibles, énergiques, efficaces.

Alors nos réserves, nos économies*, seront solidairement plus utiles et généreuses.

Nous préférerons devenir partageurs dynamiques, plutôt que repus alourdis** : ainsi, même "les lévites (qui assurent le service de tous) pourront venir se servir ; les étrangers installés chez vous, les orphelins et les veuves au milieu de vous, pourront venir aussi". Tous "pourront manger à leur faim. Alors le Seigneur votre Dieu vous bénira dans tout ce que vous entreprendrez".

François Coester, Église protestante unie de France

* Verset 28
** Verset 29

SAMEDI 15

Deutéronome 15, 1-23
Psaume 70
Cantiques NCTC, AC et AL 24

Remettre des dettes, vraiment ?!

On ne devrait pas trouver de pauvres parmi vous* !

Puisque le Seigneur vous offre en partage cette terre qu'il bénit !

Ne fermez ni votre cœur, ni votre main*.

Prêtez, donnez généreusement*.

Ne vous alourdissez pas avec des dettes qui s'accumulent : remettez-les plutôt, vous en serez allégés. Vous ne serez plus accaparés par des calculs compliqués de comptes d'apothicaires. Vous n'y perdrez plus votre temps, ni votre argent.

Prenez la peine de vider régulièrement vos divers contentieux, affectifs, familiaux, professionnels, idéologiques, avec les autres, avec vous-même, voire avec Dieu... (certains d'entre eux sont si futiles).

Pas besoin d'attendre sept ans, mais au moins tous les sept ans !

Investissez dans le pardon, l'allègement, la liberté**, comme Dieu nous investit de sa Grâce.

François Coester

* Verset 4, 7 et 10
** Verset 15

PRIÈRE

Tu nous vois, selon la vérité de ton regard,
tous ensemble, et chacun-e en particulier, à la fois riches
de ta présence et appauvris par nos inconséquences.

Tu nous accompagnes, selon la tendresse de ton amour si fidèle,
sur les chemins de ta confiance, vers les projets de ton Royaume.

Tu nous fortifies pour les défis de la vie, les défis de notre terre, ceux de nos évolutions personnelles et familiales, professionnelles et sociales, économiques et internationales, mais aussi culturelles et religieuses.
Fais de nous toutes et tous, des constructeurs de justice et de paix, témoins de ton espérance envers toutes et tous,
veilleurs selon ta Grâce.
Amen.

François Coester

PRIONS, avec le Conseil Œcuménique des Églises en communion avec les chrétiens du Brésil, du Guyana, du Surinam

206/2013

JUIN
DIMANCHE 16

Deutéronome 16, 1-20 - 2 Samuel 12, **1-16**
Galates 2, **16-21** - Luc 7, **36** à 8, **3**
Psaume 32
Cantiques NCTC, AC et AL 33

De la foi en fête !

Dieu préfère le rythme au rite.

La musique de la vie qui avance, plutôt que le rite qui répète.

La joie de l'offrande à partager, de la reconnaissance à chanter.

Au rythme du travail des semailles, du labeur des récoltes, du partage des richesses mises en valeur* au bénéfice de tous*.

Et aussi de la mémoire régulière de la Pâque, lorsque Dieu voit la misère de son peuple et lui offre un exil nécessaire mais difficile, vers une vie nouvelle, une résurrection douloureuse mais indispensable.

Rythmes de la reconnaissance, de la confiance, de la foi.

Que notre vie soit rythmée : de sept ans en sept ans pour les dettes, et de saison en saison pour les fêtes, de Pâques à Pentecôte et jusqu'aux Huttes de nos précarités solidaires, que notre Foi soit festive !

La Foi, au rythme où l'on fête la présence de Dieu**.

La Foi, au rythme de sa Grâce...

François Coester

* Versets 11 et 14
** Versets 6, 11 et 15

JUIN

LUNDI 17

Deutéronome 16, **21** à 17, **20**
Psaume 71
Cantiques NCTC 284, AC 230 et AL 22-04

Tu observeras ces prescriptions

Ces prescriptions concernent les fêtes (Pâque, Semaines, Tabernacle), l'éthique de la justice et le refus de toute adoration d'objet cultuel.

Elles constituent autant de marqueurs d'une vie humaine qui se veut empreinte de foi, individuelle ou collective ; elles permettent aussi de se distinguer tant des autres que de Dieu.

Néanmoins, ces prescriptions - même strictement observées - ne sont et ne font pas la foi biblique. Elles nous rappellent l'exclusivité et le particularisme de notre relation à Dieu et nous appellent à une éthique puissante, basée sur la justice, la fidélité, le droit et l'équité.

Une mission brûlante d'actualité !

Sylvain Dujancourt, Union des églises protestantes d'Alsace et de Lorraine

Deutéronome 18, **1-22**
Psaume 72
Cantiques NCTC, AC et AL 96

Le Seigneur est leur patrimoine

La tribu de Lévi est la seule à n'avoir reçu aucune portion de la Terre Promise. Pourquoi ? Parce que sa vocation spécifique est le sacerdoce, le service du culte rendu à Dieu dans les sanctuaires et le Temple de Jérusalem.

Le Lévite vit donc de la Parole de Dieu, il la proclame et la signifie par des gestes symboliques. Il est aussi le scribe de la Loi et exerce un rôle judiciaire. Il consacre sa vie à Dieu et s'en remet totalement à sa grâce et à son amour, notamment pour subvenir aux contraintes et besoins du quotidien.

Sa fonction dépasse donc largement l'administration du culte ou la transmission de la tradition ou la pratique des rites. Il est aussi un exemple de vie de foi au risque d'institutionnaliser et de figer celle-ci.

Ces paroles du Deutéronome sont un peu notre miroir critique quant à notre manière de vivre la Parole de Dieu, d'accepter les fruits de son Esprit et de discerner ses bienfaits.

Sylvain Dujancourt

L.S.03.48 C.S.19.55 L.L.14.04 C.L.00.10

JUIN

MERCREDI 19

Deutéronome 19, **1-21**
Psaume 73
Cantiques NCTC 238, AC 543 et AL 37-01

Je fais retomber sur eux leurs œuvres

Contrairement à l'idée reçue, la loi du Talion (œil pour œil, ...) ne permet pas de disposer à sa guise de la vie d'un homme, fût-il meurtrier.

La sagesse divine a institué des villes-refuge en Israël aux fins de préserver la vie de celui qui a tué son prochain par accident ou par méprise. Le critère décisif pour en bénéficier est l'absence d'intention homicide.

Ce refuge permet d'éloigner provisoirement la famille de la victime et le meurtrier, et aux esprits vengeurs d'apprécier à sa juste mesure le geste commis. Ce serait aujourd'hui un temps offert pour maîtriser nos impulsions, emportements et autres emballements médiatiques.

C'est aussi l'affirmation que, pour la Bible, à rebours d'autres croyances, la vengeance ne fait pas la justice et que la vie d'un homme est d'abord dans les mains de Dieu.

Sylvain Dujancourt

JEUDI 20

Deutéronome 20, 1-20
Psaume 74
Cantiques AC 429 et AL 44-15

Le Seigneur est avec toi...

Je suis devant un dilemme : que retenir de ce texte ? D'ailleurs : faut-il en retenir quelque chose ?

L'affirmation "tu n'auras pas peur, le Seigneur est avec toi" ? Mais le contexte de guerre dans lequel est formulée cette phrase en rend l'appréciation bien ambiguë. Dieu qui s'engage comme allié dans la tuerie... Et les règles qui permettent à tel ou tel de rester à la maison ne sont pas là pour plaider l'objection de conscience, mais pour empêcher l'affaiblissement des troupes.

Que faire avec un tel texte ?

Peut-être le lire comme une mise en garde : il est si facile de prendre Dieu comme garant pour nos combats humains, justifiant ainsi l'injustifiable. Et si Dieu était aussi avec l'autre, le soi-disant "ennemi" ? Et si au lieu d'invoquer "la volonté de Dieu" pour justifier nos décisions bien humaines, on commençait à en assumer la responsabilité ?

Katharina Schächl, Église protestante unie de France

VENDREDI 21

Deutéronome 21, 1-23
Psaume 75
Cantique AL 49-15

Une lueur d'espoir

Quatre passages sans liens apparents inquiètent le lecteur.

Je me demande ce qui est l'arrière-fond de ces règles qui nous paraissent étranges, pour ne pas dire redoutables.

Dieu a fait alliance avec son peuple, le peuple cherche à rester dans cette alliance. Mais des situations très concrètes se présentent dans la vie de tous les jours et interrogent : que faire dans tel ou tel cas ? Alors on cherche des réponses, liées bien évidemment à ce qui se pratique dans l'entourage culturel.

Si la plupart du temps ces règlements rebutent par la violence dont ils témoignent, j'ai l'impression que, parfois, perce autre chose : la femme prisonnière ne pourra plus être vendue en esclave, le droit du premier-né reste intact, quel que soit l'amour de son père pour la mère de l'enfant... C'est peu, certes, mais le lecteur se met à espérer un changement.

Katharina Schächl

SAMEDI 22

Deutéronome 22, 1 à 23, 1
Psaume 76
Cantique AL 37-14

Une abomination pour le Seigneur ?

Dans toutes ces prescriptions à propos de situations fort diverses, le nom de Dieu ne se trouve qu'une seule fois. C'est au moment où l'on évoque l'habillement pour un homme qui ne peut être porté par une femme et réciproquement. Ce qui nous semble anecdotique aujourd'hui est qualifié d'"abomination pour le Seigneur", un terme très fort qui indique un tabou cultuel, une limite à ne franchir en aucun cas. Pourquoi cet échange d'habits est associé à un tabou reste énigmatique.

Dans l'incompréhension face à quelque chose que l'auteur a jugé extrêmement important, je mesure la distance qui me sépare de ce texte. Certes, il est important de chercher à comprendre. Mais parfois, il faut peut-être prendre la liberté de se détourner d'un texte, même biblique, pour le laisser, et ne pas chercher à le récupérer pour en tirer un enseignement.

Katharina Schächl

PRIÈRE

En pensant aux textes de ce dimanche...

Notre Dieu et père, dans ta grâce, nous voila revêtus de ton Fils.

Tu mets chacune et chacun de nous devant des questions essentielles, décisives.

Comment nommons-nous ton fils Jésus dans notre prière, dans notre culte, dans notre vie, dans notre service, dans notre témoignage ? (Luc).

Comment, devant toi, vivons-nous notre quotidien, ces mille gestes qui font le menu de notre existence et de celle des autres ? (Deutéronome).

Comment vivons-nous cette unité en ton fils, qui transgresse les frontières habituelles de sexe, de classe sociale, de sensibilité religieuse ? (Galates).

Toi, tu connais notre réponse avant même que nous te la donnions. Ton pardon n'est jamais loin. Qu'il soit notre guide et nous aide dans nos petites et grandes réconciliations, ici et au loin.

Amen.

Marc Coumont, Église protestante unie de France

PRIONS, avec le Conseil Œcuménique des Églises en communion avec les chrétiens d'Argentine, de Bolivie, du Chili, du Paraguay, d'Uruguay

JUIN

DIMANCHE 23

Deutéronome 23, **2-26** - Zacharie 12, **10-11** et 13, **1**
Galates 3, 26-29 - Luc 9, **18-24**
Psaume 63
Cantiques AC 530 et AL 36-24

En revêtant le Christ...

Il n'y a plus... ni... ni...

En son temps, l'apôtre Paul a été amené à faire face au rêve d'une uniformité ritualiste : tous circoncis, juifs et chrétiens !

À cette uniformité, il oppose une unité, en Christ (ou par Christ), qui annonce la fin de toutes ségrégations :

- au-delà du vieil antagonisme juif ou grec, de l'écoute prédominante ou de la vision idolâtre...
- au-delà de l'opposition sociale entre hommes libres et esclaves...
- au-delà de la distinction fondamentale entre l'homme et la femme (mâle et femelle dans le texte)...

Un salut gratuit, un salut hors frontière, où les données traditionnelles perdent leur importance !

Il n'y a plus... ! Encore faut-il confesser que la source et l'explication sont en Jésus-Christ seul.

Encore faut-il ne pas perpétuer dans l'Église les vieilles ségrégations !

... Et dans le monde ?

Marc Coumont

JUIN

LUNDI 24

Deutéronome 24, **1-13**
Psaume 77
Cantiques NCTC, AC et AL 77

Tes traces n'ont pas été connues

Ps 77

Psaume où s'exprime la détresse du croyant devant ce qui est vécu comme absence de Dieu, comme sentiment d'être rejeté. Hier, Dieu était généreux avec son peuple, aujourd'hui, il a changé. Pourtant, il n'est pas de Dieu tel que lui ! Devant ce vide, pas de plainte, mais évocation, souvenir, du double credo de son peuple : la sortie d'Égypte et la Révélation du Sinaï.

Et c'est ce souvenir, non pas refuge dans le passé mais clef d'interprétation du présent, qui mettra cette expression sur les lèvres du psalmiste : un Dieu dont la trace demeure inconnue.

Dieu agit-il incognito ? Le peuple conduit comme un troupeau connaît-il toujours son berger ?

Comment ne pas penser à celui qui plus tard, se dira le bon berger, Jésus, qui sera aussi celui qui dessinera, sur le sable, sans traces connues, en préalable à un geste de miséricorde.

Marc Coumont

L.S.03.50 C.S.19.56 L.L.20.38 C.L.05.04

MARDI 25

Deutéronome 24, 14 à 25, 4
Psaume 78
Cantiques NCTC, AC et AL 72

Moi, aussi, j'ai connu la faiblesse extrême

Il faut des règles pour vivre ensemble. Celles que l'on se donne et celles qui sont données. Le Deutéronome insiste sur les dernières ; celles, transcendantes, liées à l'histoire de la délivrance.

La sortie d'Égypte ou la mutation de la servitude à la liberté est une prodigieuse expérience. Cette "conversion" implique désormais la règle du respect du plus petit, du pauvre de l'orphelin, de la veuve...

Car, il est si facile de profiter de la faiblesse d'autrui !

En connaisseur des humains et en obéissance à l'Éternel, le législateur insiste sur le fait que l'expérience communautaire du passage de la servitude à la liberté implique des devoirs envers autrui et une attitude responsable fondée sur la promesse. La justice est une forme essentielle et tangible de l'actualisation de la bénédiction. Ainsi, même le coupable condamné sera traité avec dignité.

Werner Burki, Église protestante unie de France

MERCREDI 26

Deutéronome 25, **5-19**
Psaume 79
Cantiques NCTC 299, AC 230 et AL 22-04

Ne confonds pas ton désir avec le bien !

Le désir d'enfant est une question brûlante et ceux qui ont eu la joie d'être parents ne peuvent l'aborder sans tremblement, eux dont le nom continue d'être porté par leurs enfants.

Ainsi avons-nous la règle biblique du "lévirat"... malgré cette précaution, nous voyons que l'on ne peut obliger un beau-frère à se substituer à son propre frère défunt pour lui garantir une descendance.

S'il refuse, son attitude entraînera par une curieuse mise en scène publique, l'opprobre sur lui et sa propre famille...

Une telle mesure est sans doute incitative à faire droit à la veuve comme, à l'inverse, est probablement dissuasive la sanction qui menace une femme voulant séparer deux hommes qui se battent !

La vie conjugale doit être honorée. Les conflits existent certes, mais ils doivent être surmontés sans confusion, pas de falsification dans les poids et mesures, etc. Il nous faut apprendre à placer nos infidélités sous le regard divin.

Werner Burki

Deutéronome 26, **1-19**
Psaume 80
Cantiques NCTC, AC et AL 127

La terre promise est là mais elle vient

La terre promise est toujours promise. Toujours devant nous ; toujours vivante.

Dans la ferveur de la perception de son approche et aussi dans la prévision de la phase tant attendue de "l'installation", la loi prescrit des offrandes. Des offrandes nourries d'une "confession de foi".

Il est souhaité deux déclarations solennelles. La première sera d'affirmer : je suis entré dans le pays promis. (Cela voudra dire que la promesse de salut est désormais véritable pour moi).

La seconde confession de foi affirmera en résumé une filiation ancrée dans ce qui a été révélé à Jacob, cet errant...

Voilà, deux déclarations qui sont des affirmations d'appropriation d'événements anciens. L'expérience du patriarche devient mienne !

Le culte et l'offrande célèbrent cette actualisation. De même la promesse de Jésus : "Je suis avec vous tous les jours, jusqu'à la fin du monde".

Werner Burki

JUIN

VENDREDI 28

Actes 15, **36** à 16, **10**
Psaume 81
Cantiques NCTC 243, AC 528 et AL 36-08

Leur désaccord s'aggrava tellement qu'ils partirent chacun de leur côté

v.39

Paul et Barnabas sont emplis de l'urgence d'annoncer l'Évangile. Joies mais aussi obstacles (tempête, prison, lapidation...) vont s'accumuler. Ces obstacles viennent de résistances externes, indépendantes de leur volonté d'annonceurs enthousiastes de la présence au monde de l'amour de Dieu en Jésus-Christ. Soudain, l'obstacle est interne. Ils sont en désaccord au sujet... d'un frère. Au point qu'ils se séparent. Déjà donc, dès le tout premier élan missionnaire, les obstacles à l'harmonie se manifestent au cœur même de la communion de service.

On l'oublie trop, la parole de l'Évangile prend corps et sens dans la pâte humaine, fragile. Et les décisions, les engagements sont pris dans l'étroitesse de cette fragilité, limite de compréhension, de lucidité, de foi parfois. Nos limites.

Même séparés, Paul et Barnabas annoncent le même Évangile.

Serge de Visme, Église protestante unie de France

L.S.03.51 C.S.19.56 L.L.22.45 C.L.10.11

SAMEDI 29

Actes 16, **11-40**
Psaume 82
Cantique AC 535

Paul et Silas virent les frères pour les encourager, puis ils repartirent v.40

Se voir, partager, s'encourager et... repartir. Telle est la vie avec l'Évangile, en tout cas pour ceux qui, comme Paul, l'annoncent. La Parole est prononcée et confiée pour qu'elle fructifie. Une Parole nomade. De Troas à Samothrace, Néapolis, Thyiatire, et Philippes où habite Lydie. Des lieux, des distances, partout des êtres qui accueillent, parfois rejettent, c'est un cheminement d'un lieu de vie à l'autre. Et la terre habitée retrouve ou découvre un souffle neuf. Bien sûr, ce souffle de vie partagée, de vie solidaire, dérange nombre d'humains bien installés. Mais, discrètes ou flamboyantes, les semences de l'Évangile annoncé et partagé prennent racine.

Nos dieux, nos distances, médias et méthodes sont autres, mais la Parole nous façonne paroliers, elle qui sait s'inscrire dans le réel de nos vies de service. Le souffle reste le même.

Serge de Visme

PRIÈRE

Après la journée internationale de soutien aux victimes de la torture

Seigneur, nous voulons faire mémoire des traitements cruels, dégradants et inhumains dont, toi-même, tu fus victime.

Aujourd'hui, tu confies à notre vigilance et à notre garde tous les torturés. Pour que nous sachions intervenir pour les protéger, nous prions.

Tu fus, après une parodie de procès, livré aux mains des soldats qui se jouèrent de toi. Tu remets à notre prière les bourreaux et leurs commanditaires. En défigurant leurs victimes, ils portent atteinte à leur propre humanité. Nous te prions pour les bourreaux, ouvre leurs yeux et leur cœur sur l'humanité de leurs victimes.

"Chaque fois que vous l'avez fait à l'un de ces plus petits, qui sont mes frères, c'est à moi que vous l'avez fait". Matthieu 25, 40

Bernard Herbster, vice-président protestant de l'ACAT-France

PRIONS, avec le Conseil Œcuménique des Églises en communion avec les chrétiens de la communauté invisible de la souffrance

222/2013

JUIN

DIMANCHE 30

Actes 17, 1-15 - 1 Rois 19, **16-21**
Galates 5, **1-18** - Luc 9, **51-62**
Psaume 16
Cantique AC 540

Ces gens qui ont soulevé le monde entier v.6

Le monde entier a été soulevé, renouvelé des siècles durant, par une Parole de vie que l'Église traduisait en espérance et en actes.

Usant mais aussi hélas souvent abusant des forces et du pouvoir que lui conférait cette Parole, l'Église a, malgré toutes ses faiblesses, suscité un foisonnement de vie, des valeurs de solidarité, de compassion, une intelligence de création dans tous les domaines de la vie.

Notre récit nous rappelle cependant que partout où cette Parole d'amour vient s'inscrire il se lève aussitôt une résistance qui tente de l'étouffer. Pourquoi ? Parce que cette Parole remet en cause ceux qui n'ont que des certitudes. Elle oblige à relativiser tout ce qui semble nous donner une sécurité, un savoir, un pouvoir. Elle invite seulement à recevoir et à donner, à devenir orant, à n'être que des fruits, aimés et aimants.

Serge de Visme

JUILLET

LUNDI 1

Actes 17, **16-34**
Psaume 83
Cantique AL 44-10

De la difficulté de s'adresser à tout le monde

L'apôtre Paul, dans toutes ses pérégrinations, tient chaque fois grand compte du milieu dans lequel il se trouve. Son problème à Athènes : comment s'adresser aux croyants et au tout venant* ? Paul s'intéresse aux intellectuels, mais il n'en oublie pas pour autant le "tout venant", car en observant l'ensemble de la société il se rend compte que tous sont d'une façon ou d'une autre en quête, à la recherche, parfois même un peu de trop**.

Comment canaliser tout cela, comment établir un lien entre ces quêtes diverses et variées, au point que certaines nous paraissent farfelues ? Et la personne de Jésus de Nazareth ?

Si nous avons la conviction qu'elle a une signification incontournable pour toute femme et tout homme de tous les temps, alors il faut que nous arrivions à l'exprimer de façon compréhensible et accessible en paroles et en actes : c'est dans la vie, dans notre vie, que Dieu veut se manifester.

Michel Hoeffel, Union des églises protestantes d'Alsace et de Lorraine

* Verset 17
** Verset 22

L.S.03.53 C.S.19.56 L.L. . C.L.13.37

Actes 18, **1-17**
Psaume 84
Cantiques NCTC 296, AC 428 et AL 44-03

Du droit de prendre l'humain en compte

L'apôtre Paul en est un bon exemple : Dieu veut se manifester dans notre vie. Ne se fait-il pas dire à travers une vision : "Ne te tais pas" ? Dieu s'intéresse à tout le monde*. Personne ne doit être mis de côté, personne ne doit être oublié ! Une telle affirmation suscite tensions et conflits, comme le montre la suite de notre passage. Les autorités sont interpellées, le tribunal doit s'en mêler.

Comment ne pas penser par exemple aux rebondissements entre laïcs, dans le sens de laïcards, et religieux, dans le sens d'ultra-pieux ? Débat souvent d'une autre époque, alors que la vraie question est celle de l'humain, du sens et du contenu de son existence.

Pourquoi éliminer d'office toute référence à la foi, à la transcendance, à des dimensions de la vie qui se situent au-delà du seul manger, boire, travailler, amasser. La vie a encore d'autres dimensions, à nous de les vivre et d'en témoigner librement.

Michel Hoeffel

* Versets 9-10

JUILLET

MERCREDI 3

Actes 18, **18-28**
Psaume 85
Cantiques NCTC 215, AC 509 et AL 35-06

Un témoignage enraciné et commun

L'apôtre Paul a l'air un peu agité. Il a comme on pourrait dire "le va, va", puisqu'une fois quitté Corinthe, il va d'un endroit à l'autre en trouvant presque toujours des collaborateurs plus ou moins bien avertis des choses concernant Jésus de Nazareth "la voie de Dieu"*.

En d'autres mots, c'est par Jésus et avec lui que Dieu se rapproche des humains, se fait connaître pleinement à eux, les veut en sa compagnie. Pas de théorie, pas de doctrine, pas de raisonnement abstrait, mais une vie donnée, partagée avec la nôtre.

Pour exprimer cela il ne part jamais de zéro, il ne se base pas sur des suppositions, mais il prend appui sur une vie qu'il nomme "la Voie du Seigneur" selon l'expression de son nouveau collaborateur Apollos. Il faudra simplement l'expliciter, comme le font ses autres collaborateurs Priscille et Aquilas.

Michel Hoeffel

* Versets 25-26

L.S.03.54 C.S.19.55 L.L.00.35 C.L.15.42

Actes 19, **1-20**
Psaume 86
Cantiques NCTC 215, AC 509 et AL 35-06

L'Esprit Saint vint sur eux

Paul est parti en mission. Il arrive à Éphèse, où il rencontre un premier groupe de Juifs qui ont reçu, lui disent-ils, "le baptême de Jean". Paul leur explique alors que Jean baptisait pour la repentance et pour annoncer la venue de Jésus. Et tout le groupe est baptisé "au nom du Seigneur Jésus".

Puis Paul leur impose les mains. Et "l'Esprit Saint vint sur eux", dit le texte. "Ils se mirent à parler en langues et à prophétiser". Une nouvelle Pentecôte vient de se produire.

Ce miracle de Pentecôte se reproduit aussi pour chacun de nous. Baptisés en Christ, nous recevons l'Esprit Saint, présence du Christ ressuscité en chacune de nos vies.

Pour nous aider à parler en langues, à parler aux hommes la langue, la parole de l'évangile du Royaume d'amour de Dieu : "Saint Esprit, viens sur moi aussi, viens sur nous. Fais-nous vivre à nouveau aujourd'hui le miracle de Pentecôte, la présence de l'Esprit de Dieu, de l'Esprit du Christ ressuscité dans notre vie. Amen".

Samuel Sahagian, Église protestante unie de France

JUILLET

VENDREDI 5

Actes 19, **21-40**
Psaume 87
Cantiques AC 605 et AL 36-32

Des dieux faits par la main des hommes

"Par la force du Seigneur, la parole se répandait efficacement", dit le verset 20 d'Actes 19.

Mais tout cela ne s'est pas fait sans trouble et hostilité féroce de la part de ceux qui voyaient leur pouvoir (qu'il s'agisse de religion ou d'argent) menacé par ces chrétiens qui annoncent le Royaume de Dieu.

Un orfèvre, Démétrius, qui fabriquait des "temples de la déesse Artémis", réunit alors ses confrères, puis toute une foule d'Éphésiens pour accuser Paul de mépriser leur déesse Artémis et de dire que "les dieux fabriqués par la main des hommes ne sont pas des dieux". La foule se mit alors à crier, pendant deux heures : "Grande est l'Artémis des Éphésiens" !

Nous aussi aujourd'hui, comme Paul à Éphèse, nous sommes envoyés en mission par l'Esprit Saint pour prêcher l'évangile du royaume d'amour de Dieu, qui veut changer et révolutionner ce monde, toujours soumis, hélas !, à la dictature de l'argent et des idoles.

Samuel Sahagian

Actes 20, **1-16**
Psaume 88
Cantiques AC 518 et AL 35-14

À Jérusalem, le jour de la Pentecôte

Paul ayant prolongé son discours jusqu'à minuit, un jeune auditeur, Eutychès, pris d'un profond sommeil, tombe du troisième étage. "Qu'il n'y ait pas de trouble parmi vous, car son âme est en lui", rassure Paul. Le lendemain matin, il se hâte de reprendre la route pour arriver à Jérusalem, "si cela lui était possible, le jour de la Pentecôte", souligne le texte.

À Jérusalem, le jour de Pentecôte ! Paul veut sans doute revivre ce jour-là, avec tous ceux qui avaient eu le bonheur d'être là à la première Pentecôte chrétienne, ce miracle du Saint Esprit, qui était venu avec des langues de feu sur tous les disciples.

Aujourd'hui, pour nous aussi, qui, comme Paul, n'étions pas présents à cette première Pentecôte, le miracle de la venue du Saint Esprit se renouvelle.

Nous nous retrouverons tous, avec Paul, à Jérusalem, le jour de Pentecôte, et nous revivrons ce miracle de la venue, parmi nous et en nous, du Saint Esprit. Pentecôte, c'est aujourd'hui.

Samuel Sahagian

PRIÈRE

Seigneur Jésus, toi qui es le chemin, apprends-nous à marcher.

Quand la route monte, garde-nous fidèles.

Quand elle semble abandonnée, donne-nous les frères et les sœurs avec qui nous ferons paître ton Église.

Quand elle est barrée par le brouillard ou les ténèbres, rejoins-nous avec cet "à-Dieu" de Paul confiant les anciens au Père et à la parole de sa grâce.

Quelle que soit la route, apprends-nous à marcher avec humilité, malgré les larmes, avec courage et foi, en pleine confiance en ta lumière.

Apprends-nous à marcher en communion avec les chrétiens d'Amérique du Sud.

Ensemble, tiens-nous par la main pour que nous sachions joindre les nôtres et te dire : "Que ta volonté soit faite" (fête !?...).

Amen.

Jacques Bouvier, Église protestante unie de France

PRIONS, avec le Conseil Œcuménique des Églises en communion avec les chrétiens de Colombie, d'Équateur, du Pérou, du Venezuela

230/2013

Actes 20, 17-38 - Ésaïe 66, **10-14**
Galates 6, **14-18** - Luc 10, **1-20**
Psaume 66
Cantiques NCTC 216, AC 415 et AL 43-05

Rendre témoignage à l'Évangile

À l'instar de Jésus, Paul annonce ici sa passion : Il est prêt à monter à Jérusalem pour accomplir la tâche confiée. Ce faisant, il exhorte "anciens", responsables, presbytres, surveillants, épiscopes - tous "gardiens et bergers"* - à faire paître l'Église de Dieu.

Tout conseiller presbytéral vit l'authenticité de l'Évangile, a le souci de sa formation spirituelle et biblique, connaît son Église et reste attentif au monde environnant. Sa vigilance spirituelle est un combat permanent et fidèle où s'exprime sa propre manière de vivre. Il sait que le livre des Actes n'est pas une biographie de Paul, mais la chronique de l'irrésistible marche en avant de la Parole venue pour croître et faire croître.

À l'instar de Jésus : en patience. En souffrance. En communion.

Jacques Bouvier

* Verset 28

JUILLET

LUNDI 8

Actes 21, **1-16**
Psaume 89
Cantiques NCTC 250, AC 634 et AL 8

Pour le nom du Seigneur Jésus

v.23

Paul est habité par une conviction sans faille : sa vocation vient du Seigneur et, jusqu'au bout, il écoutera la volonté de Dieu, même s'il sait que le service de l'Évangile coûte.

Suivre le Christ ne consiste pas à faire quelque chose, mais à répondre à la voix qui appelle à marcher derrière lui. Car c'est lui, Jésus, qui est venu au nom de Dieu.

C'est son nom qui doit être invoqué. C'est par son nom que notre prière est reçue du Père et que sont baptisés les croyants. C'est son nom que l'on doit confesser et pour lequel on peut être appelé à souffrir et mourir. C'est son nom qui surpasse tout nom et devant qui tout genou doit fléchir.

Voici, pour tous, une invitation à être missionnaires : "au nom de Jésus, visage de Dieu, terre d'humanité"*.

Jacques Bouvier

* D'après Sœur Myriam, diaconesse de Reuilly.

Deutéronome 27, **1-26**
Psaume 90
Cantiques NCTC 256, AC 261 et AL 41-02

Que nos enfants découvrent ta splendeur !

Ps 90, 16

Le psaume du jour est signé de Moïse.

Il médite sur la condition humaine et s'achève en beauté : "Seigneur notre Dieu, répands sur nous ta douceur ! Et affermis le travail de nos mains".

Remarquez, dans ce chapitre du Deutéronome, que toute la loi est inscrite sur des pierres blanches pour que tous puissent les lire.

Vient une fête grandiose autour d'un banquet de reconnaissance. Quand tous ont pu lire la loi et se réjouir, Moïse sépare les tribus : six se dirigent vers le mont Garizim, six restent sur le mont Ebal. Les lévites vont alors crier d'une montagne vers l'autre tout ce qui est contraire au Décalogue : déshonorer Dieu, mépriser ses parents, porter atteinte au droit du prochain, nuire aux faibles et aux innocents...

Et tous répondent "Amen, ainsi soit-il, c'est la vérité". Tous sont bien d'accord pour éviter le mal et vivre ensemble en bonne intelligence.

Corinne Akli, Église protestante unie de France

JUILLET

MERCREDI 10

Deutéronome 28, **1-14**
Psaume 91
Cantiques NCTC 242, AC 231 et AL 22-01

Toutes les bénédictions se répandront sur toi

v.2

D'une montagne à l'autre, les tribus d'Israël crient à haute voix des paroles de bonheur et des menaces de malheur qui se répondent. Vraisemblablement il s'agissait d'une lecture alternée*.

Cette exhortation antiphonée est le moyen pédagogique que Moïse utilise pour que tout le peuple comprenne que son seul bonheur est de suivre les conseils du Dieu vivant. Suivre d'autres dieux et désobéir aux lois de Dieu ne pourrait conduire qu'à sa perte. Vivre libre ou vivre en maudit, tel est le choix qui s'offre à chacun.

À celui qui s'attache à lui, le Seigneur promet : "Je lui donnerai une vie longue et belle, et je lui montrerai que je suis son sauveur"**.

Corinne Akli

* En regard des versets 1 à 5, on a en écho les versets 15 à 18 ; au verset 6 correspond le verset 19

** Psaume 91, 16

JUILLET

JEUDI 11

Deutéronome 28, **15-46**
Psaume 92
Cantiques NCTC 267, AC 92 et AL 12-07

Il n'y aura personne pour venir à ton secours v.31

Des malheurs par milliers accablent ceux qui s'écartent du droit chemin et décident de se passer de Dieu, d'oublier parents et prochains, de nuire aux faibles et aux innocents au mépris des lois qui permettent de vivre ensemble.

Le salaire de la désobéissance nous paraît très élevé ; la menace des châtiments et la longue liste de fléaux sont destinées à décourager la délinquance et la criminalité parmi le peuple élu.

"Qui sème le vent, récolte la tempête !"*. Le pardon et la clémence semblent impossibles.

Mais, au final, le Seigneur espère que ses bien-aimés feront le bon choix : "j'ai mis devant toi la vie et la mort, la bénédiction et la malédiction. Choisis la vie !"**.

Corinne Akli

* Osée 8, 7
** Deutéronome 30, 19

JUILLET

VENDREDI 12

Deutéronome 28, **47-69**
Psaume 93
Cantiques NCTC 251, AC 244 et AL 41-04

Préserver son humanité

Après une liste déjà longue de malédictions, on s'étonne de voir le texte en rajouter. Jusqu'à atteindre le comble de l'horreur ! Comment recevoir ce texte aujourd'hui ? Le verset 47 nous interpelle : c'est parce que le peuple n'a pas servi son Libérateur avec joie et reconnaissance qu'il est tombé si bas.

Au travers de cette liste terrible de malédictions, il est rappelé au peuple qu'il perd son humanité en s'éloignant de Dieu. Auprès de Dieu le fruit du bétail et du sol* est sujet de joie, loin de Dieu il devient objet de convoitise et de guerre** ; près de Dieu le fruit des entrailles est reçu avec reconnaissance ; loin de Dieu on peut le soumettre à la pire des violences*** !

L'humanité ne peut pas impunément se couper de Dieu. Elle ne peut survivre sans lien avec la source de la vie. Ce message ne vaut-il pas aussi pour aujourd'hui ?

Stéphane Guillet, Fédération des églises évangéliques baptistes de France

* Chapitre 28, 4
** Versets 49-51
*** Versets 53-57

Deutéronome 29, **1-28**
Psaume 94
Cantiques NCTC 295, AC 755 et AL 53-02

Vivre au présent

Il y a des choses que nous peinons à comprendre. Le peuple a vu tout ce que le Seigneur a fait lors de la délivrance d'Égypte, mais sa compréhension reste limitée : Dieu ne lui a pas donné des yeux pour voir réellement*.

Nous sommes souvent dans la même situation, peinant à discerner le sens des choses, à tirer les leçons du passé.

Nous sommes aussi dans l'incapacité de voir l'avenir, de savoir ce qu'il adviendra demain. Les choses cachées sont au Seigneur, l'avenir est dans ses mains**.

Sans prises sur le passé ou sur l'avenir, il nous reste le présent, l'aujourd'hui de l'alliance. C'est ce présent, cet "ici et maintenant", qu'il nous faut investir et vivre de manière juste, comme sous le regard de Dieu.

Stéphane Guillet

* Verset 3
** Verset 28

PRIÈRE

Seigneur, sans toi, je peux choisir la vie, mais je ne peux la vivre, car le poids de mes fautes pèse sans cesse sur moi et m'entraîne vers le fond.

Seigneur, avec toi, je choisis la vie et je peux la vivre car tu as porté le poids de mes fautes et subi ma condamnation.

Seigneur, en toi la source de la vie, je peux vivre. Reçois ma louange et mon adoration.
Amen.

Stéphane Guillet

PRIONS, avec le Conseil Œcuménique des Églises en communion avec les chrétiens du Costa Rica, du Nicaragua, du Panama, du Salvador

238/2013

DIMANCHE 14

Deutéronome 30, 1-20 - Colossiens 1, **15-20**
Luc 10, **25-37**
Psaume 19, **8-12**
Cantiques AC 589 et AL 24-14

Choisis la vie

Bénédiction et malédiction doivent s'accomplir*. Comme si une vie ne pouvait échapper à cette alternance d'obéissances et de désobéissances, de joies et de souffrances... Comme si, en ce monde, l'idée même que l'on puisse vivre exclusivement dans l'obéissance et la bénédiction était une utopie.

La bonne nouvelle, pour nous qui vivons de la grâce, c'est que Jésus est venu subir la malédiction pour nous ouvrir le chemin de la bénédiction.

En ce jour de commémoration nationale, les chrétiens sont invités à nouveau à faire mémoire du Christ mort pour les péchés. En sa mort se trouve notre vie. En lui il est désormais possible de choisir la vie, afin de vivre.

Stéphane Guillet

* Verset 1

JUILLET

LUNDI 15

Deutéronome 31, 1-13
Psaume 95
Cantique AL 49-01

Transmission de témoin

Quarante ans que Moïse conduit Israël. C'est long ! Maintenant le vieux leader doit publiquement, devant le peuple, transmettre à Josué la responsabilité de l'avenir.

L'œuvre de Dieu n'est jamais une œuvre individuelle. Un serviteur n'est pas propriétaire de sa charge. Un jour il faut transmettre ce que l'on a tant aimé. Cette transmission peut être déchirure. Elle demande l'humble acceptation d'avoir "cent vingt ans" ; d'avoir atteint sa limite ; d'avoir donné tout ce que l'on pouvait donner. L'acceptation aussi qu'un autre sera capable de conduire cette mission plus loin.

Il se dit que certains "grands hommes" ont miné le terrain de leurs successeurs refusant inconsciemment de transmettre ce qui était devenu leur propriété. Moïse sait que Dieu est toujours derrière et devant ; que ce peuple est celui de Dieu et non le sien.

Richard Gelin, Fédération des églises évangéliques baptistes de France

Deutéronome 31, **14-29**
Psaume 96
Cantiques NCTC 298, AC 619 et AL 47-14

Le courage de la foi

"Sois fort et courageux" : ce leitmotiv rythme tout le chapitre. Il prend tout son sens en étant inséparable d'une promesse*, "et moi je serai avec toi".

Le récit de la conquête de Canaan mettra en évidence que la foi se manifeste par le courage. D'abord par le courage même de croire la promesse quand les conditions de sa réalisation paraissent parfois si précaires.

Ce courage n'est pas cette vertu morale propre à certains, chefs de guerre ; ce n'est pas non plus le courage porté par une vision aussi glorieuse que mythique de la grandeur d'un peuple. Moïse est averti que son peuple abandonnera l'alliance.

Ce courage est celui que fait naître pour le service, l'assurance de la présence de Dieu ; l'assurance que Dieu demeure fidèle quand nous sommes infidèles. Ce courage de la foi fait du serviteur, un prophète.

Richard Gelin

* Verset 23

JUILLET

MERCREDI 17

Deutéronome 31, 30 à 32, 14
Psaume 97
Cantiques NCTC, AC et AL 36

Le chant de la fidélité

La richesse de l'expression poétique du cantique de Moïse rend la parole plus puissante et plus pénétrante encore qu'aucune autre forme possible de la diatribe. La forme participe au fond. L'humain, cet "humus spirituel" doit se laisser pénétrer par les averses bienfaisantes de la parole*.

Cette parole voulue comme un cantique est destinée à pénétrer la mémoire et s'y installer durablement. Au moment où Israël va affronter le danger, plus encore que celui de la guerre, celui de l'acculturation, il est bon que la parole habite l'âme du peuple. Quoi de plus pénétrant alors que le chant et la poésie pour graver en eux la mémoire de la fidélité de Dieu**, de sa tendresse**, de sa paternité**.

Heureux celui qui est porté vers l'avenir par la mémoire des fidélités de son Dieu. Ce que Dieu a été, il l'est et le demeure.

Richard Gelin

* Verset 2
** Versets 10 puis 13 et 16

JUILLET

JEUDI 18

Deutéronome 32, **15-35**
Psaume 98
Cantiques NCTC, AC et AL 62

Ce qui est préparé pour eux ne tardera pas
v.35

Cette partie du cantique de Moïse prête à la bouche du Dieu d'Israël des paroles amères envers son peuple, toujours prêt à toutes les séductions, à tous les abandons.

Dieu dévoile combien il est affecté par ces reniements et détaille par le menu, comme une vraie plaidoirie, les punitions promises en condamnation de ces infidélités.

Pourtant deux indices laissent penser que Dieu n'ira pas au bout de son désir de vengeance. Au milieu de paroles de colère, il nomme le peuple par un petit nom chargé d'affection, Yeshouroun, qui laisse entrevoir la tendresse du père. Puis le Seigneur ne veut pas que l'adversaire de son peuple se croit convaincu de sa propre puissance.

Reste enfin la belle image du Rocher comme refuge et salut. Même si le peuple est infidèle, le Rocher qui procure l'eau vive* se souvient, lui, de son amour et de sa fidélité.

Robert Mollet, Mission populaire évangélique de France

* Exode 17, 6

JUILLET

VENDREDI 19

Deutéronome 32, **36-52**
Psaume 99
Cantiques NCTC, AC et AL 103

Le Seigneur se ravisera... v.36

Voici la fin du testament spirituel de Moïse, écrit en terre de passage avant l'entrée en Palestine. Et changement de ton qui annonce une fin heureuse, une réconciliation.

Le Dieu qui se montre dans ce texte est un Dieu qui change d'avis. Il a beau nous dire que son peuple mérite une bonne punition ("qui aime bien châtie bien") il ne peut s'empêcher d'être submergé de tendresse dès qu'il voit son peuple affaibli ou perdu. S'il fait mourir, il fait vivre. S'il frappe d'abord, finalement il guérit. Quant à Moïse, il va voir ici, de la montagne où il termine sa course, le vrai pays promis.

La sagesse populaire l'affirme : seul l'imbécile ne change pas d'avis.

Se raviser. Loin d'être un signe de faiblesse, modifier son avis permet à l'autre de faire bouger ses propres lignes. Dans le cas de Dieu, se raviser, c'est une histoire d'amour. "Il ne s'agit pas d'une parole sans importance pour vous ; cette parole, c'est votre vie !".

Robert Mollet

Deutéronome 33, **1-12**
Psaume 100
Cantiques NCTC, AC et AL 99

Rappeler la promesse

Les derniers mots de Moïse. Une bénédiction à la tonalité confiante avec un petit mot sympa envers chacune des douze tribus du peuple d'Israël. Ces mots ne sont pas sans rappeler les paroles de Jacob*, mais ils usent d'images plus apaisées.

Notre monde occidental a bien oublié l'importance de la transmission, l'écoute de la "parole des vieux", où le mot vient exhorter chacun, chacune, avec ses particularités (Ruben l'économe, Juda l'indépendant, Lévi le gardien de la parole, Benjamin le fidèle...) à suivre la voie du lien, de l'unité familiale, de l'unité populaire. On parlera aujourd'hui de cohésion sociale.

Le cœur de cette cohésion, c'est la Loi** donnée à un peuple libéré et doté d'une alliance nouvelle, pour peu que ce peuple sache "recueillir"*** ce qui vient de la Parole.

Et le psaume ajoute : "Servez le Seigneur joyeusement !".

Robert Mollet

* Genèse 49
** Verset 4
*** Verset 3

PRIÈRE

De bien des manières, Seigneur, tu t'adresses à nous encore aujourd'hui. Mais, nous avons des difficultés à nous mettre à ton écoute et à t'entendre.

Il y a tellement d'agitation autour de nous, tant de bruits dans nos maisons, dans nos rues et dans nos villes. Nous courons, si souvent, n'importe où, n'importe comment comme des gens toujours pressés qui n'arrivent jamais nulle part et qui n'ont plus le temps de faire halte et de reprendre souffle.

Nous te demandons de nous donner des oreilles pour entendre, des yeux pour reconnaître ta présence, une bouche pour publier tes louanges, des membres qui avancent au rythme de ta vie, de ton amour, de ta puissance qui remet en marche.

Que nos actions et nos engagements répondent à ton écoute.

Amen.

Jean-Marc Viollet, Église protestante unie de France

PRIONS, avec le Conseil Œcuménique des Églises
en communion avec les chrétiens
du Belize, du Guatemala,
du Honduras, du Mexique

DIMANCHE 21

Deutéronome 33, **13-29** - Genèse 18, **1-10**
Colossiens 1, **24-28** - **Luc 10, 38-42**
Psaume 15
Cantiques AC 423 et AL 31-24

Marie... écoutait sa parole

v.39

Alors même que les Églises luthériennes et réformées étaient engagées dans la mise en œuvre de "l'Église protestante unie de France", elles ont été invitées à se saisir de cette exhortation : "Écoute ! Dieu nous parle…".

Alors même que Marthe, en bonne maîtresse de maison, s'affaire pour accueillir, de son mieux, Jésus, Marie, elle, "assise aux pieds du Seigneur, écoutait sa parole". L'évangéliste nous décrit d'abord Marie dans son écoute attentive avant de poster l'attitude de Marthe et ses réactions.

L'écoute de Marie est première par rapport au service effectué par Marthe. La réprimande de Jésus ne porte pas sur l'activité de Marthe mais sur le jugement qu'elle porte sur Marie.

L'écoute de la Parole de Dieu, c'est elle qui nous engage dans l'action, dans le service. Le service et l'action sont l'expression de notre reconnaissance pour ce que Dieu est et fait en Jésus-Christ.

Jean-Marc Viollet

JUILLET

LUNDI 22

Deutéronome 34, **1-12**
Psaume 101
Cantiques NCTC 188, AC 456 et AL 33-04

Je te l'ai fait voir de tes yeux ; mais tu n'y entreras pas

v.4

Ainsi s'accomplit la parole de Dieu : Moïse voit la terre promise à la descendance d'Abraham, d'Isaac et de Jacob, il n'y entrera toutefois pas, en raison de son manque de confiance en Dieu et de l'incrédulité du peuple manifestés près des eaux de Mériba dans le désert de Tsin *.

Moïse meurt donc. Son successeur désigné par Dieu et reconnu par Moïse fera entrer le peuple dans la terre promise**.

Par la vision du pays promis, Dieu permet d'espérer en lui au-delà des défaillances de la foi du peuple et au-delà de la mort Moïse.

Par la mort de Moïse au pays de Moab, Dieu nous rappelle notre limite d'hommes et de femmes marquée par la fragilité de notre foi dans la volonté de Dieu.

Jean-Marc Viollet

* Deutéronome 32, 51
** Nombres 27, 18-23

JUILLET

MARDI 23

Actes 21, **17-26**
Psaume 102
Cantiques AC 431 et AL 52-06

Que faire ?

v.22

Nous voilà à Jérusalem, lieu originel, lieu de la mort et de la résurrection de Jésus.

Il y a là, d'un côté, les tenants du dépôt, les gardiens de la tradition, du fidèle respect des rites. Il faut, en ce lieu originel, se serrer les coudes, parler la même langue, demeurer unanimes autour du même passé. De l'autre côté, il y a les tenants du message, les adeptes d'une autre langue, les auteurs d'une réinterprétation joyeuse et libérée, d'une adaptation culturelle du rite.

Vont-ils s'entendre ? Peuvent-ils se vivre comme membres d'une même Église du Christ, ou vont-ils s'excommunier, se combattre ?

Pas question d'éluder cette tension qui traverse toute institution dans un monde changeant. Mais Paul rajouterait : en matière d'Église vivante, s'il est nécessaire et bon d'être conservateur, il est mortel de n'être que conservateur !

Rémy Stahl, Union des églises protestantes d'Alsace et de Lorraine

L.S.04.14 C.S.19.39 L.L.19.47 C.L.05.11

JUILLET

MERCREDI 24

Actes 21, **27** à 22, **5**
Psaume 103
Cantiques NCTC 270, AC 407, AL 43-04

On cherchait à le tuer

v.31

Avouons que ces lignes, retraçant un des moments clé de la vie de l'église primitive, heurtent violemment nos idées reçues et notre imaginaire de communauté idéale. Ici pas de chaude communauté à l'abri, ni de fraternité sans danger. C'est la haine entre les hommes et non l'entraide, c'est l'épuration et non les droits de l'homme qui sont mis en scène.

Fallait-il alors taire cet épisode tragique de la vie de l'église, ou du moins le réécrire différemment pour nos âmes sensibles ?

L'auteur biblique va oser briser tant de rêves pieux ou de nostalgie chimérique. Quitte à susciter de la déception, il nous raconte une Église du Christ face à la violence du monde. Si elle vit encore, si elle reste Église en lutte et en espérance aujourd'hui, c'est quelle se sait d'abord communauté de pardonné(e)s, vivant des promesses de Dieu.

Rémy Stahl

L.S.04.15 C.S.19.38 L.L.20.19 C.L.06.31

JUILLET

JEUDI 25

Actes 22, **6-29**
Psaume 104
Cantiques AC 625 et AL 48-10

Tu dois être témoin pour lui ; pourquoi hésiterais-tu ?

v.15-16

Face à l'adversité tenace, à la colère hystérique, au refus d'entendre son témoignage, comment notre apôtre Paul peut-il tenir ? Où puise-t-il des forces intérieures pour ne pas s'effondrer, ne pas abandonner ?

Deux pistes s'ouvrent à nous dans ces lignes.

Il y a d'abord l'invitation à une relecture de son parcours de vie, des expériences vécues et traversées, des paroles mobilisatrices reçues. Pas question de les effacer dans l'épreuve. Pas question de transiger sur ce qui nous a mis en route.

Il y a aussi l'attention et la reconnaissance pour ces personnes inconnues mais présentes au bon moment (le tribun ou centurion romain pour l'apôtre). Paul Ricoeur disait : "Je ne crois pas au destin, mais à la succession de hasards bien orientés".

Rémy Stahl

JUILLET

VENDREDI 26

Actes 22, **30** à 23, **22**
Psaume 105
Cantiques NCTC 239, AC 543 et AL 37-03

La résurrection : opinion ou expérience ?

La stratégie de défense de Paul (diviser pour mieux régner) indique aussi le lieu du vrai clivage théologique : suite à l'éloignement de Paul par les Romains, les deux partis se réunissent et sont désignés désormais ensemble comme les juifs.

Car la vraie rupture n'est pas entre ceux qui croient à l'idée de la résurrection et ceux qui n'y croient pas : ça, c'est le lieu de débats d'idées, c'est-à-dire d'identités imaginaires qui se confrontent. La vraie rupture est entre ceux pour qui l'événement précis, concret, du tombeau vide, signifie la résurrection de Jésus de Nazareth et leur propre résurrection, c'est-à-dire la certitude joyeuse de la vie éternelle, et ceux qui s'en tiennent à des idées religieuses.

Cette rupture-là n'est pas le lieu de débats, mais d'un combat mortel (on veut l'assassiner !)... où celui qui meurt a la victoire, car il vit avec Christ.

Christophe Singer, Église protestante unie de France

Actes 23, **23** à 24, **9**
Psaume 106
Cantiques AC 604 et AL 48-05

Projets humains et plan divin

Dans le monde des humains, un événement n'existe jamais en soi. Il est toujours pris dans des discours multiples.

Luc prend la peine de raconter l'histoire de trois points de vue différents : celui du narrateur (voir le texte d'hier), celui de Lysias et celui du grand prêtre. Accordons le bénéfice de la sincérité aux trois. Il n'y a pas de mensonge. Simplement trois subjectivités qui ont vécu l'événement de leur propre position, et qui le racontent à quelqu'un de précis : le tribun à son supérieur, le responsable religieux au responsable politique... et le narrateur au lecteur ! Chacun a son objectif. Celui du narrateur est de convaincre le lecteur (moi), que par-delà ce qui se joue sur le plan des identités, des luttes humaines pour leurs propres images, ce qui arrive est entre les mains de Dieu*.

Ce qui est plutôt rassurant pour nous qui traversons parfois aussi les tempêtes humaines !

Christophe Singer

* Verset 11

PRIÈRE

Père,

J'ai parfois l'impression d'être un sadducéen : à moi, on ne la fait pas ! Ou bien un pharisien : si, si, les textes disent que les morts ressuscitent !

J'ai parfois l'impression de chercher à me faire bien voir, comme un tribun de son supérieur, peut-être parce que je ne me vois pas bien moi-même. Ou alors, comme Félix, je cherche la porte du paradis, et quand elle s'ouvre, je m'en éloigne et fais mine de chercher ailleurs.

Il me semble aussi, parfois, être pris dans une histoire qui me dépasse, où je me défends comme je peux, comme Paul, en oubliant un peu l'essentiel.

Mais toi, tu es toujours avec moi, comme un Père avec son fils, prodigue ou timoré, et tu brises les verrous de fer que je ne cesse de fermer. Pour cela, Père, je te dis : merci !

Christophe Singer

**PRIONS, avec le Conseil Œcuménique des Églises
en communion avec les chrétiens
des îles des la Mer des Caraïbes, de Cuba,
de la Dominique, d'Haïti**

DIMANCHE 28

Actes 24, 10-27 - Genèse 18, **20-32**
Colossiens 2, **11-14** - Luc 11, **1-13**
Psaume 138
Cantiques NCTC, AC et AL 118

Une porte s'ouvre

Une quatrième subjectivité, celle de Paul lui-même devant son juge, préoccupé à sa défense, nous offre une version supplémentaire de l'événement. En fonctionnaire responsable, Félix préfère attendre d'avoir tous les témoignages sous la main. Histoire banale des conflits humains... Mais voilà que quelque chose d'autre arrive : une relation inédite se noue entre l'accusé et le gouverneur, qui attend quelque chose de Paul.

Le juge est aussi un humain, avec ses ambiguités... et son désir. Désir d'argent, dit le narrateur. C'est ce qu'il croit... mais il précise : "il espérait en même temps..."*. En même temps que quoi ?

En même temps que ce qui anime le désir de tous les hommes : vivre, tout simplement, et éternellement ! Or quand le discours de Paul entrouvre pour lui la porte de l'éternité, il prend peur et la referme aussitôt... jusqu'à la prochaine fois ! Difficile de naître, n'est-ce pas ?

Christophe Singer

* Verset 26

JUILLET

LUNDI 29

Actes 25, **1-27**
Psaume 107
Cantiques NCTC 182, AC 233 et AL 32-07

Et toi que fais-tu de la vérité ?

Comme les précédents gouverneurs, Festus sait que Paul n'a fait aucun tort aux juifs. Il dira plus tard n'avoir aucun motif d'accusation à écrire à l'empereur.

Festus a bien saisi que le point de litige entre les juifs et Paul est la résurrection du Christ. Mais, sa première et grande préoccupation est de soigner sa popularité en gagnant la faveur de ses administrés juifs. Ainsi, il est prêt à commettre n'importe quelle injustice.

Les juifs quant à eux espèrent influencer Festus et troubler Paul par leurs assauts.

Pourtant, l'apôtre reste maître de lui et fait avec lucidité sa défense. Non seulement il réfute les anciennes accusations d'avoir violé la loi juive, d'avoir profané le temple, il nie aussi avoir porté atteinte aux intérêts de l'Empereur. Il reste intègre dans sa foi en Christ et respectueux des valeurs religieuses, morales et sociales.

Et toi, que fais-tu de la vérité ?

Jean Jules Tamdem, Église évangélique du Cameroun

JUILLET

MARDI 30

Actes 26, **1-23**
Psaume 108
Cantiques NCTC 238, AC 543 et AL 37-01

Paul établi apôtre au milieu des païens

Paul est appelé cette fois à comparaître devant Agrippa. Ce roi issu de la famille des Hérode connaissait les coutumes juives et les discussions concernant Paul.

Avec fermeté et assurance, Paul s'exprime devant ce personnage averti. Il ne se laisse ni intimider, ni éblouir par les personnalités qui l'écoutent. Dans ses propos, il reconnaît avoir agi lui-même autrefois contre le nom de Jésus de Nazareth et c'est malgré lui et malgré son passé qu'il est devenu disciple et apôtre. Par la grâce de Dieu, il a été choisi et établi au milieu des païens afin de leur ouvrir les yeux pour qu'ils passent des ténèbres à la lumière et de la puissance de Satan à Dieu.

Cette parole peut aussi toucher le cœur du roi Agrippa et l'amener à la foi en Jésus-Christ s'il cesse de s'enfermer dans son orgueil. C'est aussi pour toi, l'occasion de prendre un engagement définitif.

Jean Jules Tamdem

JUILLET

MERCREDI 31

Actes 26, **24** à 27, **12**
Psaume 109
Cantiques AC 534 et AL 36-29

Dieu sait transformer le mal en bien

La puissance de la vérité bouscule les consciences même si, pour protéger ses intérêts égoïstes, l'homme se camoufle dans les menaces et les faux raisonnements.

Tout en reconnaissant le grand savoir de Paul, Festus n'hésite pas à le menacer et le traiter de fou. L'Évangile est, en effet, folie pour ceux que leur manque de sincérité empêche de venir à Dieu.

Agrippa a-t-il compris que le long discours développé par Paul à propos de sa conversion est une exhortation, adressée à lui ainsi qu'à ses collaborateurs, à faire la même expérience en se mettant à la suite de Jésus Christ ?

Hélas ! Tout en reconnaissant que Paul n'a rien fait qui mérite la mort ni même la prison, poussés par leur égoïsme, leur amour de l'argent et le souci de gagner la confiance des Juifs, Festus, Agrippa et Bérénice ne firent rien pour libérer Paul. Dieu qui sait transformer le mal en bien utilise cette situation pour ouvrir le chemin de Rome à Paul. Voyage longtemps souhaité !

Jean Jules Tamdem

JEUDI 1

Actes 27, 13-44
Psaume 110
Cantiques NCTC 252, AC 243 et AL 41-26

Assieds-toi à ma droite

Ce psaume est un texte liturgique très ancien utilisé pour le sacre d'un roi, peut-être celui de David.

Le roi est revêtu d'une mission divine : le Seigneur-Dieu invite le roi (appelé "mon Seigneur") à s'asseoir à sa droite, la place de l'autorité et de l'action. Il s'agit de la transmission du pouvoir du Seigneur à son roi-prêtre et guerrier, auquel il promet la victoire sur ses ennemis.

Ce psaume a été très utilisé par le Nouveau testament et l'Église primitive, en tant que psaume messianique : ce roi c'est Jésus, le Christ de l'Ascension, "il est monté au ciel, il siège à la droite de Dieu, le Père tout-puissant ; il viendra de là pour juger les vivants et les morts". Le Christ - tel Melchisédek le plus ancien roi de Jérusalem - a reçu les trois fonctions du médiateur avec Dieu, celles de roi, de prêtre et de prophète.

Au "torrent" du Saint Esprit, il "se relève" victorieux de la mort.

Erica Tartier, Église protestante unie de France

AOÛT

VENDREDI 2

Actes 28, **1-16**
Psaume 111
Cantiques NCTC 264, AC 245 et AL 41-23

L'"encourageur" maintenant encouragé par des frères

C'est enchaîné que Paul fait son quatrième voyage missionnaire.

Dans la tempête et le naufrage, Paul reste calme et en prière. C'est lui le prisonnier qui encourage l'équipage et se fait le gardien du navire : les deux cent soixante seize occupants sont sauvés.

Les Maltais les accueillent bien : les dieux ont protégé ces hommes, ils doivent en faire autant. Paul alors reçoit des signes promis aux apôtres* par le Ressuscité : il est protégé de la vipère ; il impose les mains au père du gouverneur et le guérit.

Paul a cinquante-trois ans en ce début mars 61. Il faut marcher de Pouzzoles (Naples) jusqu'à Rome. À Pouzzoles, il est accueilli dans une communauté Chrétienne, puis par deux fois, des frères envoyés de l'Église de Rome viennent à sa rencontre.

Le Seigneur encourage son apôtre dont la confiance est intacte.

Erica Tartier

* Cf. Marc 16

SAMEDI 3

Actes 28, **17-31**
Psaume 112
Cantiques NCTC Ps 103, AC 151 et AL 12-01

La crainte du Seigneur est le commencement de la sagesse

Ps 112

Cette affirmation termine le Psaume 111 et elle peut aussi être le titre du Psaume suivant. Ces deux psaumes font une paire. Le Psaume 111 est une louange du Dieu de l'Alliance et le Psaume 112 commence par la louange de Dieu qui rend heureux l'homme qui observe cette alliance et ses commandements.

Heureux l'homme qui craint le Seigneur : la crainte de Dieu est en réalité amour de Dieu ; c'est la crainte de lui déplaire, un profond désir de faire sa volonté.

Dieu seul est sage et intelligent. Pour être à son image il faut commencer par lui donner la priorité. La sagesse que Dieu donne est bien supérieure à la sagesse profane :

Le fidèle n'a pas peur d'être généreux, compatissant, et de prêter sans intérêt ; il n'a pas peur de ses adversaires, ni d'un avenir incertain.

La bénédiction de Dieu est acquise pour toujours à lui et aux siens.

Erica Tartier

PRIÈRE

Seigneur,

Je te prie pour les autorités de ce monde, à qui tu as confié la responsabilité de diriger les peuples ; donne-leur le discernement nécessaire pour mettre en œuvre des décisions justes.

Je te prie pour les autorités dans nos Églises, à qui tu demandes de prendre soin du troupeau ; donne-leur d'être attentifs à chacun, d'indiquer avec clarté la direction dans laquelle les chrétiens doivent aller et d'être de bons pédagogues de ces choix pour le peuple de tes fidèles.

Je te prie pour les responsables des communautés, œuvres et mouvements afin qu'ils (ou elles) soient fidèles dans l'annonce de l'Évangile et sa mise en pratique. Permets que leur témoignage encourage, édifie et réjouisse ceux qui cherchent encore un sens à leur vie.

Que ta paix soit sur chacune d'elles, sur chacun d'eux. Amen.

Yves Parrend, Union des églises protestantes d'Alsace et de Lorraine

PRIONS, avec le Conseil Œcuménique des Églises en communion avec les chrétiens du Canada, des États-Unis

DIMANCHE 4

Ézéchiel 33, 1-33 - Qohéleth 1, **2** et 2, **21-23**
Colossiens 3, **1-11** - Luc 12, **13-21**
Psaume 90
Cantiques AC 429 et AL 44-15

Guetteur pour la maison d'Israël

Ézéchiel raconte sa vocation, l'appel qu'il a reçu, son devoir de parler au nom du Seigneur qui l'envoie, - pour mettre en garde le peuple sur les risques qu'il encoure, sur ses écarts avec la loi, sur les libertés qu'il prend avec les commandements.

Le serviteur devenu porte-parole de Dieu ne s'est pas tu ; il a parlé, il a proclamé la justice de Dieu. Mais il n'est pas écouté. Pour les gens du peuple d'Israël, le voilà comme une aimable chanson : musique agréable, belle mélodie. Ils écoutent les paroles du Seigneur mais ne les mettent pas en pratique.

À travers toute la Bible, nous découvrons un Dieu qui fait alliance avec son peuple, un Dieu qui s'engage et trace le chemin d'un dialogue salutaire, un Dieu qui choisit des témoins pour parler en son nom. Certains furent reconnus et d'autres rejetés. Dieu les a établis guetteurs pour la maison d'Israël. Je crois encore qu'aujourd'hui, à travers de tels témoins, Dieu ne cesse de venir à notre rencontre.

Yves Parrend

AOÛT

LUNDI 5

Ézéchiel 34, 1-31
Psaume 113
Cantiques NCTC 240, AC 247 et AL 41-11

Dieu prendra lui-même soin de son troupeau

Dans la vie sociale, certaines personnes ont mandat pour diriger, par délégation. Elles le font en général avec qualité. Ainsi est-il demandé aux chrétiens de prier pour les autorités afin qu'elles soient fidèles.

Toutefois, il arrive que les responsables perdent le souci de l'intérêt général pour ne plus gérer que leurs propres intérêts. Le prophète Ézéchiel nous raconte que le Seigneur, ayant fait ce constat, est désormais en procès avec les chefs d'Israël à qui il avait donné délégation, il leur demande des comptes, il va prendre lui-même les choses en mains. Dieu va faire à nouveau et personnellement irruption dans l'histoire pour prendre soin de son peuple.

En cela il annonce l'évangile : Dieu vient en Jésus de Nazareth, il envoie son Fils, son unique, afin que quiconque croit ne périsse point mais qu'il ait la vie éternelle. Il vient lui-même, en Jésus le Christ, prendre soin de son peuple. Sans intermédiaire. Dans un lien direct et franc. Grâces soit rendues à Dieu !

Yves Parrend

MARDI 6

Ézéchiel 35, **1-15**
Psaume 114
Cantiques NCTC, AC et AL 86

Tout le monde sera convaincu que je suis le Seigneur !

v.15

Il faut en convenir, le discours du prophète Ézéchiel est difficile à avaler ! Comment Dieu peut-il en venir à demander à son prophète de proférer des paroles de vengeance de façon aussi violente ?

Édom, ou Séir, c'est le pays d'Ésaü, frère ennemi de Jacob-Israël. À ce titre on lui reproche mille crimes et mauvaises intentions. Par trois fois, l'objectif des menaces apparaît : quand Édom aura été puni, "tout le monde sera convaincu que je suis le Seigneur*".

Par-delà les menaces qui nous semblent insupportables, je vois dans ce triple objectif la marque d'une immense passion. C'est-à-dire d'une souffrance et d'un désir. Ézéchiel, et le peuple avec lui, souffrent d'un manque de reconnaissance et ils essayent, maladroitement sans doute, de redire que leur Dieu est fidèle à sa promesse.

Christian Delord, Église protestante unie de France

* Verset 15

AOÛT

MERCREDI 7

Ézéchiel 36, **1-15**
Psaume 115
Cantiques NCTC 247, AC 624 et AL 47-03

Oui, je viens à vous, je me tourne vers vous

v.9

Israël a été envahi et ravagé. Au peuple humilié, battu et abattu, le prophète annonce une parole d'espérance. Cette parole concerne tous les aspects de sa vie : son environnement, sa vie sociale, ses sources de richesses et sa sécurité.

Aujourd'hui, partout dans le monde, des peuples, des hommes et des femmes, victimes des aléas du climat ou de conflits interminables, mais aussi de l'indifférence de leurs proches, se sentent humiliés et abandonnés, comme jadis le peuple d'Israël. Une parole d'espérance doit encore leur être annoncée. Elle ne concerne pas que l'esprit ou l'âme, comme c'est souvent le cas, mais la vie dans sa totalité. C'est la raison pour laquelle les Églises en prêchant l'Évangile, ici ou au loin, s'attachent à participer à la construction d'un monde plus fécond, plus solidaire, plus juste, plus vivable.

Christian Delord

L.S.04.34 C.S.19.18 L.L.05.17 C.L.19.06

Ézéchiel 36, **16-38**
Psaume 116
Cantique AC 501

Je mettrai en vous mon Esprit ! v.27

Cet Esprit, c'est un véritable souffle, vivifiant et régénérateur, celui qui permet l'envol du cerf-volant, celui qui anime nos éoliennes. Ce mot souffle évoque l'énergie de renouvellement que le Seigneur accorde à son peuple quand il le réhabilite. Quand on reçoit de Dieu un cœur et un esprit neuf, un cœur de chair à la place du cœur de pierre*, on devient capable de changer de comportement, de reconnaître la grâce de Dieu, de suivre ses commandements et le premier d'entre eux, celui de l'amour.

Ce souffle, c'est celui qui, à Pentecôte, a poussé les disciples à s'engager, à partir, pour faire connaître par tout le monde la bonne nouvelle de Jésus-Christ. C'est celui qui aujourd'hui encore peut nous redonner vie, nous animer pour être témoins en paroles et en actes de l'amour que Dieu porte à toute l'humanité dans sa faiblesse.

Christian Delord

* Verset 26

AOÛT

VENDREDI 9

Ézéchiel 37, **1-28**
Psaume 117
Cantiques AC 518 et AL 35-14

Je vais faire venir en vous un souffle pour que vous viviez

v.5

Pourquoi de telles annonces sont-elles si rares ? Faut-il toujours attendre longtemps la réponse divine ? Ézéchiel est patient et ne pose pas de questions. C'est Dieu qui demande : Fils d'homme, ces ossements secs, peuvent-ils encore revivre ? Que répondre ? Il est vrai que certaines situations semblent si stériles, qu'en toute sincérité on peut répondre avec le prophète : Seigneur, c'est toi qui le sait*. Curieusement, Dieu ne semble pas se presser. Il semble même devoir s'y prendre à plusieurs reprises. Mais non pas en raison des problèmes, sinon du regard des hommes sur eux-mêmes. En effet, le Seigneur vient révéler au prophète les pensées du peuple ; c'est trop tard, il n'y a plus d'espoir, tout est fichu !** Il se voit déjà mort et enterré. Heureusement, l'action divine va au-delà d'une réponse rapide. Dieu promet son Esprit de vie en nous, et : Je vais ouvrir vos tombeaux et vous ferai remonter, et revenir sur le sol***.

Esly Vargas-Hordosch, Faculté adventiste de théologie

* verset 3
** verset 11
*** verset 13

 L.S.04.37 C.S.19.15 L.L.07.26 C.L.19.55

SAMEDI 10

Ézéchiel 38, **1-23**
Psaume 118
Cantiques AC 408 et AL 46-10

Fils d'homme, ouvre les yeux

Le prince Gog et son pays Magog sont des figures emblématiques de la méchanceté. Dieu lui annonce une intervention impressionnante. La force de cette bataille dévoile une violence cachée, plus grande, que le Seigneur ne peut plus souffrir. Oui, les méchants disent : j'arriverai vers des gens... pour en profiter et entasser du butin*. Ce n'est pas la puissance, le développement qui sont montrés du doigt mais, l'exploitation, le profit aveugle et l'accumulation de richesses.

Ce tableau apocalyptique de lutte entre le bien et le mal, nous renvoie sans concession à des aspects très matériels. Le croyant participe-t-il, sans sourciller, à la construction d'une société basée sur le seul profit ? Finalement, ce tableau eschatologique annonce l'espoir. Il nous rappelle une bonne nouvelle ; Dieu ne laissera pas faire, indéfiniment : c'est alors que les nations reconnaîtront que je suis le Seigneur**.

Esly Vargas-Hordosch

* versets 11s
** verset 23

PRIÈRE

Bon Père Céleste, aujourd'hui je veux te dire :

L'évangile est pour moi lumière ; que j'apprenne à marcher et dans la clarté du jour et dans les nuits peuplées de craintes et de doutes.

L'évangile est pour moi comme une terre promise ; que j'apprenne à partir en des nouveaux voyages pour ne pas rester figé.

L'évangile est pour moi un véritable trésor ; que j'apprenne à être pauvre de ce qui est superflu, pour te recevoir abondamment.

L'évangile est pour moi le pain qui me fortifie ; que j'apprenne à en manger avec appétit, et à le partager avec mes compagnons de voyage.

L'évangile est pour moi comme l'horizon, toujours devant moi, profond, vaste et beau. Seigneur, qu'avec d'autres chrétiens j'apprenne, moi aussi, à aider mes semblables à lever les yeux pour regarder les cieux, vers toi. Amen.

Esly Vargas-Hordosch

PRIONS, avec le Conseil Œcuménique des Églises en communion avec les chrétiens d'Australie, de Nouvelle-Zélande

DIMANCHE 11

Ézéchiel 39, 1-29 - Ézéchiel 33, **10-16**
Hébreux 11, **1-19** - Luc 12, **32-48**
Psaume 33
Cantiques AC 408 et AL 46-10

Je ne cacherai plus mon visage

Aux moments les plus sombres, l'Israël de la Bible voyait la distance qui le séparait de Dieu. Distance également des promesses divines, car c'était aussi le fait d'être éloigné du pays qui le faisait souffrir. Alors le Seigneur se fait connaître comme celui qui est capable de le rassembler et de le ramener à la terre promise.

Mais le plus important tient encore à la promesse : Je ne leur cacherai plus mon visage*. En effet, c'est de la vue qu'il s'agit - du risque de perdre de vue le Seigneur. L'éloignement de Dieu nous empêche de le voir. Cependant, Dieu intervient et nous assure ici de sa présence. Et cela ne tient pas à ce que nous avons réussi ! C'est le don de son Esprit en nous qui nous éveille et nous assure de sa présence. Alors notre assurance prend sa force dans sa grande fidélité. Recevons aujourd'hui le don qu'Il vient nous faire.

Esly Vargas-Hordosch

* Verset 29

AOÛT

LUNDI 12

Galates 1, **1-10**
Psaume 119, **1-32**
Cantiques NCTC 254, AC 261 et AL 41-02

Fondé

Ce qui fait de moi un apôtre, un envoyé, dit Paul, ce n'est pas un mandat d'homme.

Mon existence n'est pas entre les mains d'un puissant de ce monde. Mon discours n'est pas conditionné par de quelconques intérêts personnels.

Ma foi, comme mon être tout entier, repose en Dieu notre Père et en Jésus-Christ, le Ressuscité, notre Seigneur et Sauveur. Voilà ce qui fonde mon existence et authentifie ma mission.

Voilà ce qui assoit ma vie et qui m'autorise à m'adresser à vous, frères et sœurs galates.

Je suis envoyé auprès de vous au nom du seul Dieu et Père en ce monde.

À Lui soit la gloire* !

Loïc de Putter, Église protestante unie de France

* Verset 5

MARDI 13

Galates 1, **11-24**
Psaume 119, **33-64**
Cantiques NCTC 225, AC 545 et AL 62-86

Envoyé

Il y a des rencontres qui bouleversent une vie. Alors les événements prennent sens, l'horizon s'éclaire, la route peut se poursuivre.

Paul a été au bénéfice d'une telle expérience : le Dieu de Jésus-Christ a transformé sa vie de juif persécuteur en porteur d'Évangile vers les peuples païens.

Ce Dieu-là, venant à lui, l'a envoyé au-delà de ce qu'il pouvait imaginer, pour annoncer ce qui le fait vivre désormais.

Le Ressuscité, qui vient se révéler là où se dressent toutes sortes d'impasses, nous appelle à notre tour à renverser ces barrières afin de nous ouvrir, nous aussi, à la rencontre de l'autre, notre frère, notre sœur en humanité.

Ce Dieu vient...

À Lui soit la gloire* !

Loïc de Putter

* Verset 24

AOÛT

MERCREDI 14

Galates 2, **1-10**
Psaume 119, **65-96**
Cantiques NCTC 391, AC 882 et AL 62-81

Accompagné

Alors que les autorités de Jérusalem - Jacques, Pierre et Jean - manifestent leur accord pour que Paul poursuive sa mission vers le monde non juif, la Bonne Nouvelle peut se dire à tous et partout.

Avait-elle besoin de cette bénédiction officielle de la part des responsables de l'Église naissante ?

"La liberté que nous avons en Jésus-Christ"* nécessite aussi parfois que des mains nous portent dans la prière, nous soutiennent et nous conduisent vers celles et ceux qui en ont le plus besoin.

C'est une chance et une joie de savoir que d'autres joignent les mains pour confier à Dieu notre vie, nos engagements, les difficultés auxquelles nous devons faire face. À nous d'apprendre à ouvrir les yeux sur cette réalité.

Loïc de Putter

* Verset 4

JEUDI 15

Galates 2, **11-21**
Psaume 119, **97-144**
Cantiques NCTC 289, AC 622 et AL 47-07

Il s'esquiva... v.12

Il arrive qu'on doive dire si l'on est croyant. Certains prononcent de drôles de formules, et "tergiversent", comme dirait Calvin : "je suis croyant, mais non pratiquant..." (sic !), ou encore "je crois qu'il y a sûrement quelque chose, mais quoi, je ne saurais dire !", ou encore "je crois en Dieu, mais je ne sais pas comment il s'appelle, et au fond peu m'importe...".

Ces formules passe-partout agacent un peu, à vrai dire. Car elles traduisent souvent une hésitation non pas due à la complexité d'une authentique réflexion spirituelle mais plutôt l'indigence d'une spiritualité paresseuse. Et par conséquent une stratégie de l'esquive.

À l'image de l'attitude de Céphas qui ne veut pas s'engager ni risquer de déplaire, ni oser une parole claire et un comportement libre.

Or l'Évangile ne plaît pas à tout le monde. Et ne supporte pas l'esquive.

François Clavairoly, Église protestante unie de France

AOÛT

VENDREDI 16

Galates 3, **1-14**
Psaume 119, **145-176**
Cantique AL 46-06

Toutes les nations seront bénies en moi v.8

L'un dit : "Au fond, je suis heureux et somme toute assez satisfait en évoquant la longueur de ma généalogie, forcément cévenole et persécutée, peut-être même noble, en citant mes diplômes, la réussite des enfants et leurs exploits, je suis même heureux de mon parcours personnel, de sorte que tout cela doit bien être le signe d'une bénédiction ou d'un regard favorable de Dieu...". Et l'autre répond : "D'où tiens-tu cela ? Et que dis-tu de celui dont la naissance a été sous x ou vécue dans l'anonymat de l'orphelinat d'un pays à la dérive ? Et que dis-tu de celui qui a vu brisée sa vie conjugale, ou dont la fragilité professionnelle a été balayée par la crise ? Et que dis-tu des souffrances cachées et des blessures secrètes, des violences subies ? Aurais-tu oublié que ce qui justifie nos existences, ce n'est ni la réussite ni le bonheur qu'elles procurent mais la seule grâce de Dieu ?".

François Clavairoly

SAMEDI 17

Galates 3, **15-29**
Psaume 120
Cantique AL 45-04

Il n'y a plus ni Juif ni Grec

v.28

L'identité nationale (Juif, Grec), l'identité sociale (Esclave, Homme libre), l'identité sexuelle (Homme, Femme) sont questionnées par l'Évangile. Non pas qu'il n'y ait plus de différences entre les nations, entre les classes sociales ou entre les hommes et les femmes. Mais ces différences ne sont plus, en Christ, c'est-à-dire dans la foi, des arguments nécessaires et suffisants pour maintenir en Église, et au nom de ces trois identités, la haine, le ressentiment ou la discrimination.

Les chrétiens, juifs et grecs, riches ou pauvres, hommes ou femmes, sont tous à équidistance de Dieu et donc du salut : rien parmi eux ne peut donc justifier une quelconque attitude de ce genre.

À chacun maintenant de bâtir des communautés qui vivent ce questionnement évangélique comme libérateur, des communautés multinationales, hétérogènes, paritaires, bref : fraternelles...

François Clavairoly

PRIÈRE

Seigneur, le monde va si vite que, parfois, nous ne savons plus où donner de la tête, quelles priorités choisir, quelles décisions prendre.

De multiples options s'offrent à nous, et il n'est pas facile de faire le tri.

Aide-nous, Seigneur, à avoir un esprit de discernement, et à ne pas nous laisser asservir par tous ces nouveaux dieux si attrayants que le monde moderne nous présente, mais à savoir faire la part des choses...

Tu as fait de nous tes enfants. Donne-nous de savoir te mettre, Toi notre Père, en premier dans nos vies, avec comme corollaire une attention renouvelée envers ceux que tu as mis sur notre chemin et que nous côtoyons au quotidien.

Amen.

Anniel Hatton, Fédération des églises évangéliques libres de France

PRIONS, avec le Conseil Œcuménique des Églises en communion avec les chrétiens des îles du Pacifique, de Nouvelle-Calédonie, de Polynésie

AOÛT

DIMANCHE 18

Galates 4, 1-20 - Jérémie 38, **4-10**
Hébreux 12, **1-4** - Luc 12, **49-53**
Psaume 40
Cantique AL 52-17

Libéré... tu n'es plus esclave mais fils

De nos jours, tout va très vite : on "chat", on "tweete", on "skype", on "facebooke"... en un clin d'œil. Les lettres de l'apôtre Paul auraient fait un tabac si elles avaient pu bénéficier de ces "must" actuels.

Toutefois, si ces moyens de communication modernes permettent de dialoguer avec des gens du bout du monde, qu'en est-il de l'état de nos relations humaines avec ceux qui nous sont proches géographiquement ? Et qu'en est-il de notre relation avec le Seigneur ?

En Jésus, Dieu est venu en personne nous libérer de tout ce qui peut nous asservir, et faire de nous ses enfants, ses héritiers. N'aliénons pas cette liberté en nous asservissant à de nouveaux maîtres plus impérieux encore peut-être que ceux dont nous avons été libérés. Et sachons développer notre vie de prière, pour rester en relation permanente avec le Seigneur, et cultiver nos relations humaines de proximité dont la valeur est essentielle.

Anniel Hatton

AOÛT

LUNDI 19

Galates 4, **21-31**
Psaume 121
Cantiques AC 424 et AL 44-11

Patience...

Quand Dieu ne répond pas assez vite à nos prières, nous avons souvent tendance à vouloir prendre les choses en main... comme le roi Saül qui, ne voyant pas arriver Samuel, décide dans l'urgence d'offrir lui-même un sacrifice, sans attendre le prophète... avec pour conséquence un désastre personnel*.

Ou Sara, qui se croit stérile, et voyant les années passer sans héritier pour la lignée d'Abraham, pousse sa servante dans le lit conjugal afin que le nom familial ne s'éteigne pas. La situation se complique quand Dieu met enfin sa promesse à exécution en la faisant enfanter dans ses vieux jours...

Et nous? Savons-nous attendre la réalisation des promesses divines, ou, impatients que nous sommes, cherchons-nous à hâter l'exaucement de nos prières par nos propres moyens? Pourtant il est dit : "Ce qu'il a déclaré, il l'accomplira"**. Prions donc sans nous décourager***, en croyant que Dieu est fidèle et qu'il tiendra ses promesses.

Anniel Hatton

* 1 Samuel 15
** Nombres 23, 19
*** Luc 18, 1

 L.S.04.51 C.S.18.57 L.L.17.41 C.L.02.44

MARDI 20

Galates 5, **1-12**
Psaume 122
Cantiques AC 537 et AL 36-04

Vraiment libres

Oui, il ne suffit pas seulement d'être libéré. C'est déjà beaucoup. Mais comme pour un détenu qui sort de prison, il s'agit de rester libre, et de ne pas y retourner.

Libérés de l'illusion que la bonne pratique de la loi rend juste, en Christ qui vit en nous nous sommes vraiment libres. Mais cette liberté est menacée par notre propension à toujours vouloir nous rendre justes par autre chose que la Bonne Nouvelle du Christ. Hier, c'était la circoncision. Aujourd'hui, pour nous, ce sont des marques identitaires que nous choisissons ou que nous subissons sous l'influence des modes, idéologies, lobbying.

S'il en est ainsi, dit Paul, à quoi nous sert le Christ ? Ce qui compte, c'est de croire et de montrer sa foi en aimant*.

La grâce nous est donnée, mais on peut la rejeter. La liberté est donnée, mais elle peut être perdue. C'est un combat : résistez, écrit Paul, pour être vraiment libres.

Bertrand de Cazenove, Église protestante unie de France

* Verset 6

AOÛT

MERCREDI 21

Galates 5, **13-26**
Psaume 123
Cantiques AC 534 et AL 36-29

Laissons-nous conduire par l'Esprit v.25

Qui ne rêve pas de liberté ? Pourtant, quand elle est donnée, nous faisons tout pour ne pas en vivre. Les hébreux au désert regrettaient les marmites pleines de viande de l'esclavage égyptien et murmuraient contre le Dieu vivant. Les chrétiens de Galatie revenaient à des prescriptions de la loi, celles, comme la circoncision, qui leur semblaient les plus nécessaires. Et nous, nous nous laissons tenter par des comportements qui nous asservissent. Nous préférons suivre la pente de nos désirs de puissance, de séduction, d'égoïsme, de consommation, plutôt que de laisser l'Esprit saint nous conduire dans la vraie liberté, qui nous fait peur car elle n'est pas rassurante, et parce qu'elle est synonyme de service.

Mais, nous dit Paul, il n'y a pas de voie médiane : ou bien nous sommes libres, ou bien nous sommes esclaves. Ou bien nous vivons selon l'Esprit, ou bien selon la chair. Ou bien nous choisissons de porter du fruit, ou bien...

Bertrand de Cazenove

JEUDI 22

Galates 6, 1-18
Psaume 124
Cantiques NCTC 258, AC 252 et AL 41-16

Ce qui compte, c'est que Dieu nous crée à nouveau

En choisissant d'être libres, cela ne veut pas dire que nous allons faire n'importe quoi, ce qui serait retomber en esclavage. En acceptant d'être libres, unis à Christ, notre vie prend une certaine orientation : nous recevons la liberté de vivre pour Dieu et la liberté d'aimer. Les rapports entre humains sont transformés. L'attention à l'autre devient primordiale, pas pour se comparer ou pour juger, pas seulement pour aider avec douceur l'autre à ne pas chuter, mais aussi pour porter sa charge. Chacun devient un témoin pour l'autre, et chacun reçoit de l'autre la présence du Dieu vivant. La responsabilité de chacun est ainsi entière.

À la fin de sa lettre Paul s'implique le plus possible pour lancer cet appel à ses frères de Galatie : ne revenez pas en arrière. La croix du Seigneur Jésus-Christ a tout changé. Ce qui compte maintenant (on peut aussi dire : notre fierté), c'est que Dieu nous crée à nouveau.

Bertrand de Cazenove

AOÛT

VENDREDI 23

Ézéchiel 40, **1-27**
Psaume 125
Cantiques NCTC, AC et AL 137

Une vision pour survivre !

Il y a vingt-cinq ans que l'exil dure. Loin de Jérusalem, loin d'Israël. Ils se sont installés entre l'Euphrate et le Tigre. Certains ont reconstruit leurs vies, d'autres continuent à espérer la chute de Babylone. Ézéchiel ne fait pas partie d'eux. Il ne cherche pas à s'installer définitivement et ne rêve pas d'une chute improbable. Alors, il reste étranger. Son véritable chez-soi est à Jérusalem. Toute son énergie se dirige en cette direction. On sent son désir de rentrer, de reconstruire. Et voilà que, dans une vision, Dieu répond à Ézéchiel. Le prêtre rentre chez lui, dans cette maison où il a servi avant d'être déporté. Dieu lui montre un temple reconstruit, splendide, plus beau que jamais. Une vision pour pouvoir tenir le coup entre temps. Car les exilés devront encore attendre trente-trois ans avant que les Perses viennent les libérer.

Alexandra Breukink, Union des églises protestantes d'Alsace et de Lorraine

L.S.04.46 C.S.18.49 L.L.19.41 C.L.07.52

Ézéchiel 40, **28-49**
Psaume 126
Cantiques NCTC 252, AC 243 et AL 41-26

Comment parler de la grandeur de Dieu ?

Avec Ézéchiel, nous découvrons ce nouveau temple. Aucun détail ne nous est épargné. Nous apprenons l'épaisseur des murs, la largeur des portes, le nombre des pièces... Et je pense à Ézéchiel. Est-ce que cette vision faite de pierres et de mesures pourra vraiment le consoler ? Est-ce que ce nouveau temple l'aidera à tenir le coup ? Où trouver le souffle dans cette vision faite de mesures qui font émerger un bâtiment immense, démesuré ? Je me sens comme lors d'une visite du château de Versailles où tout est fait pour parler de la grandeur de ses rois…

Peut-être faut-il se poser la question du sens de ce bâtiment. Toutes ces pierres, ces salles, ces portes ne sont là que pour parler du culte à Dieu. Et Ézéchiel, ancien prêtre, ne rêve que de ça, que ce culte reprenne. Qu'il dépasse de loin tous les cultes faits aux grands de la terre...

Alexandra Breukink

L.S.04.58 C.S.18.47 L.L.20.09 C.L.09.04

PRIÈRE

Seigneur, ce matin nous venons auprès de toi pour te dire toute notre reconnaissance, car tu nous as donné la vie.

Trop souvent nous l'oublions et nous vivons comme si la vie nous était due et non pas donnée.

Seigneur, libère-nous de toutes ces idoles qui nous empêchent de vivre pleinement.

Nous te prions

Pour ceux qui viennent de naître et les enfants qui découvrent la vie,

pour ceux qui se battent pour la vie auprès des malades,

pour ceux qui luttent pour une vie digne et libre,

pour ceux qui s'engagent pour le respect de toute forme de vie sur cette terre.

Sois auprès d'eux et anime-les par ton souffle afin qu'ils puissent continuer leur chemin.

Alexandra Breukink

PRIONS, avec le Conseil Œcuménique des Églises en communion avec les chrétiens d'Estonie, de Lettonie, de Lituanie, de Pologne, de République tchèque, de Slovaquie

AOÛT

DIMANCHE 25

Ézéchiel 41, 1-26 - Ésaïe 66, **18-21**
Hébreux 12, **5-13** - Luc 13, **22-30**
Psaume 117
Cantiques NCTC 264, AC 245 et AL 41-23

Un Dieu invisible

Dans sa vision, Ézéchiel est mené à l'intérieur du temple sous le regard des chérubins. Ces énormes créatures ailées l'accompagnent avec leurs faces d'homme et de lion, comme pour lui dire : attention où tu mets tes pieds ! Et soudainement Ézéchiel se retrouve devant le lieu très saint.

Ses contemporains savaient ce que cela signifiait. En franchissant ce seuil, il va être face-à-face avec le dieu du lieu. Mais là, rien. Contrairement au temple de Salomon, même pas d'arche. Rien dans tout ce bâtiment énorme, aucune trace de statue divine. Dans sa vision, Ézéchiel reste fidèle à l'interdit de se faire une image de Dieu au risque de le réduire à sa propre image.

Tout ce qui est visible est une simple table. Comme dans le temple de Salomon où l'homme pouvait déposer ses offrandes en forme de pain, signe de reconnaissance envers ce Dieu invisible qui offre la vie.

Alexandra Breukink

AOÛT

LUNDI 26

Ézéchiel 42, **1-20**
Psaume 127
Cantiques NCTC, AC et AL 127

L'architecte et les artisans

Alors que nous avançons dans la description du temple idéal longuement détaillée par Ézéchiel, nous lisons un psaume chanté par les pèlerins qui montent vers le temple, lui bien matériel, de Jérusalem. Et ces voyageurs disent : si Dieu ne bâtit la maison, en vain bâtissent les maçons.

La complémentarité entre les idées et le réel est ici évidente. Sans visée, sans un projet, sans plans, pas de réalisation. Les maçons travaillent sans résultat.

Mais à l'inverse, sans mise en œuvre les projets perdent peu à peu leur sens et l'architecte a travaillé pour rien.

Qu'en est-il du projet de Dieu d'un monde parfait représenté symboliquement par le temple idéal que contemple Ézéchiel ? Si nous n'en sommes pas les maçons, il restera dans les limbes. Dieu a besoin de nous pour construire son Royaume. Et nous avons besoin de ses plans pour avancer !

Olivier Pigeaud, Église protestante unie de France

L.S.05.00 C.S.18.43 L.L.21.12 C.L.11.19

AOÛT

MARDI 27

Ézéchiel 43, **1-12**
Psaume 128
Cantiques NCTC 254, AC 261 et AL 41-02

Là ou deux ou trois sont rassemblés, Je suis...

Jusqu'à présent Ézéchiel a contemplé une image d'un temple idéal, mais sans vie. Avant qu'il ne découvre ce qui doit s'y dérouler jour après jour, il a la vision extraordinaire du retour de la gloire de Dieu dans les lieux qu'il avait quittés auparavant de façon majestueuse*.

Ce retour est un préalable à l'animation du temple qui sera décrite ensuite. Pas de célébrations, pas de sacrifices, pas d'activités des lévites et prêtres sans une présence reconnue de Dieu.

Bien sûr Dieu est partout et tout le temps... mais n'est-il pas utile de rappeler que lorsque des croyants sont réunis, ce n'est pas d'abord le caractère imposant des lieux, ni le déroulement liturgiquement correct du culte qui importent. Ce qui donne sens et poids au rassemblement c'est que tous les participants soient convaincus que la présence de Dieu est particulière quand ils sont rassemblés en son nom.

Olivier Pigeaud

* Chapitre 1

AOÛT

MERCREDI 28

Ézéchiel 43, **13-27**
Psaume 129
Cantiques NCTC 231, AC 582 et AL 24-07

La saveur du sel

Dans le déroulement des sacrifices préconisé par notre texte un geste prévu m'intéresse particulièrement, celui de répandre du sel sur les victimes*.

Pourquoi du sel ? Parce que partager le sel, c'est, comme partager le pain, une marque de vie en communauté. Le serviteur reçoit le sel (puis le salaire, même étymologie) de celui avec qui et pour qui il travaille et dont il partage la table.

Avec qui les prêtres, agissant au nom du peuple, partagent-ils le sel ? Avec Dieu lui-même. Cela nous rappelle que dans la plupart des cas les sacrifices constituent les prémices d'un repas auquel Dieu s'invite.

Il ne s'agit pas d'un acte pénitentiel ou d'un échange de service entre Dieu et nous. Le sacrifice et le repas qui s'ensuit rappellent la communion entre Dieu et tous ceux qui y participent. C'est bien sûr aussi le sens de la cène, heureusement sans sacrifice, ni animal, ni végétal.

Olivier Pigeaud

* Il est également commandé en Lévitique 2, 13

L'ÉPÎTRE AUX COLOSSIENS

L'épître aux Colossiens a été écrite par Paul en captivité. Au centre de l'Asie Mineure, la communauté a été fondée par un disciple de Paul, Épaphras, qui, débordé par les questions d'autres prédicateurs, demande à l'apôtre d'intervenir. Quelle place donner aux êtres intermédiaires qui régissent le cours du monde ? Faut-il observer les rites juifs de pureté ?

Dans sa réponse, Paul met en valeur la place centrale du Christ. Selon l'hymne de Col 1, 15-20, le Christ a exercé le rôle de la Sagesse pour la création et l'ordonnance du monde. Par son sacrifice, il a obtenu la réconciliation de tout l'univers. Le *culte des anges* est donc sans fondement. À cette exaltation du Christ correspond une spiritualité baptismale. La véritable circoncision rend participant à la mort et à la résurrection du Christ, dans l'attente de sa venue. Les baptisés doivent renoncer au paganisme et mener une vie nouvelle, dans l'humilité, la douceur, le support mutuel. Le code des rapports sociaux, qui se ressent de l'état de la société d'alors, est à lire en fonction de l'amour, lien de toutes les vertus, pour que règne la paix du Christ. Célébrant la victoire du Christ sur le péché, l'épître invite à l'action de grâces, comme Paul pour la foi des Colossiens. La communauté chantera psaumes et cantiques inspirés.

Édouard Cothenet, Institut catholique de Paris

AOÛT

JEUDI 29

Colossiens 1, **1-11**
Psaume 130
Cantiques AC 277 et AL 41-28

Puissance et patience

v.11

On est tenté de dire : "Soit l'une, soit l'autre" ! Si j'ai la puissance, je n'ai plus besoin de patience, non ? Je peux aller droit à la réalisation de mes désirs, et vaincre toutes les contraintes de cette vie. Vrai ou faux ?

De l'autre côté, si j'ai la patience, c'est que je suis faible ! N'a-t-on pas longtemps prêché la pure patience aux chrétiens, surtout aux pauvres et aux malades, c'est-à-dire aux personnes qui étaient démunies et sans puissance ?

Mais la puissance spirituelle n'est pas un fantasme de "petit chef", et la patience spirituelle n'est pas une résignation malsaine. Il ne faut pas les prendre séparément, mais ensemble. La paire puissance-patience nous encourage à résoudre les problèmes du monde, mais sans nous mettre à la place de Dieu, sans prendre le pouvoir sur les autres !

Bettina Cottin, Église protestante unie de France

L.S.05.05 C.S.18.37 L.L.23.17 C.L.14.09

VENDREDI 30

Colossiens 1, **12-23**
Psaume 131
Cantiques AC 266 et AL 62-79

Il nous a délivrés de l'autorité des ténèbres...

v.13

N'a-t-on pas souvent reproché aux chrétiens de trop user du schéma "avant-après" ? Avant de trouver le salut en Jésus-Christ, ma vie était remplie de péché (ténèbres), mais maintenant, par le pardon des péchés, je vis dans la lumière...

Mais la parole biblique ne moralise pas ! Elle est bien plutôt "politique" : nous sommes passés d'une autorité malveillante à l'autorité vivifiante et libératrice du Christ.

L'autorité malveillante, symbolisée par "les ténèbres", c'est un consensus culturel (religieux ou non) du cynisme, du désespoir, du non-sens, et, pour l'époque, de la superstition angoissée. Jésus-Christ nous arrache à ces contraintes et nous fait entrer dans la dynamique de sa vie donnée pour nous. Notre vie échappe aux schémas et s'ouvre enfin au sens que le Christ nous offre.

Mesurons-nous à quel point son autorité nous libère ?

Bettina Cottin

AOÛT

SAMEDI 31

Colossiens 1, **24** à 2, **5**
Psaume 132
Cantiques AC 647 et AL 49-01

Je supplée ce qui manque aux détresses du Christ...

v.24

Cette parole peut nous choquer. Est-ce que l'apôtre veut glorifier sa propre souffrance et la déclarer méritoire ? Veut-il dire que le lieu de la présence du Christ dans son Église est la souffrance ? Nous nous méfions de certains travers d'une spiritualité "doloriste". Mais nous oublions peut-être que dans la culture de l'époque (et aussi la nôtre), seul le corps rayonnant de beauté et de force était jugé digne de renvoyer au divin. Le corps souffrant, malade ou handicapé en était exclu.

La Passion de Jésus-Christ change le regard sur le vécu corporel. Même la souffrance devient alors lieu de communion au Christ.

Le mot biblique de la "détresse" désigne les grandes perturbations violentes de l'histoire sur la terre et auxquelles nul ne peut échapper. "Ce qui manque" désigne donc les jours qui restent à vivre en attendant la révélation finale du Christ.

Bettina Cottin

L.S.05.07 C.S.18.33 L.L.00.08 C.L.15.35

SEPTEMBRE

DIMANCHE 1

Colossiens 2, 6-19 - Proverbes 4, **1-9**
Hébreux 12, **18-24** - Luc 14, **1-14**
Psaume 68
Cantiques NCTC 253, AC 241 et AL 41-06

Pour nous une vie nouvelle ?

La vie amoureuse de nos parents nous a fait naître. L'amour de Dieu comme seule possibilité nous ferait-il renaître ? Est-ce là une confirmation des religions orientales qui espèrent en une vie continuellement renouvelée pour nous faire avancer ou chuter selon les contingences de notre vécu actuel ?

Paul semble ici s'attaquer aux vaines philosophies et aux traditions qui promettent un au-delà basé sur nos seuls efforts humains. Ce ne sont pas les traditions et forces spirituelles qui nous invitent à chercher notre salut en nous-mêmes. Il exhorte à une vie nouvelle parce que Dieu nous fait "re-vivre" en Christ. Vie ancienne et vie nouvelle, c'est mourir et vivre avec le Christ, c'est vivre en union avec lui et rester ferme dans la foi.

Jacques Baeuerlé, Union des églises protestantes d'Alsace et de Lorraine

SEPTEMBRE

LUNDI 2

Colossiens 2, **20** à 3, **4**
Psaume 133
Cantiques NCTC 257, AC 242 et AL 41-03

Mourir et vivre avec le Christ

v.1

N'avons-nous pas toujours à nouveau la tendance de nous forger notre piété, "religieux" que nous sommes, mais de la fabriquer selon notre convenance ? Laxistes si tel est notre choix, rigoristes et conformistes si cela nous convient mieux. Le marché des religions nous en laisse le choix.

Mais toutes ces pratiques dites "religieuses" peuvent nous séduire pour une tranche de notre parcours de vie terrestre pour nous faire découvrir par la suite leur inefficacité. Paul nous invite aujourd'hui à changer de regard, voire de pratique. "Regardez en haut !". Il rappelle une mort et nous invite à la vraie vie avec le Christ. Les règles d'hier n'ont aucune valeur pour nous valoriser devant Dieu. Nous sommes invités à la véritable vie puisque tout a été accompli par lui, en lui le messie rédempteur.

Jacques Baeuerlé

SEPTEMBRE
MARDI 3

Colossiens 3, **5-17**
Psaume 134
Cantiques AC 537 et AL 36-04

Revêtez l'homme nouveau, celui que le créateur refait... v.10

Vous êtes-vous déjà posé la question en quoi votre vie est différente que vous soyez chrétien ou non ? Est-ce que cela change fondamentalement votre quotidien ? Et en quoi ?

Se lever, aller au travail, s'occuper des siens n'est-ce pas le lot de tous ?

Ce passage donne la réponse. Oui, celui qui accepte de recevoir la vie du Christ laisse celle-ci imprégner toute sa vie. Il vit en fonction du Christ, il entre dans sa volonté et laisse le Créateur le refaire à neuf. Ainsi il peut se débarrasser d'attitudes négatives et de tout ce qui le sépare de Lui. Notre vie est bouleversée, réorientée par la foi en Christ en qui nous sommes et à partir duquel toutes choses sont accomplies sous son regard bienveillant. Le signe révélateur en est la louange et les actions de grâces. Alors prions et chantons avec nos frères et nos sœurs en Christ !

Fabienne Ambs-Szafarczyk, Église protestante unie de France

MERCREDI 4

Colossiens 3, **18** à 4, **1**
Psaume 135
Cantiques NCTC, AC et AL 146

Dans le Seigneur...

v.18 et 20

Que faire aujourd'hui de telles exhortations ? Notre vie sociale et familiale est bien différente de celle du premier siècle.

En quoi ce texte nous interpelle-t-il ?

Il questionne cette façon de voir sa vie privée comme ne regardant personne, comme un domaine complètement séparé.

La foi en Christ éclaire les relations les plus intimes, celles du couple et de la famille. L'auteur de l'épître ne propose pas de révolution sociale, il infléchit simplement ce qui se vit à l'époque en donnant une autre dimension, un autre sens, un autre éclairage : dans le Seigneur se trouvent une nouvelle dynamique, un épanouissement et un sens. Le poids de la tradition, de la culture pourra le moment venu être soulevé. Car l'important est la relation porteuse de promesse que le Christ établit avec moi et qui désormais guide ma manière d'être avec mon prochain.

Fabienne Ambs-Szafarczyk

SEPTEMBRE
JEUDI 5

Colossiens 4, **2-18**
Psaume 136
Cantiques AC 646 et AL 24-02

Rachetez le temps *

v.5

Racheter le temps : une expression étonnante, comme si le temps pouvait s'acheter ou se vendre !

Pourtant il s'agit bien de cela : Racheter ce qui est tombé entre de fausses mains.

En effet, le temps cadeau de Dieu, est tombé entre les mains de vaines occupations qui monopolisent tout notre temps. Nous sommes ainsi empêchés de vivre au rendez-vous de Dieu, et à l'appel du prochain. Pourtant, c'est tout notre temps, toute notre vie que nous sommes invités à vivre sous le regard du Seigneur. La relation à Dieu transforme complètement notre rapport au temps. Notre vie est habitée par une promesse, sa présence et par une urgence, le témoignage. Alors comme dit Calvin "n'hésitons pas à batailler contre tous les empêchements".

Fabienne Ambs-Szafarczyk

* Traduction des versions Segond

SEPTEMBRE

VENDREDI 6

Ézéchiel 44, **1-14**
Psaume 137
Cantiques NCTC 299, AC 230 et AL 22-04

Regarde de tes yeux, écoute de tes oreilles

Il nous est bien difficile d'appliquer pratiquement au quotidien et à la lettre cette parole adressée au prophète par le Seigneur lui-même et qui concerne la gestion de sa maison.

Est-ce si sûr ? Certes, nous n'entrons plus, et heureusement, dans ces catégories du sacré et du profane. Et nous le savons bien, depuis Pâques et la crucifixion, il n'y a plus de séparation entre le dedans et le dehors d'un espace dédié au culte qui génèrerait de la catégorisation, de l'exclusion. C'est le monde, la création, et tout ce qu'elle contient, qui est le lieu où rendre un culte à Dieu. Et, à ce titre-là, à quiconque le sait, le croit et le fait sien, il est donné de regarder, d'écouter et de dénoncer tout ce qui défigure et avilit ce sanctuaire qu'est notre monde. Il y a toujours une vision une parole, une mission pour les Ézéchiel d'aujourd'hui.

Jean-Charles Tenreiro, Église protestante unie de France

SEPTEMBRE
SAMEDI 7

Ézéchiel 44, **15-31**
Psaume 138
Cantiques NCTC 213, AC 490 et AL 34-30

Leur patrimoine c'est moi

Ainsi s'adresse le Seigneur à Ézéchiel pour que ce dernier le transmette à ceux que Dieu lui-même a choisi de mettre à part pour le service de son adoration et de sa louange.

Cette mission est tellement importante que ceux qui en sont chargés doivent être bien identifiés et donc reconnaissables. Ils le seront dans leurs vêtements, leur vie intime, leur enseignement et dans ce qu'ils recevront en gratification de leur place précise dans le service rendu aux humains quand ils s'adressent à leur Dieu.

Comment recevoir cette promesse du Seigneur aujourd'hui ? Comment, à notre tour, être de ceux qui tout en appartenant au Seigneur vivent sous la bénédiction d'en être les *lieutenants* ?

Comment et par quoi sommes-nous reconnus comme enfants vivants de la promesse de ce Dieu qui est allé jusqu'à se déposséder de lui-même, pour tous, par amour ?

Jean-Charles Tenreiro

SEPTEMBRE
DIMANCHE 8

Ézéchiel 45, 1-17 - Proverbes 8, **32-36**
Philémon 9-17 - Luc 14, **25-33**
Psaume 90
Cantiques NCTC 284, AC 608 et AL 45-01

Porter sa croix ?

N'allons pas comprendre qu'il s'agit de choisir Dieu contre tout le reste. Dieu ne veut pas l'exclusivité, il sait ce que nous sommes, de quoi nous sommes faits et de quoi nous avons besoin.

Ce qu'il veut c'est savoir que nous sommes là devant lui, debout et que nous affrontons le monde, notre vie au quotidien (notre croix à porter, c'est cela) à travers lui et même grâce à lui.

L'Église et chacun d'entre nous doit être porteur d'espérance, drapeau d'espérance et un drapeau cela se voit de loin.

Drapeau d'espérance en elle-même tout d'abord, et aussi en nous-mêmes et pour nous-mêmes, parce que nous savons que Jésus a vaincu la mort et qu'il fera toutes choses nouvelles.

C'est la promesse qui nous est faite, qu'elle soit notre force et notre espérance de tout instant.

Jean-Charles Tenreiro

PRIÈRE

Seigneur, toi seul peux faire toute chose neuve, c'est pourquoi nous nous confions à toi.

Aide nous :

À être fidèles à Ta Parole ;

À vivre pour d'autres que nous-mêmes parce que ton amour embrasse tout homme, toute femme ;

À chercher ces vérités que nous n'avons pas encore découvertes ;

À obéir à tes commandements que nous avons entendus mais pas encore appliqués ;

À nous confier les uns aux autres dans la communion que Ton Fils nous a donnée ;

À recevoir ton Esprit afin qu'il nous renouvelle.

Jean-Charles Tenreiro

PRIONS, avec le Conseil Œcuménique des Églises en communion avec les chrétiens d'Albanie, de Bosnie-Herzégovine, de Croatie, du Kosovo, de Macédoine, du Montenegro, de Serbie, de Slovénie

Ézéchiel 45, **18** à 46, **10**
Psaume 139
Cantique AL 21-12

On ne reprendra pas la porte par laquelle on est entré

v.9

L'éloignement forcé du temple de Jérusalem amène le prophète Ézéchiel à réfléchir sur le sens de ce lieu autour duquel toute la vie religieuse du peuple s'est construite.

Ce temple n'est-il pas en fin de compte le rappel du profond attachement de Dieu à son peuple ? Les fêtes qui s'y déroulent sont là pour le leur rappeler : la sortie d'Égypte, le don de la Loi, le don de la terre... L'important n'est pas le lieu en lui-même mais plutôt la présence fidèle de Dieu au milieu de son peuple. Et Dieu finalement, ne sera-t-il pas au milieu de son peuple en exil ?! C'est là le message final qui apporte consolation et espérance.

Dieu est, aujourd'hui, avec nous en Jésus-Christ et ce n'est ni un lieu, ni un rite qui nous le fera découvrir mais une relation vivante avec Celui qui nous change et nous transforme.

Jean-Pierre Dassonville, Fédération des églises évangéliques baptistes de France

SEPTEMBRE

MARDI 10

Ézéchiel 46, **11-24**
Psaume 140
Cantiques AC 631 et AL 42-08

C'est une offrande pour le Seigneur, loi perpétuelle, à jamais

v.14

Dans le temple de Jérusalem tout tourne et s'organise autour du "Saint des saints", lieu où toute la gloire de Dieu est reconnue et manifestée. C'est le peuple dans son ensemble qui rend gloire à Dieu. Ni le roi, ni les prêtres n'ont de privilège sinon celui d'être des serviteurs du culte rendu à Dieu.

En Jésus-Christ, Dieu a fait de nous tous ses enfants sur qui Il répand ses dons pour mieux rendre ce culte spirituel dont parle l'apôtre Paul dans son Epître aux Romains : "sans se conformer au monde présent, mais en étant transformés par le renouvellement de l'intelligence, pour discerner quelle est la volonté de Dieu : ce qui est bien, ce qui lui est agréable, ce qui est parfait"*.

Jean-Pierre Dassonville

* Romains 12, 2

 L.S.05.22 C.S.18.13 L.L.11.00 C.L.20.32

MERCREDI 11

Ézéchiel 47, **1-12**
Psaume 141
Cantique AL 45-12

Il y a aura de la vie partout où pénétrera le torrent

v.9

Le temple de Jérusalem, lieu saint par excellence, aurait pu être vu comme une enclave dans un monde souillé et insoumis. Le prophète Ézéchiel fait l'expérience d'une révélation extraordinaire : ce lieu s'ouvre au monde pour y répandre bienfaits et bénédictions. Il déborde et, de cette manière, purifie et vivifie son environnement.

C'est la même conclusion que nous livre l'Apôtre Jean dans le dernier livre de la Bible. C'est un fleuve d'eaux vives qui irrigue, non seulement la Jérusalem céleste, mais tout le monde recréé*. C'est dans ce monde nouveau inauguré par Jésus-Christ que nous sommes appelés à entrer et à vivre !

Jean-Pierre Dassonville

* Apocalypse 22, 1-5

SEPTEMBRE

JEUDI 12

Ézéchiel 47, **13-23**
Psaume 142
Cantiques AC 317 et AL 46-09

Pour vous et pour les immigrés...

Une fois les frontières définies, le texte s'intéresse à ceux qui habiteront le pays. Chacun doit pouvoir s'y retrouver selon le principe du partage annoncé par le prophète. Un partage qui ne concerne pas seulement les enfants d'Israël mais aussi les immigrés. Ces derniers doivent être considérés comme des autochtones. Ils sont invités à prendre part à la répartition des terres. Personne ne doit être lésé. Mon "étranger / prochain" ne me prive de rien.

Il a certainement fallu du courage au prophète pour annoncer à son peuple, souffrant de l'exil et de la domination étrangère, que son retour "chez soi" ne serait pas un temps "entre-soi" mais un vivre ensemble partagé. La terre est à tous...

Dans le monde actuel si concerné par les flux migratoires, comment être témoin de ce partage ?

Thierry Baldensperger, Union des églises protestantes d'Alsace et de Lorraine

Ézéchiel 48, **1-14**
Psaume 143
Cantiques AC 154 et AL 47-20

La part du Seigneur

Voici un message récurrent dans l'ensemble du texte biblique : nous n'avons pas le droit d'accaparer la part du Seigneur. Dès le livre de la Genèse avec l'ordre de manger de tous les arbres du jardin, sauf un, en passant par les dix commandements et l'ordre de mettre à profit tous les jours de la semaine, sauf un, jusqu'au témoignage de Jésus qui invite ses disciples au temps nécessaire de la prière comme offrande à Dieu.

Cette limite, qui nous fait parfois grincer des dents, garantit l'épanouissement d'une vie équilibrée. Vouloir tout prendre, c'est se priver de l'essentiel.

Un message qui me semble être aujourd'hui mieux relayé et accepté lorsqu'il est porté par le bouddhisme. Temps de distance et de recul nécessaire par rapport au quotidien, la méditation (la prière ?) est un témoignage de ce lâcher prise.

Thierry Baldensperger

SEPTEMBRE

SAMEDI 14

Ézéchiel 48, **15-35**
Psaume 144
Cantique AL 46-04

Une porte dans le mur

Cernée de murailles, la ville est protégée, ses habitants sont en sécurité. On y dort en paix. Mais, sans possibilité d'y entrer ou d'en sortir, cette ville sera une prison étouffante, privée de contact avec l'extérieur.

Les portes sont donc indispensables à la survie de la ville. Casser la muraille, créer une ouverture, aménager un passage... Il n'y a pas d'autre solution que d'affaiblir le rempart.

Néanmoins, de façon paradoxale, les portes sont devenues des lieux mieux protégés. Et le point faible est devenu le point fort.

Une image de notre vie qui a besoin à la fois de sécurité et d'ouverture. Quelles sont nos murailles, quelles sont nos portes ? Et comment veillons-nous à cet équilibre indispensable ?

Thierry Baldensperger

SEPTEMBRE

DIMANCHE 15

Psaume 12 - Exode 32, **7-14**
1 Timothée 1, **12-17** - **Luc 15, 1-32**
Psaume 51
Cantiques NCTC 185, AC 457 et AL 33-03

L'amour obstiné de Dieu

L'évangéliste Luc a aussi sa trilogie : trois mises en scène en forme de paraboles où circulent, de l'une à l'autre, les verbes perdre, retrouver et se réjouir. Trois verbes à partir desquels Jésus fait la démonstration qu'à la manière de la maîtresse de maison affairée, du berger inquiet et du père délaissé, Dieu ne prend jamais son parti de voir les siens perdre leurs repères ou faire de mauvais choix de vie.

En Jésus-Christ, il nous accueille tous au festin du Royaume. Là où sont invités les blessés de la vie, et celles et ceux qui se croient à l'abri d'un faux-pas. Une vraie fête des retrouvailles, ici et maintenant, pour que la joie fasse place à la tristesse, le partage à l'égoïsme. C'est un véritable retournement de situation !

Pierre Kneubühler, Église protestante unie de France

PRIÈRE

Seigneur, notre Dieu,

Nous te disons notre reconnaissance pour la grâce que tu nous fais de venir à notre rencontre en la personne de Jésus-Christ. Tu nous permets de voir à quel point ton amour est immense et sans limite.

Parce que tu es à l'écoute des "plus petits de nos frères" nous te remettons avec confiance celles et ceux qui succombent sous le poids des combats de la vie. Nous te remettons aussi celles et ceux qui éprouvent de grandes difficultés à s'arracher à leurs servitudes.

Dans la joie du grand festin que tu as préparé pour tous les humains et pour tous les peuples, rends-nous disponibles à l'accueil et au partage.

Amen.

Pierre Kneubühler

PRIONS, avec le Conseil Œcuménique des Églises en communion avec les chrétiens de Bulgarie, de Hongrie, de Roumanie

LE LIVRE DE SOPHONIE

Le livre attribué au prophète Sophonie contient surtout des oracles de jugement contre Juda et Israël (1, 4 - 2, 3), contre les nations (2, 4-15) et contre Jérusalem et les nations (3, 1-8). Il se termine cependant par des oracles de salut en 3, 9-20 qui annoncent la conversion des peuples au dieu d'Israël et la délivrance de Jérusalem de ses ennemis.

Le livre est situé en 1, 1-3 sous le règne du roi Josias (640-609). Sophonie était-il alors un partisan voire un précurseur de ce roi et de sa réforme religieuse (2 Rois 22-23) ? L'idée d'un jugement cosmique et d'un rassemblement des peuples à Jérusalem rapproche cependant le livre des attentes exprimées dans des textes de la fin de l'époque perse ou du début de l'ère hellénistique (4e s. av. J-C.). La théologie du livre se caractérise par l'insistance sur le salut promis aux humbles et le jugement des puissants qui abusent de leur pouvoir. Le salut final ne concerne pas seulement Israël mais toutes les nations qui reconnaissent que le dieu d'Israël est le seul et vrai dieu.

Thomas Römer

SEPTEMBRE

LUNDI 16

Sophonie 1, **1-18**
Psaume 145
Cantiques NCTC 284, AC 608 et AL 45-01

Quel est leur péché ?

Les mots du prophète sont très durs. Instant d'hésitation sur leur crédibilité ! Le jugement est sans complaisance pour ceux à qui il a été donné et qui désormais se détournent, "ne cherchent pas Dieu" ou exercent son service tout en se compromettant ailleurs. Ils marchent comme des aveugles. On les imagine, aveugles guidant des aveugles, tels que les peignait Bruegel l'ancien en référence à une parole d'évangile !

Ni leur or, ni leur argent ne les délivrera. Ils portent en eux la destruction de tous les leurs. Le comportement individuel n'est jamais sans conséquence sur la vie de tous.

Aujourd'hui, à des échelles diverses, des hommes et des femmes engloutis dans la logique du chacun pour soi, tirent leur épingle du jeu. Dans ce monde, le Dieu qui libère de soi-même et de la destruction apportée par l'individualisme érigé en système politique, n'existe pas.

Danièle Becker-Morel, Union des églises protestantes d'Alsace et de Lorraine

SEPTEMBRE
MARDI 17

Sophonie 2, **1-15**
Psaume 146
Cantiques NCTC, AC et AL 146

Moi, et rien que moi !

Quand l'espérance est morte - forte de la logique du Moi, et rien que moi ! - quand l'avenir est barré, rien ne sert de compter sur les puissants, les responsables politiques, ni sur les bien lotis en tous genres.

C'est un appel au peuple que choisit le prophète, plus particulièrement à ceux qui n'ont rien à perdre tant ils ne possèdent rien, à ceux capables de s'indigner et de créer un mouvement de résistance obstiné. Ce reste - mis à part ou déchet ? - semble susceptible d'incarner le signe du renversement de la vapeur. Ces rescapés pointeront la Jérusalem de demain, la réconciliation avec Dieu et entre les peuples. Par eux, le salut se fraye un chemin.

Tous les parias, les "indignados", les intouchables modernes sont susceptibles d'ouvrir un chemin.

Danièle Becker-Morel

L.S.05.31 C.S.17.58 L.L.16.44 C.L.02.58

SEPTEMBRE

MERCREDI 18

Sophonie 3, **1-18**
Psaume 147
Cantiques NCTC, AC et AL 78

Sauver par tous les moyens

Après toutes sortes de jugements, il revient maintenant à Jérusalem d'entendre les avertissements de Dieu qui ne s'articulent pas tant sur un niveau moral, que sur celui de son manque d'écoute et de confiance. Même ses chefs, plutôt que de protéger et guider, se comportent de façon menaçante pour le peuple.

Toutefois, au milieu de cette situation désespérante, le Seigneur apparaît comme source de justice, de droit et de lumière. Alors que ses actes de destruction nous dérangent, il est important d'en comprendre son intention : Si au moins tu acceptais la leçon...

Malgré la corruption croissante des hommes, il faut toujours s'attendre au Seigneur qui, même avec une passion jalouse, ne désire pas tant écraser la méchanceté des hommes, que chercher à les réunir pour les transformer. Il faudra lire la suite...

Doris Vargas-Hordosch, Église adventiste du septième jour

Sophonie 3, 9-20
Psaume 148
Cantiques NCTC, AC et AL 80

Le bonheur de la simplicité

Après l'expression jalouse de sa passion, le Seigneur dit également sa tendresse pour son peuple. En effet, la vraie puissance se manifeste dans sa faculté de transformation. Le Seigneur promet même de transformer les peuples au-delà de toutes les frontières en s'attaquant à la racine de tout mal qu'est l'orgueil. Mais, ce qui est peut-être surprenant, c'est qu'au bout de l'orgueil se trouve la peur.

Face à cela, le Seigneur propose une alternative : maintenir un reste de pauvres et faibles. Alors que de nos jours, la pauvreté ne paraît pas enviable, ces pauvres (quant au cœur, clin d'œil de Matthieu 5, 3) sont des gens qui ne comptent pas sur eux-mêmes, mais cherchent refuge dans le nom du Seigneur. Personne ne peut leur faire peur. C'est pourquoi, il y a toutes les raisons pour se réjouir. Et quand le peuple se réjouit à cause de la présence et l'action du Seigneur, le Seigneur jubile aussi, il danse même et crie de joie. Surprenant Seigneur !

Doris Vargas-Hordosch

SEPTEMBRE

VENDREDI 20

Psaume 13
Psaume 149
Cantiques NCTC 288, AC 629 et AL 45-20

Jusqu'à quand ?!... et pourtant ! Ps 13

N'est-ce pas une expérience existentielle que beaucoup connaissent ? la menace de mon existence isolée, la menace des autres, l'ennemi, la menace de se sentir abandonné par Dieu lui-même ?

Dans cette plainte criée vers Dieu sont comme réunies toutes les plaintes, toutes les situations de détresse : Seigneur, jusqu'à quand ?! Au secours !

C'est vrai, la souffrance isole, si souvent. Mais en criant ce psaume, nous prions avec tous ceux qui l'ont prié, qui le prient, juifs et chrétiens : jusqu'à quand, ô Dieu ?!

Alors, se rendent présents tous ceux avec lesquels je crie, se rend présent Celui vers qui je crie.

Tourne-toi vers moi ! Rends-moi la lumière et la vie !

Et, dans le silence de l'abîme, entre les versets cinq et six, surgit le pourtant : Oui, moi, Seigneur, je compte sur toi. Je m'abandonne à toi. Tu me donnes le chant de la Vie.

Nicola Kontzi-Méresse, Église protestante unie de France

SEPTEMBRE

SAMEDI 21

Psaume 14
Psaume 150
Cantiques NCTC 175, AC 255 et AL 41-05

Que tout ce qui respire loue le Seigneur !

Ps 150, 6

Prier, chanter le Seigneur avec tout ce qui vit, tout le cosmos, toutes les expressions de vie : vœu pieux ? Marque d'une indifférence aux problèmes si pressants de la terre ? N'est-ce pas en effet irresponsable et utopique devant tant de difficultés dans ma vie et dans la société ?

Pourtant. Rappelons-nous la prière pour la Journée mondiale de mars 2010, venue du Cameroun, pays éprouvé à plusieurs niveaux : "Chantons le Seigneur ! Merci Seigneur !". Comment être si joyeux ?! Sont-ils naïfs ?

Au contraire. En louant le Seigneur, les yeux ouverts sur le monde, une force est donnée. Elle aide à affronter toute situation et atteste : nous ne sommes pas seuls ! Se référer à Dieu seul, ne pas se laisser fasciner par ce qui va mal mais se tourner radicalement vers le Créateur : Quelle liberté ! Ne pas se soumettre aux pouvoirs terrestres et chanter le Seigneur - et personne d'autre : Quelle liberté inouïe !

Que tout ce qui respire loue le Seigneur !

Nicola Kontzi-Méresse

PRIÈRE

Ô toi le Vivant, nous te cherchons pour recevoir ta Parole.

Cette Parole, tu l'as déjà fait retentir dans l'histoire des humains, et tu la renouvelles en nous offrant de vivre et partager, d'aimer et de servir, parmi nos frères et sœurs en humanité.

Quand nous lisons ensemble pour les méditer quelques extraits des Écritures, témoignage de la trace que ta Parole a laissée, bouleversant la vie de celles et ceux qui en ont laissé mémoire, fais venir en nous la compréhension de ta Parole pour nos vies et pour la vie du monde d'aujourd'hui.

Que cette compréhension renouvelée nous mette en ta présence, toi la Parole réalisée et manifestée en une vie humaine. Ainsi, nourris et éclairés par cette Parole, donne-nous d'oser vivre sur les chemins de chaque jour de la Vie que tu donnes en héritage.

Amen.

Jean-Christophe Muller, Église protestante unie de France

PRIONS, avec le Conseil Œcuménique des Églises
en communion avec les chrétiens
du Bélarus, de Moldavie, de Russie, d'Ukraine

L'ÉPÎTRE AUX HÉBREUX

Voici une épître exigeante, en raison de la difficulté de certains passages et des nombreuses références à l'Ancien Testament, mais riche en enseignements. Elle est entourée d'un certain mystère car l'auteur reste inconnu (l'origine paulinienne, conviction ancienne, est généralement abandonnée), l'identité des destinataires reste floue (qui sont "les Hébreux" ?), et sur la nature même de l'écrit, on hésite entre un sermon et une vraie lettre. Il est probable que c'est une vraie lettre (un sermon utilisé ensuite comme lettre ?) adressée à une communauté ou à un groupe de communautés comptant au moins une section judéo-chrétienne. Aucune date de rédaction ne s'impose absolument, mais le fait que le service du Temple de Jérusalem soit considéré comme une réalité toujours actuelle favorise nettement la période qui précède, de peu sans doute, la destruction du temple en 70.

L'auteur se donne pour tâche d'exhorter des chrétiens parfois découragés, voire tentés de s'éloigner de l'Évangile reçu. Pour cela il montre l'excellence de cet Évangile. Il développe une christologie puissante et originale : le Christ, unique Médiateur, est le grand prêtre nouveau qui a offert le sacrifice pleinement suffisant. Il est encore le Fils, parfaite image du Père (ch 1, 3), qui a accepté de devenir frère des croyants (ch 2, 11). De précieux développements sont également consacrés à la Parole de Dieu et à la foi.

Samuel Bénétreau

SEPTEMBRE

DIMANCHE 22

Hébreux 1, 1-14 - Amos 8, **4-7**
1 Timothée 2, **1-8** - Luc 16, **1-13**
Psaume 113
Cantiques NCTC 212, AC 475 et AL 34-15

Le salut en héritage

Hébreux 1, 14

Prononcée par Dieu depuis l'aube des temps, sa Parole a toujours trouvé des serviteurs pour qu'elle soit adressée aux hommes. Une Parole, qui n'a rien d'éphémère, veille avec fidélité sur le temps des humains. Parole en actes, accomplie, manifestée en plénitude en Jésus de Nazareth, que notre foi nous apprend à nommer Fils de Dieu.

Dans la foi, Dieu nous ouvre à ce qui donne un sens à notre vie humaine : le salut en héritage.

Dans la longue histoire humaine, avec ses temps forts et ses longues nuits ténébreuses passées dans l'angoisse, je discerne la présence renouvelée à bien des reprises du Dieu de la Bible, celui qui a choisi de se manifester dans notre précarité, notre sentiment d'abandon, au cœur de nos détresses. Nous y trouvons notre vocation : une invitation à nous saisir de la Vie. Devant chacun, il y a le salut, l'espérance. Un héritage qui rassemble. La fidélité, c'est de s'ouvrir au lendemain.

Jean-Christophe Muller

L.S.05.39 C.S.17.47 L.L.19.10 C.L.09.00

Hébreux 2, **1-18**
Psaume 1
Cantiques NCTC, AC et AL 8

La condition humaine

v.14-15

De nombreux auteurs, tel Zola, ont tenté avec des mots humains de dire la pesanteur de la fatalité sur nos vies, que les Grecs antiques nommaient la tragédie.

Sans les attendre, d'âge en âge, Dieu a fait un choix, bouleversant les hiérarchies terrestres et célestes convenues. Il s'est manifesté à nous en notre humaine condition, au cœur de nos servitudes. L'homme Jésus, en sa pleine humanité, vient nous délivrer de nos pratiques idolâtres, en brisant le piédestal où nous av(i)ons confiné la statue de Dieu. Il a vécu de notre condition humaine, non pas en la survolant de façon généreuse et condescendante, mais dans des rencontres denses, dans une plongée sans concessions au milieu de la violence et des contradictions humaines.

Par ses paroles et par ses gestes, par le cri de désespoir du crucifié comme par la main tendue du ressuscité, il ouvre un chemin dans la liberté où je reçois ma condition humaine comme grande fraternité.

Jean-Christophe Muller

SEPTEMBRE

MARDI 24

Hébreux 3, 1-11
Psaume 2
Cantiques NCTC, AC et AL 84

La maison de Dieu

Dans sa prédication, l'auteur de la lettre aux Hébreux multiplie les allusions à l'Ancien Testament... et nous complique peut-être la lecture. Mais les regards sur les textes anciens apportent aussi une richesse de sens qu'il vaut la peine de goûter !

Maison égale famille et aussi temple. Nous est rappelée, comme à ces premiers chrétiens destinataires de la lettre, notre appartenance à la grande famille de la foi en Christ. Souvenez-vous : quelle joie, quelle force, quelle source de consolation, que de témoignages reçus des frères et des sœurs dans la foi, au près comme au loin !

Dans cette famille spirituelle et célébrante, Christ est celui qui fait le lien avec le Seigneur, nous le montre, nous l'explique, nous fait vivre en relation étroite avec lui. Prêtre porteur de sa grâce et de son pardon.

Voilà de quoi nourrir notre témoignage en paroles et en actes, habités de l'espérance que le Christ a inscrite en nous et ranime sans cesse.

Daniel Bach, Église protestante unie de France

SEPTEMBRE

MERCREDI 25

Hébreux 3, **12-19**
Psaume 3
Cantiques NCTC 299, AC 230 et AL 22-04

Compagnons de route du Christ

La figure de Moïse évoque bien évidemment le cheminement depuis la servitude d'Égypte jusqu'au repos dans la terre promise. C'est la parabole de la vie du baptisé, libéré du mal pour vivre pleinement de la grâce. Mais les écueils sont là, bien cachés parfois, à l'intérieur de nous-mêmes. Le remède proposé tient en une phrase : encouragez-vous mutuellement, sans cesser de proclamer l'Évangile.

La Parole de Dieu est une nourriture dont nous avons quotidiennement besoin. Mais il faut la préparer ensemble dans le partage et la prière. Elle doit aussi être portée aux autres dans la solidarité et l'écoute.

Enfin, cette Parole a un caractère d'urgence : sans elle, pas de vrai compagnonnage avec le Christ, pas de perspective claire pour nos journées, pas de communion solide avec les frères et les sœurs dans la foi.

Telle est la difficulté de la vie chrétienne, mais aussi sa chance !

Daniel Bach

SEPTEMBRE

JEUDI 26

Hébreux 4, 1-13
Psaume 4
Cantiques AC 231 et AL 22-05

Quelle Parole !

Nous savions déjà que la parole est risquée et même dangereuse, selon l'usage que nous faisons de notre langue. Ici, quelle perspicacité chez le croyant qui nous parle : clairvoyance, discernement, énergie, jugement, puissance ! Que la parole de Dieu est polyvalente, par l'action du Christ d'hier et de toujours. Il y a de quoi frémir et s'éloigner si cela était possible. Mais justement, rien ne lui échappe !

Alors réalisons la grâce d'être dans sa sphère d'influence, c'est-à-dire d'appartenir à son Royaume, pour parler bibliquement !

Quand je ne sais où me diriger, quel choix faire, son regard me guide.

Quand je vis dans le désordre ou que tout me pèse, son jugement m'aide à faire le tri et me libère.

Quand les forces me font défaut ou que tout courage me manque, sa puissance me rend la vie et me donne un nouveau départ.

La toute puissance de la Parole de Dieu est là, vivante et efficace : laissons-la nous habiter !

Daniel Bach

SEPTEMBRE

VENDREDI 27

Hébreux 4, **14** à 5, **10**
Psaume 5
Cantiques NCTC 272, AC 627 et AL 47-13

Un Dieu proche des humains

Ce texte nous rappelle une dimension essentielle de la religion chrétienne : Dieu est venu à notre rencontre et celui qui peut nous sauver a vécu notre vie. Notre Dieu n'est pas un Dieu lointain, inaccessible dans son ciel, un peu comme les puissants de ce monde qui vivent dans leurs palais et qui ne connaissent pas le prix du pain. Le christianisme témoigne ici d'un Dieu qui a envoyé son Fils sur la terre, lequel Fils a vécu notre vie, comme nous, non comme un puissant et un riche, mais comme un prophète itinérant, connaissant la faim, la souffrance et la mort.

Le christianisme nous propose une réconciliation avec Dieu et avec le monde. C'est dans le monde que notre foi doit être vécue, et la séparation que nous éprouvons en face de Dieu est promise à abolition. C'est pourquoi nous pouvons croire en Jésus, profondément humain et profondément divin.

Anne Lepper, Union des églises protestantes d'Alsace et de Lorraine

SEPTEMBRE

SAMEDI 28

Hébreux 5, 11 à 6, 12
Psaume 6
Cantiques NCTC, AC et AL 51

Où en est notre vie de foi ?

Oui, vous avez bien lu : celui qui renie le Christ après sa conversion ne pourra pas se convertir une deuxième fois ! Quelle dureté dans ces propos ! Cela nous oblige à ne pas douter, à être toutes et tous des champions de la foi.

Nous nous trouvons là face à un des passages qui a posé, et qui pose encore, le plus de problèmes dans cette épître et qui a posé la question de son insertion ou non dans le canon du Nouveau Testament. Ce passage a été utilisé par certains rigoristes pour refuser le pardon aux chrétiens qui avaient renié leur foi pendant les persécutions.

Aujourd'hui, ce passage nous invite à méditer sur notre chemin de foi. Nous ne sommes plus soumis aux persécutions, mais sommes-nous constants dans notre foi, quels ont été les hauts et les bas de notre cheminement avec Dieu, comment pouvons-nous témoigner de notre foi dans notre société et auprès de nos connaissances ?

Anne Lepper

SEPTEMBRE

DIMANCHE 29

Hébreux 6, 13-20 - Amos 6, **1-7**
1 Timothée 6, **11-16** - Luc 16, **19-31**
Psaume 146
Cantiques NCTC 239, AC 543 et AL 37-02

Une promesse à l'aube de notre vie

La question qui se pose est de savoir si une promesse sera tenue ou non. Elle se pose d'autant plus lorsque l'on vit un contexte difficile où on a l'impression que la promesse ne se réalisera pas.

L'auteur de l'épître aux Hébreux en appelle à Abraham et à la manière dont Dieu lui a fait sa promesse : celle-ci est assortie d'un serment. Dieu ainsi ne peut pas mentir, et nous pouvons nous fier à sa promesse, quelles que soient les circonstances que nous vivons.

Il est bon, de temps en temps, de se rappeler de la promesse de Dieu, de faire ce retour en arrière et de se rappeler qu'au départ de notre vie, il y a la promesse de Dieu, promesse qui nous accompagne tout au long de notre existence. Revenir aux fondements peut nous réassurer et nous permettre de continuer, en toute confiance.

Anne Lepper

PRIÈRE

Dieu de la Promesse,

en ce dimanche, nous posons nos cœurs en toi et voulons reprendre appui sur ta promesse.

Nous voulons nous rappeler que tu es toujours là, quoi que nous fassions, et que tu accompagnes chacun de nos pas.

Nous savons que notre vie de foi n'est pas toujours exemplaire et qu'elle oscille entre la foi et le doute et nous n'en sommes pas fiers.

Aussi, en ce jour, nous regardons à toi et nous te redisons notre envie de vivre avec Toi.

Nous te remercions pour ta patience et ton pardon et nous engageons avec confiance dans la suite de notre chemin.

Seigneur, donne-nous la foi.

Amen.

Anne Lepper

PRIONS, avec le Conseil Œcuménique des Églises en communion avec les chrétiens d'Arménie, d'Azerbaïdjan, de Géorgie

SEPTEMBRE
LUNDI 30

Hébreux 7, 1-14
Psaume 7
Cantiques NCTC, AC et AL 24

Rends-moi justice

Après la recherche de la liberté, celle de la justice semblerait bien être la plus grande quête humaine.

Bien entendu, chacun cherche à ce que justice soit faite, chacun rêve d'un monde où le droit serait respecté.

La loi des hommes cherche à atteindre cette justice en permettant un vivre ensemble. Mais au-delà de ce que la loi produit comme justice, il y a la justice de Dieu.

Non pas une justice qui récompense ou qui punit le croyant ou l'incroyant, mais une justice qui relève l'être humain pour le remettre au centre de son existence.

Dans un monde qui produit de la loi mais qui foule au pied la justice garantissant la dignité humaine, tournons-nous vers le seul vrai juste juge, tournons-nous vers la parole de celui qui nous dit : le malheureux n'est point oublié à jamais, l'espérance des misérables ne périt pas à toujours*.

Christophe Cousinié, Église protestante unie de France

* Psaume 9, 19

OCTOBRE
MARDI 1

Hébreux 7, **15-28**
Psaume 8
Cantiques NCTC, AC et AL 8

Seigneur que ton nom est magnifique...

À travers la magnificence du nom de notre Seigneur, n'est-ce pas le monde qui nous entoure à qui nous devrions adresser notre louange ?

À regarder autour de nous, l'humain a tout reçu pour être heureux. Dieu l'a placé au sommet de la création et cette position devrait en faire un être heureux et accompli.

Au lieu de cela que fait l'humain ?

Que fait-il de cette position privilégiée que Dieu lui donne ?

Injustice, inégalité, exploitation de l'homme et de la nature, dévastation, pillage et destruction... sont le résultat de la gérance de la création par l'homme.

En disant à Dieu notre louange, nous devons nous redire ce devoir de bon gestionnaire qui nous est confié ; en voyant la beauté du monde nous devons nous rappeler l'amour que Dieu nous donne en nous mettant au sommet.

Alors oui, qu'est-ce que l'homme pour que tu te souviennes de lui ? Sinon la créature que le Seigneur aime malgré tout ?

Christophe Cousinié

MERCREDI 2

Hébreux 8, **1-13**
Psaume 9
Cantiques NCTC 96, AC 151 et AL 12-01

Chantez !

Chanter quand tout va mal ! Quelle étrange idée !

Chanter quand tout va mal ! Et pourquoi pas ?

La force du psaume c'est de pouvoir chanter à son Dieu sa misère, sa peur, son angoisse ou sa détresse.

Non pas chanter pour s'y enfermer, mais chanter pour les dépasser, pour les partager avec un autre.

Chanter pour que notre voix vienne se conjuguer à celle de notre Dieu, pour que notre chant soit désormais porté par une autre voix et qu'ainsi, le chant de plainte ou d'angoisse devienne chant d'espérance et de joie.

Quand je chante ma peine, une autre voix me rejoint et chante avec moi.

Quand mon sanglot est porté par le chant de la voix de Dieu il devient chant d'espérance.

Alors du fond de mes peurs et de mes maux, que ma bouche s'unisse à la voix de Dieu et que les maux se changent en mots de louange.

Christophe Cousinié

OCTOBRE
JEUDI 3

Hébreux 9, **1-10**
Psaume 10
Cantique AC 254

Une image du temps présent

v.9a

Il nous est difficile de ressentir ce qu'un croyant vivait lors des cérémonies rituelles et d'imaginer comment a été vécu par les chrétiens d'origine juive l'abandon des rites sacrificiels. L'auteur de la lettre aux Hébreux, sans mépriser la pratique antérieure, explique qu'elle fait partie d'un passé révolu, mais lui donne aussi un sens.

Il évoque la portée et les limites du culte sacrificiel. Le sacrifice selon le rituel donné par Moïse était nécessaire pour accéder au Dieu saint, symbolisé par la partie la plus sainte du sanctuaire. Cependant, ce rite ne pouvait pas apaiser la conscience du pécheur.

L'auteur aux Hébreux affirme que le Saint Esprit annonçait déjà le dépassement de ces limites par un grand prêtre particulier, qui ouvrirait l'accès à Dieu pour tous, Christ.

Pierre Kempf, Union des églises protestantes d'Alsace et de Lorraine

Procurez-vous dès maintenant
vos PAROLE POUR TOUS ***pour 2014***

Offrez PAROLE POUR TOUS à vos amis !

Aidez Haïti à se reconstruire ...
En collaboration avec le DEFAP !

En renvoyant le Bulletin de Commande ci-dessous, pour chaque exemplaire de **PAROLE POUR TOUS** commandé, nous reverserons 0.50 € au **DEFAP** pour ses missions en Haïti.

BULLETIN DE COMMANDE
de PAROLE POUR TOUS 2014

Veuillez m'adresser :

_____ ex. **BROCHURE**, l'une 7.90 € + port 3.50 € = 11.40 €

_____ ex. **MURAL**, l'un 9.30 € + port 5.60 € = 14.90 €

Je vous joins, ci-inclus, mon règlement par chèque.

Veuillez expédier ma commande à l'adresse ci-dessous :

Nom (M., Mme, Mlle) ______________________

Adresse ______________________

Code postal __________ **Ville** ______________

Envoyez ce bulletin de commande avec votre règlement à :

S.M.P.P., 10 impasse des marguerites, 38230 CHARVIEU
Tél. : 04 72 46 39 73 - Fax : 04 72 46 03 55
Site internet : www.editions-smpp.com
Courriel : editions.smpp@wanadoo.fr

OCTOBRE

VENDREDI 4

Hébreux 9, **11-28**
Psaume 11
Cantiques NCTC 202, AC 449 et AL 33-21

Médiateur d'une alliance nouvelle v.15

L'auteur rend hommage à l'œuvre du Christ. Il est ce grand prêtre envoyé par Dieu pour continuer ce que Moïse a initié. Il a poussé à son terme l'œuvre de réconciliation amorcée dans la première alliance. En s'offrant lui-même totalement, le Christ a apporté une fois pour toutes le sacrifice unique et parfait qui purifie les réalités terrestres et les consciences, mais aussi les réalités célestes.

En s'appuyant sur le culte sacrificiel juif, l'auteur donne un sens à la mort de Jésus sur la croix et lui confère une portée cosmique. Christ a ouvert le chemin vers Dieu lui-même. Par sa mort, il a enlevé le péché et réconcilié les croyants, qui n'ont plus à trembler devant le Dieu saint. Cette nouvelle alliance n'est plus d'ordre rituel ou légal, elle est d'ordre spirituel, ouverte sur une relation apaisée avec un Dieu devenu accessible.

Pierre Kempf

OCTOBRE

SAMEDI 5

Hébreux 10, **1-18**
Psaume 12
Cantiques NCTC 181, AC 403 et AL 43-02

Dieu supprime les anciens sacrifices v.9b

L'auteur aux Hébreux affirme que la mort de Jésus est le sacrifice ultime de l'ancienne alliance.

En donnant sa vie, il a permis à la conscience elle-même d'être purifiée. Les croyants n'ont plus besoin d'offrir des sacrifices pour racheter leur péché. Ce que les prophètes ont annoncé s'est produit : le croyant peut s'avancer sans crainte vers son Dieu et faire sa volonté. Le Saint Esprit change en effet complètement la donne. Il inscrit dans le cœur de l'homme la loi qui, auparavant, était une puissance extérieure et contraignante, une ombre sur leur vie.

Le christianisme est libérateur, il a pu supprimer les sacrifices d'animaux car le pardon a été acquis par le Christ. Dieu ne se souvient plus des fautes. Le grand prêtre suprême, Christ, a définitivement ouvert le chemin vers une communion libre avec Dieu et un service joyeux.

Pierre Kempf

PRIÈRE

Père, tu m'as appelé au service dans ton Église, dans le monde, merci.

Merci, car ma vie prend sens.

Merci, car à la suite de ton Fils, je rencontre et suis rencontré par des frères. Je vis une communion qui me nourrit.

Merci de me redire que je ne gagne pas ton amour par mon travail.

Au jour de fatigue et de découragement dans le service, que ton Esprit me redise que l'essentiel demeure : le premier tu m'aimes et m'accueilles, toujours.

À la suite de Jésus, que je serve paisiblement, fidèlement, sans me vanter de mes "réussites" ou me décourager devant les échecs. Notre Père...

Françoise Pujol, Église protestante unie de France

PRIONS, avec le Conseil Œcuménique des Églises en communion avec les chrétiens d'Afghanistan, du Kazakhstan, du Kirghizstan, de Mongolie, d'Ousbékistan, du Tadjikistan, du Turkménistan

338/2013

OCTOBRE

DIMANCHE 6

Hébreux 10, **19-39** - Habaquq 1, **2-3** et 2, **2-4**
2 Timothée 1, **6-14** - **Luc 17, 5-10**
Psaume 95
Cantiques NCTC 302, AC 427 et AL 44-07

FÊTE DES RÉCOLTES

Serviteurs qui ne servent à rien !

Alors à quoi bon servir ? Sauf que Jésus nous dit d'ajouter : "Nous avons fait seulement ce que nous devions faire". Il y a donc bien quelque chose à faire.

Dieu nous appelle à son service mais ne croyons pas qu'Il nous doit une récompense particulière ! Dans le règne du donnant-donnant, des mérites, on a droit aux bons points. Mais dans celui de la grâce, je m'émerveille : moi, serviteur bien incapable de travailler pour Dieu, je suis pourtant appelé.

Souvent je réalise combien je suis incompétent pour ce qui est du Royaume : alors ces mots rassurent. Reconnu inutile, bon à rien, Il m'a pourtant embauché et me redit : "Fais ce que tu as à faire. L'échec ou la réussite ne dépendent pas de toi".

Et quand, sans calcul, sans attendre des félicitations, des ouvriers servent : stupeur ! Le maître les sert*. Encore la grâce !

Françoise Pujol

* Luc 12, 37

OCTOBRE

LUNDI 7

Hébreux 11, 1-19
Psaume 13
Cantiques AC 628 et AL 47-15

La foi est...

La foi s'articule avec l'espérance. Elle en est le fondement, la base d'appui, "ce qui se tient en dessous". Le mot signifie aussi : "titre de propriété". La foi garantit l'acquisition des biens magnifiques attendus. Par anticipation la foi me donne déjà ce qui est promis.

La foi est également mise en relation avec ce qui ne se voit pas. Elle est pièce à conviction, preuve, démonstration des réalités invisibles, du monde spirituel.

Ainsi la foi nous enracine : elle nous aide à être tranquillement certains de ce que nous ne voyons pas, comme de ce qui n'est pas encore. Tremplin de l'espérance, elle met en mouvement à partir d'une stabilité assurée. C'est bien ce que donnent à voir les témoins de la première Alliance nommés : ils étaient en route "par la foi" ! Et nous ? Nous avons la "pièce à conviction" définitive : Jésus-Christ.

Françoise Pujol

Hébreux 11, **20-29**
Psaume 14
Cantiques AC 532 et AL 36-30

Témoins d'hier et d'aujourd'hui

Nous parlons de la lettre ou épître aux Hébreux, mais il serait peut-être plus juste de parler de prédication. Une prédication adressée à des judéo-chrétiens qui semblent commencer à douter, tentés par un abandon et par un retour en arrière.

Quoi de plus rassurant que de revenir sur le passé, ses origines, sur les fondamentaux, les textes vétérotestamentaires, sur la foi de nos ancêtres. C'est bien connu, "c'était toujours mieux avant" !

L'auteur se prête au jeu, mais montre alors que c'est la foi ("l'assurance des choses qu'on espère, la démonstration de celles qu'on ne voit pas"), liée à l'espérance dans le sens qu'elle se tend vers l'avenir et l'invisible, qui a guidé et motivé les ancêtres et non pas des choses ou des hommes et des femmes du passé.

Les yeux fixés sur Jésus-Christ, l'auteur de la foi, nous avons la joie de pouvoir faire partie de tous ces témoins et de poursuivre dans la foi une telle mission aussi bien hier, aujourd'hui que demain !

Peter Hulshof, Église protestante unie de France

MERCREDI 9

Hébreux 11, 30-40
Psaume 15
Cantiques AC 628 et AL 47-15

Pas sans nous

Nous n'osons probablement pas nous comparer à tous ces bons témoins de la foi. C'est par ailleurs inutile à part peut-être pour nous rabaisser. Et puis nous n'avons peut-être tout simplement pas envie de leur ressembler pour subir tant d'épreuves !

Pourtant, l'auteur finit ce chapitre en affirmant qu'ils n'ont pas obtenu ce qui leur avait été promis, afin qu'ils ne viennent pas sans nous à l'accomplissement. Si l'accomplissement demeure en Christ qui est en effet sous-entendu à travers tous les exemples cités, il ne se fait pas sans nous. Le "nous" nous concerne en tant que lecteurs et chrétiens du vingt et unième siècle. Je suis témoin aussi et je fais par conséquent partie de cette chaîne ("nuée") de témoins sans pour autant prétendre au statut de champion, de héros ou de martyr.

Nous sommes à notre tour appelés à témoigner dans des milieux parfois hostiles à l'Évangile. Si la foi porte sur l'espérance elle implique aussi la persévérance comme le texte de demain nous le rappellera.

Peter Hulshof

OCTOBRE

JEUDI 10

Hébreux 12, **1-13**
Psaume 16
Cantiques NCTC 279, AC 616 et AL 47-04

Témoigner et supporter

Nous sommes en course mais pas seuls, ni pour devenir vainqueurs ni pour battre les autres.

Nous sommes en course pour transmettre le témoin, l'Évangile et, ce qui est remarquable, c'est que nous sommes entourés d'une grande foule comme dans un stade plein ou le long des rues et des routes lors d'une compétition. Entourés non pas de spectateurs, mais d'une nuée de témoins, c'est-à-dire de supporters. Les témoins d'hier portent et encouragent ceux d'aujourd'hui car ils savent par leur vécu la force et la persévérance nécessaires dans cette course.

Il est bon et encourageant de se sentir soutenu mutuellement par tous les autres témoins qui sont forcément différents de nous. Comment voulons-nous avancer ou simplement poursuivre l'épreuve et persévérer dans la foi si en même temps nous cherchons à nous faire trébucher ? Laissons-nous entraîner par le Seigneur, et courons ensemble en nous supportant mutuellement, les yeux fixés sur lui.

Peter Hulshof

OCTOBRE

VENDREDI 11

Hébreux 12, **14-29**
Psaume 17
Cantiques NCTC, AC et AL 118

Vous avez dit spirituel ?

Pour l'auteur de l'épître aux Hébreux, le disciple doit veiller à bien distinguer entre ce qui est réel et impalpable d'une part et ce qui est également réel mais sans consistance durable d'autre part.

Non à la confusion entre ces deux dimensions de la vie tragiquement illustrée par Esaü pour qui un plat de lentilles valait plus que la bénédiction divine. On a pu parfois tirer argument de cette pensée pour mépriser ce qui est terrestre. Après le risque de confusion est venu celui de la séparation et de la hiérarchisation entre la matière et l'esprit.

Le verset 14 prend alors toute son importance : la recherche de la sainteté respecte et ordonne la réalité de la matière et des corps avec leur pesanteur et honore en même temps la grâce légère comme une brise insaisissable mais puissance infinie de vie et de paix.

Pascal Geoffroy, Église protestante unie de France

SAMEDI 12

Hébreux 13, 1-25
Psaume 18
Cantiques AC 537 et AL 36-04

Il y a *faites* !... et *fête* !

La fin de l'Épitre aux Hébreux énonce de nombreux conseils pour la communauté des croyants : exhortations sur la morale et vigilance doctrinale. Après ce catalogue un peu pesant sur tout ce qu'il nous faudrait faire, arrive en conclusion le verset 21 sur le Christ : c'est lui qui agit, rend apte, réalise ce qu'il veut dans la vie des croyants. Nos progrès, nos œuvres, ne sont pas les nôtres, mais ceux du Christ en nous.

La description de la communauté idéale pourrait entraîner le rêve d'une Église refermée sur elle-même pour préserver la pureté de sa vie. L'allusion à la mort de Jésus à la porte de Jérusalem, au verset 13, brise cette illusion : Jésus comme victime sacrifiée n'a pas été mis à mort dans le temple mais à l'extérieur, pour le monde entier.

Sortons donc... nous n'avons pas ici-bas de cité permanente, mais nous sommes à la recherche de la cité future.

Pascal Geoffroy

PRIÈRE

Merci Seigneur, car nous avons un nom auprès de toi, un nom qu'aucune puissance ne peut nous arracher, un nom qu'aucune de nos défaillances ne peut défigurer.

Quand la vie nous malmène, quand nous ne savons plus qui nous sommes :

rappelle-nous que nous sommes quelqu'un à tes yeux, quelqu'un qui a du prix.

Seigneur, quand nous sommes séduits par la renommée,

montre-nous l'illusion de nous faire un nom par nous-mêmes.

Tranche dans nos complexes ou dans nos orgueils pour dégager la place unique que tu nous confies dans ce monde.

Nous recevrons le courage et l'humilité pour être responsables.

Seigneur, apprends-nous la liberté pour voir avec tes yeux :

au-delà des surnoms donnés ou subis,

aide-nous à découvrir le nom véritable de chacun pour le rencontrer comme un frère et une sœur en humanité en qui tu as mis toute ta promesse et ton espérance. Amen.

Solange Weiss-Déaux, Église protestante unie de France

PRIONS, avec le Conseil Œcuménique des Églises en communion avec les chrétiens du Bangladesh, du Bhoutan, du Népal

LE LIVRE DE DANIEL

Message d'espérance et de résistance adressé aux croyants persécutés, Daniel présente plusieurs particularités remarquables : placé parmi les Écrits dans le canon hébreu, mais à la suite des Prophètes dans le canon grec, une partie importante de Daniel est écrite en araméen et la version grecque comporte de longues additions (l'histoire de Suzanne). On le date généralement de l'époque d'Antiochus Épiphane, vers 160 av. J.-C., ce qui en fait le dernier livre de l'AT. L'ouvrage a peut-être été écrit à plusieurs mains par des membres d'un parti des "pieux" ou "fidèles" qui inspirera sans doute le groupe des esséniens. On y relève deux sections distinctes : Chapitres 1 à 6, correspondant à l'histoire de Daniel et de ses amis (une section didactique), et les chapitres 7 à 12 relatifs aux visions de Daniel (un songe et trois grandes visions, dans un style apocalyptique). Parmi les passages significatifs, on lira le chapitre 7 (vision des 4 bêtes) et le chapitre 12 consacré aux événements de la fin des temps, seul passage explicite de l'AT sur le thème de la résurrection des morts.

Thierry Legrand, Faculté de théologie protestante de Strasbourg

OCTOBRE

DIMANCHE 13

Daniel 1, 1-21 - 2 Rois 5, **14-17**
2 Timothée 2, **8-13** - Luc 17, **11-19**
Psaume 98
Cantiques AC 631 et AL 42-08

La foi au ventre

Dieu a-t-il une préférence pour un régime alimentaire ? La question religieuse des aliments purs ou impurs ne nous concerne pas. Mais l'initiative de Daniel le montre : quand il n'y a pas d'autre solution pour agir, Dieu peut se manifester à travers la nourriture consommée ou refusée.

Manger, ne pas manger, est un acte de résistance qui fait pression sur la conscience de l'adversaire sans l'agresser sur sa personne : les grévistes de la faim en ont donné la preuve ! Quelle que soit l'issue du combat, même la mort, ce ne fut jamais un échec car la dignité du résistant et la force de son message seront toujours plus grands et durables que les manœuvres et les assauts de celui qui tient le pouvoir... pour un temps.

Soyons reconnaissants à ceux et celles qui ont eu la foi au ventre pour nous rappeler que Dieu n'abandonne jamais ceux qui placent sa confiance en Lui : nos faiblesses seront agissantes à travers sa puissance.

Solange Weiss-Déaux

OCTOBRE
LUNDI 14

Daniel 2, **1-24**
Psaume 19
Cantiques NCTC 242, AC 204 et AL 21-02

La foi à l'épreuve du rêve

Nabuchodonosor, symbole du souverain tout-puissant, a des limites toutes humaines car personne ne peut interpréter ses propres rêves. Les éminents sages chaldéens ne sont pas des incapables, mais le roi leur demande l'impossible. L'aveu de leurs limites ne fait que souligner que leur roi n'est pas un dieu !

Je m'étonne que le tyran affolé accorde à Daniel un délai refusé aux autres. D'où vient la différence ? Les sages de Babylone se sont avancés tremblant devant le roi, et leur concertation pour se tirer d'affaire n'a pas échappé au tyran. Daniel n'agit pas par la peur. Sa parole est franche et avisée. Il s'avance seul devant le roi. Seul ? Pas vraiment. Il prend appui sur son Dieu et sait recevoir sa réponse dans un rêve. Daniel n'est pas un intrépide de la foi mais la prière desserre l'étau de la peur et aide au discernement. Acceptons que Dieu agisse dans nos rêves car il est celui qui "révèle les choses profondes et occultes".

Solange Weiss-Déaux

Daniel 2, 25-49
Psaume 20
Cantiques NCTC, AC et AL 130

En vérité, votre Dieu est le Dieu des dieux, le Seigneur des rois

Après avoir passé des moments difficiles, Daniel reçoit l'inspiration de Dieu afin d'éviter le massacre du peuple y compris sa propre extermination. Daniel apparaît comme ce prophète qui dira non seulement le songe du roi, mais qui en donnera une interprétation.

Heureusement, le récit du songe par Daniel convainquit le roi et ce dernier lui donna une récompense. Oui, le Seigneur a enfin donné cette explication à Daniel afin d'éviter la colère du roi.

Devant des situations difficiles, l'Éternel répond au jour de détresse. Il envoie de l'aide. Il répond à quiconque lui fait appel. Dans notre vie quotidienne, combien de fois n'avons-nous pas eu peur de telle ou telle chose ? Combien de fois n'avons-nous pas eu peur du lendemain ?

Dieu nous invite à nous souvenir de lui lors de nos inquiétudes. Il répond toujours. À nous de lui faire confiance.

Jean Lesort Louck Talom, Église Protestante Unie de Belgique

MERCREDI 16

Daniel 3, **1-23**
Psaume 21
Cantiques AC 604 et AL 48-05

La fidélité à Dieu

Le roi Nabuchodonosor fabrique une statue d'or et oblige tout le monde à l'adorer. Les trois amis de Daniel préposés à l'administration de Babylone refusent de se prosterner devant elle. Ce qui leur vaut un châtiment exemplaire : le bûcher. Quel courage de mourir au nom de sa foi !

Oui, voilà un bon exemple de convictions assumées qui évoque pour nous les chrétiens des premiers siècles qui, au nom de leur foi, acceptaient le martyre. Les pré-réformateurs ont eu à subir des châtiments analogues au nom de leur foi. Oui, il y a un prix à payer lorsqu'on a le courage d'affirmer ou de vivre certaines positions.

Pour nous chrétiens, la position des amis de Daniel peut démontrer à quel point on peut croire et rester fidèle au Seigneur. Il faut savoir respecter ses positions ou convictions.

Jean Resort Louck Talom

L.S.06.14 C.S.16.58 L.L.15.41 C.L.03.11

OCTOBRE
JEUDI 17

Daniel 3, **24-30**
Psaume 22
Cantiques AC 153 et AL 12-07

Béni soit le Dieu de Meshak, Shadrak et Abed-Nego

Les amis de Daniel, après avoir été jetés dans un feu pour avoir refusé d'adorer une idole, se retrouvent intacts. Quel mystère ! Quel miracle ! Voici un bel exemple de récit figuratif analogue à la résurrection du Christ qui succède au moment terrible où Jésus crie sur la croix : "Mon Dieu, mon Dieu, pourquoi m'as-tu abandonné ?".

Le fait de ne pas être brûlé confirme que YHWH a vu le cœur de ses enfants et a répondu positivement. Ce qui est très fort dans ce récit c'est le retournement du roi. Ce dernier, étonné de la non consumation demande à tous de suivre l'exemple de ces trois hommes.

Ce qui veut aussi dire qu'il est possible de s'apercevoir des erreurs commises, se repentir et demander la grâce de Dieu. À nous, chrétiens, d'être de véritables modèles à l'instar de ces personnages, par le courage, la repentance et le pardon.

Jean Resort Louck Talom

OCTOBRE

VENDREDI 18

Daniel 3, 31 à 4, 15
Psaume 23
Cantiques AC 512 et AL 35-17

Songe d'une nuit d'été

Le règne de Dieu est un règne éternel*. C'est le testament de paix d'un grand roi, dont la vie a été profondément bouleversée par Dieu. Il lui faudra du temps pour l'accepter.

Tout commence par un songe alors que Nabuchodonosor semblait être en paix. Il n'en est rien ! La méthode de Dieu consiste à avertir, en usant de patience envers le coupable. Le trouble que suscite ce songe est le signe du travail de Dieu dans sa conscience. L'image de l'arbre devait être familière au roi (les fameux jardins de Babylone). Daniel vient fidèlement éclairer la conscience du Roi, par une parole de Dieu qui dit la vérité et la grâce possible. L'image d'un arbre prêt à être coupé sera reprise par Jésus**.

Quand nos consciences nous trahissent, laissons Dieu éclairer nos vies : Ta Parole est la vérité sanctifie-nous par ta vérité.

Marc Toureille, Église protestante réformée évangélique

* Verset 33
** Luc 13, 6-9

Daniel 4, **16-34**
Psaume 24
Cantiques NCTC, AC et AL 66

Il abaisse les orgueilleux

Nabucadnetsar est en haut de l'affiche et tout s'écroule en un instant, à cause de son orgueil. Dieu l'avait clairement averti. La maladie qui frappe le roi est mystérieuse, probablement une maladie mentale, sa raison lui est enlevée jusqu'à ce qu'il reconnaisse la grandeur de Dieu, au-dessus de nulle autre.

Daniel explique la vision et prononce la sentence. Mais, plus que tout, il exhorte le roi à délaisser son orgueil, ses fausses sécurités*. Dieu ne vise pas à enfoncer le pécheur, mais l'invite à la repentance, à un retour à Lui, à une restauration et une guérison profonde.

Le roi, après sept ans, lève les yeux vers le ciel**, il rétablit la hiérarchie des normes entre Dieu et le simple humain qu'il est. Il loue, exalte et glorifie le roi des cieux***.

Je chante la louange du Dieu qui est au ciel.**

Marc Toureille

* Verset 24
** Verset 34
*** Versets 34 à 37

PRIÈRE

Il est des jours Seigneur, où tout autour de moi, on se moque de toi.

Il est des jours Seigneur, où j'entends comme le psalmiste :

Ton Dieu que fait-il donc ?

Il est des jours où, avec toi, c'est aussi moi qu'on raille !

Et cela me blesse intérieurement.

Et tous les jours encore, mes frères et sœurs passent par la souffrance et une persécution au-delà des mots.

En ce jour qui est le tien,

Je te prie pour l'Église persécutée dans tant de pays de par le monde

Avec foi, je m'associe à ta prière sur la croix :

Père, pardonne-leur car ils ne savent pas ce qu'ils font.

Apprends-moi à aimer ceux qui ne te manifestent pas d'amour

Apprends-moi la patience, fruit de ton Esprit.

Là où demeure la haine, accorde-moi d'apporter ta paix.

Marc Toureille

PRIONS, avec le Conseil Œcuménique des Églises en communion avec les chrétiens d'Inde, du Pakistan, du Sri Lanka

356/2013

DIMANCHE 20

Daniel 5, **1** à 6, **1** - Exode 17, **8-13**
2 Timothée 3, **14** à 4, **2** - Luc 18, **1-8**
Psaume 121
Cantiques NCTC, AC et AL 1

Heureux qui ne s'assoit pas sur le banc des moqueurs

Belschatsar est un moqueur de Dieu, son attitude dresse sa maison entière contre l'Éternel ! Dieu est méprisé et décide de parler de façon énigmatique. L'intelligence des hommes ne peut le comprendre, piètres moqueurs que les hommes ! La reine même glorifie Dieu pour la sagesse de Daniel, qui vient de Dieu seul. Le roi moqueur se trouve remis à sa place, il ne pèse pas grand-chose ! Daniel n'a que faire de cadeaux qui ne sont pas pour lui, mais pour son Dieu qui lui a accordé toutes ses capacités. Belschatsar aurait dû l'entendre avant, de la bouche de son père qui avait reconnu la grandeur de Dieu.

Toute cette histoire me fait penser à cette parabole de Jésus qui se termine avec cette interpellation : Insensé, cette nuit même ton âme te sera redemandée !*

Heureux es-tu, si tu sais ne pas t'asseoir sur le banc des moqueurs**.

Marc Toureille

* Luc 12, 20
** Psaume 1, 1

OCTOBRE

LUNDI 21

Daniel 6, **2-29**
Psaume 25
Cantiques NCTC, AC et AL 42

Seul ton Dieu pourra te sauver

L'ordalie a sévi jusqu'au milieu du Moyen-Âge, comme principe de jugement remis à Dieu. Si l'homme survit à l'épreuve, c'est que Dieu le considère innocent. Dans notre récit, la droiture de Daniel n'est pas suspectée, mais le Dieu de Daniel est invoqué comme étant suffisamment puissant pour le sauver.

Dans le livre biblique qui porte son nom, Esther, esclave juive, se voit, comme Daniel, promue aux plus hautes responsabilités. Les deux livres comportent beaucoup de similitudes. Avec Esther, la conspiration contre le juif Mardochée se retourne contre le méchant Haman qui se retrouve sur le gibet qu'il avait préparé. Même retournement avec Daniel, où les lions dévorent les conspirateurs.

La trompette de Louis Armstrong a chanté cette histoire de Daniel et a rendu l'espoir et la foi à des millions de Noirs humiliés par la ségrégation, jusqu'à l'avènement d'un président américain noir... Dieu peut agir, même quand la situation semble désespérée.

Alain Deheuvels, Église protestante unie de France

OCTOBRE
MARDI 22

Daniel 7, 1-14
Psaume 26
Cantiques AC 321 et AL 31-31

Dieu se révèle par un homme

Est-il concevable de décrire Dieu sous les traits d'un homme âgé* ? N'est-ce pas en contradiction avec l'interdiction de faire de représentation ? Cela pose question... L'arche de l'alliance était pourtant décorée de chérubins et le roi David avait représenté des bœufs sur la cuve d'airain du temple. Fondamentalement, l'interdit concerne la vénération d'une représentation...

Il s'agit d'une vision allégorique. Surgi d'un cauchemar peuplé de monstres terrifiants, Dieu manifeste sa présence sous la forme d'un être en dehors du temps, sans âge, dominant les roues et le fleuve du feu représentant sa puissance dominant les événements de l'Histoire.

Dans cette vision d'apocalypse, c'est-à-dire de révélation, surgit un être en apparence humain, recevant tout pouvoir. Les juifs voient en lui l'ange Michel*, Michel signifiant en hébreu "qui est comme Dieu".

Alain Deheuvels

* Le peintre Michel Ange (avec un nom prédestiné !) s'en inspira pour offrir sous son pinceau cette audacieuse représentation de Dieu sous la forme d'un vieil homme à la barbe blanche dans la chapelle Sixtine.

OCTOBRE

MERCREDI 23

Daniel 7, **15-28**
Psaume 27
Cantiques NCTC 289, AC 622 et AL 47-07

L'angoisse me saisit

Quatre mystérieux monstres sont venus peupler le rêve de Daniel. L'auteur pense à quatre royaumes qui viennent de se succéder pour dominer le peuple juif : l'empire babylonien, avec l'humiliation et l'exil, puis les Mèdes, les Perses et enfin la domination grecque.

Le quatrième monstre porte onze cornes : dix représentent des rois difficiles à identifier. La onzième, c'est Antiochus IV Épiphane qui interdit le judaïsme, consacre aux dieux grecs le temple de Jérusalem en y faisant sacrifier des porcs et se fait représenter sur les monnaies comme étant Zeus. Le chef juif Judas Maccabée*, met fin à sa cruelle domination.

Des régimes politiques terrifiants continuent de nos jours à exercer un pouvoir malfaisant. La réalité dépasse parfois nos pires cauchemars. L'angoisse saisit le monde dans l'attente d'une délivrance qui, toujours, semble trop longue à venir, mais les tyrans finissent toujours par perdre leur pouvoir.

Alain Deheuvels

* Vers 166 av. JC.

Daniel 8, **1-27**
Psaume 28
Cantiques NCTC 270, AC 619 et AL 47-12

Brisé sans l'action d'aucune main v.25

Politique internationale et violence, rien de nouveau sous le soleil...

Ce texte est d'une grande actualité malgré les siècles qui nous séparent. Comme nous face aux nouvelles internationales, Daniel est choqué par cette vision, il ne la comprend pas. C'est un ange qui l'éclaire : seule une lecture croyante peut faire jaillir du sens de tout ce non-sens, de toute cette violence inutile et dévastatrice.

Après l'éclairage proposé par Gabriel, les événements ne sont pas plus clairs, mais une perspective se dessine, un espoir s'ouvre : le dernier règne sera brisé "sans l'action d'aucune main", donc par Dieu lui-même.

Même le pire dictateur, même le plus sanguinaire despote sera détrôné : la violence n'aura pas le dernier mot. Dieu nous promet son action dans le monde, même si nous ne comprenons pas comment.

Il est le vrai libérateur.

Claire Sixt-Gateuille, Église protestante unie de France

OCTOBRE

VENDREDI 25

Daniel 9, **1-19**
Psaume 29
Cantiques NCTC, AC et AL 130

En quête de prière

v.3

Constat terrible et désolant : oui, nous avons péché. Nous sommes exilés loin de Jérusalem et intérieurement exilés loin de Dieu, de ses commandements. Oui, nous avons péché et nous ne méritons pas de retourner à Jérusalem. Oui, nous avons péché et Dieu ne fait qu'appliquer les sanctions qu'il avait prévues en fixant les règles.

Oui, l'être humain est pécheur, il est "fait" pour s'éloigner de Dieu, cela fait partie de sa condition humaine, c'est sa faille fondamentale.

De ce constat, qui est une faille pour tous ceux qui cherchent Dieu, on peut tirer la conclusion qu'il n'y a rien à faire et rejeter Dieu qui nous a créés ainsi. Ou on peut se tourner à nouveau vers lui "en quête de prière", pour faire de cette faille le point de départ du travail de Dieu en nous, le lieu d'accueil de sa compassion, le chemin d'un retour intérieur vers lui...

Claire Sixt-Gateuille

L.S.06.28 C.S.16.41 L.L.21.41 C.L.12.05

OCTOBRE

SAMEDI 26

Daniel 9, **20-27**
Psaume 30
Cantiques AC 216 et AL 21-14

En des temps d'angoisse

v.25

Daniel prie, Daniel supplie, Daniel appelle Dieu à la compassion.

Dieu lui répond, mais ce n'est pas la réponse que Daniel attendait... Dieu lui répond par une nouvelle parole, par une nouvelle "vision", faite de laps de temps et de promesses de retour mais aussi d'annonce de nouvelles épreuves. Cette vision annonce que la situation des Hébreux restera précaire même après leur retour en Israël.

Comme interpréter tout cela ? Est-ce une annonce de ce qui va arriver entre l'an 586 et l'an 164 avant Jésus-Christ ? Ou est-ce le signe que le rêve de retour et de restauration auxquels les Hébreux aspirent est une illusion ? Car Jérusalem rebâtie restera fragile, le sanctuaire restera exposé au danger et le peuple à l'angoisse. Le juste retour et la seule restauration sont le retour à Dieu et la restauration dans son identité de peuple de Dieu.

Claire Sixt-Gateuille

PRIÈRE

Merci Seigneur, tu n'as pas voulu mettre un point final à ta création.

Merci Seigneur, ton repos du 7ème jour nous donne le courage de poursuivre la route.

Merci Seigneur, de toute éternité des hommes et des femmes se sont levés pour alerter, réagir, secourir, réformer, parfois même révolutionner.

Tant qu'il y aura dans ton humanité des êtres dont Jésus a dit : "Vous êtes le sel de la terre", notre vie, même difficile, ne perdra pas sa saveur.

Renouvelle notre attention à la justice, telle que tu nous l'enseignes depuis si longtemps.

Rappelle-nous sans cesse la volonté des réformateurs de ne jamais "en rester là" mais de réformer toujours.

Que l'évangile que d'autres avant nous ont contribué à divulguer rencontre le cœur de ceux et celles qui te cherchent de par le monde, et en particulier aujourd'hui tes enfants des îles de l'Océan Indien.

Amen.

Danielle Morel-Vergniol, Église protestante unie de France

PRIONS, avec le Conseil Œcuménique des Églises en communion avec les chrétiens des îles de l'océan indien, des Comores, de Madagascar, des Maldives, de Maurice, des Seychelles

364/2013

OCTOBRE

DIMANCHE 27

Daniel 10, 1 à 11, 1 - 2 Timothée 4, **6-18**
Deutéronome 10, **12** à 11, **1** - Luc 18, **9-14**
Psaume 34
Cantiques NCTC 289, AC 622 et AL 47-07

FÊTE DE LA RÉFORMATION

Courage, Courage !

Pourquoi ceux qui ne voient pas s'enfuient-ils tandis que celui qui voit reste, souffre et... attend la suite ?

Il est des époques où le chaos est si grand que peu d'humains ont la force de relever la tête, de se laisser toucher par Dieu, d'accepter d'être remis debout.

Ce n'est pas parce qu'ils sont plus forts ou meilleurs. Mais parce que Dieu les choisit, les appelle pour qu'ils aident leurs frères et sœurs à comprendre que Dieu ne les abandonnera jamais. Dans la fournaise ou chez les lions, Dieu est là et il agit.

Le psaume du jour s'en fait l'écho en proclamant : "le malheur atteint souvent le juste mais l'Éternel l'en délivre toujours".

Comme Daniel, même frappé par l'évidence du danger, laissons-nous toucher par Dieu qui veut poursuivre le dialogue avec l'humanité qu'il a créée et avec laquelle il entend poursuivre le chemin.

Danielle Morel-Vergniol

OCTOBRE
LUNDI 28

Daniel 11, **2-19**
Psaume 31
Cantiques NCTC 293, AC 544 et AL 46-04

... Il chancellera, il tombera...

Quelle hécatombe ! Le Nord contre le Midi, l'un contre l'autre...

Ainsi passent les règnes des hommes tandis que Dieu, le jour suivant, c'est-à-dire mille ans pour nous, toujours fidèle, donne une nouvelle chance à l'humanité.

Dans les rencontres interreligieuses, on compare souvent ce que les religions pensent de l'exercice du pouvoir temporel... Ici nous voyons toute sa vanité : le vainqueur d'hier est le perdant d'aujourd'hui et demain, on ne se souviendra plus de lui.

Mais Dieu, lui, se souvient, et il annonce : "Je vais te faire connaître la vérité", et quand tout sera passé, tu seras encore là pour écouter ma parole et la transmettre à tes frères et sœurs au cœur brisé, dans le doute.

On oubliera le malheur pour louer Dieu dans la joie et dans la paix. En effet, le tyran aura disparu, "On ne le trouvera plus".

Danielle Morel-Vergniol

OCTOBRE

MARDI 29

Daniel 11, **20-45**
Psaume 32
Cantiques NCTC, AC et AL 91

Tous ceux qui sont fidèles à Dieu resteront fermes dans leur façon d'agir

v.32

Daniel connaît une période où trahisons, intrigues, persécutions, manœuvres sournoises sont au sommet de l'État. Alors comment faire pour vivre quand tout autour de nous s'effondre, quand plus rien n'est digne de confiance ? Daniel rappelle ici, que même dans les situations les plus inextricables, la fidélité à Dieu reste un marqueur important pour diriger sa vie. Au sein même de la tempête, le croyant est celui qui garde le cap fixé sur la promesse de Dieu. Il peut alors vivre dans l'espérance, notre monde n'est pas abandonné de Dieu. Vivre dans l'ouverture d'un Dieu toujours vivant pour agir. Vivre dans la confiance qu'il ne nous abandonne pas.

Dieu veut des témoins qui s'ancrent dans la vie réelle. La foi des hommes de la Bible s'inscrit dans les péripéties de la vie. C'est de cette manière qu'elle gagne en pertinence pour ceux qui à leur tour connaissent des difficultés.

Isabelle Maurel, Union des églises évangéliques libres de France

OCTOBRE

MERCREDI 30

Daniel 12, **1-13**
Psaume 33
Cantiques AC 315 et AL 31-22

Quant à toi, tiens bon jusqu'au bout v.13

Il y là de quoi nous encourager à la persévérance, envers et contre tout. Le Seigneur de l'histoire a besoin de nos vies pour prouver sa fidélité. Sur les chemins de la fidélité, nous ne serons jamais abandonnés, même si nous nous sentons comme au milieu d'une fournaise, ou jetés dans la fosse aux lions, Dieu sera à nos côtés. Vivre avec la perspective du royaume qui vient, ce n'est pas avoir une vie chrétienne en *stand-by*, mais intégrer une autre issue, et croire que notre Dieu est la hauteur de toute une vie, que son regard à lui pose une perspective plus large, ample, que lui voit toujours plus loin et plus clair pour nos vies. Il ne nous délivre pas de l'épreuve, mais dans l'épreuve.

Alors courage, n'oublions jamais que le support publicitaire préféré de Dieu, c'est nous, dans notre vie concrète. Et mieux que tous les publicistes du monde, il est lui, l'afficheur qui tient ses promesses.

Isabelle Maurel

LISONS CETTE ANNÉE

LE LIVRE DE L'APOCALYPSE

Écrit sans doute sous le règne de l'Empereur Domitien (89-96), ce livre appartient au genre apocalyptique fort répandu au premier siècle. Il constitue une interpellation adressée aux jeunes communautés chrétiennes d'Asie Mineure. Celles-ci sont en effet séduites par l'efficacité et la puissance du pouvoir impérial qui étend son emprise sur l'ensemble du bassin méditerranéen.

L'Apocalypse de Jean se présente comme "Révélation de Jésus-Christ". Jésus est celui qui révèle de la part de Dieu, la victoire sur les puissances. Il est aussi Celui qui est révélé comme l'instrument de cette victoire.

Le livre commence par des lettres aux Églises confrontées à la tentation d'une installation dans ce monde. Une première grande série de visions traite de la place centrale de Dieu et du Christ, "l'agneau immolé" dans le culte communautaire, du peuple innombrable de Dieu, du jugement sur le monde et la création, de la difficulté du témoignage dans un monde hostile. La deuxième série de visions décrit, dans une grande fresque symbolique, le combat final entre Dieu et les puissances du mal : après une description des protagonistes de ce combat, tous les ennemis de Dieu sont successivement vaincus. Le livre se clôt sur la vision de la nouvelle Jérusalem, vision apaisante et réconfortante.

L'Apocalypse est ainsi, en même temps, interpellation et source d'encouragement pour tous ceux qui traversent une situation d'épreuve.

Élian Cuvillier, Église protestante unie de France

OCTOBRE
JEUDI 31

Apocalypse 1, **1-20**
Psaume 35
Cantiques NCTC 303, AC 626 et AL 45-10

Heureux ?

Ce livre s'ouvre sur la révélation de Jésus-Christ. Cette vision éclatante laisse Jean comme mort. Lui qui fut l'intime de Jésus en tant que disciple ne peut supporter la vision du Fils de Dieu dans sa gloire. Ce résultat peut surprendre. Mais qu'en sera-t-il de nous ? Cependant, le Christ lui dit : "N'aie pas peur"*. Dans cette vision est déclaré "heureux" celui qui lit, écoute et prend au sérieux cette Parole. Trois dispositions solennelles nous sont donc adressées :

Prendre au sérieux les Écritures génère la confiance et bannit la crainte ;

"Heureux" nous renvoie aux paradoxes des béatitudes, celles du roi souffrant, maître et serviteur que je suis appelé à écouter et à suivre ;

Ma communion intime avec le Christ ne fait pas l'économie de l'humble adoration envers ce Sauveur glorifié.

Yves Pizant, Union des églises évangéliques libres de France

* Verset 17

NOVEMBRE

VENDREDI 1

Apocalypse 2, 1-11
Psaume 36
Cantique AC 432

Il me connaît...

À trois reprises et dans des situations bien différentes, Jésus déclare aux Églises : "Je connais tes œuvres...". Par cette connaissance, lui seul est apte à juger. Il connaît les motivations du cœur tortueux par-dessus tout. Cependant, le psalmiste révèle que si l'homme mauvais ne veut pas rejeter le mal, Dieu réserve son amour à ceux qui le connaissent, à ceux qui sont droits de cœur.

Il est notre refuge. Lui, qui sonde les profondeurs de mon cœur, voit mon désir sincère d'être à lui, mes motivations profondes. Qu'il connaisse ainsi mes œuvres, me ramène à sa parole et à Celui qui pardonne, relève et conseille.

Ravivons notre premier amour et demeurons fidèles, ayons la vision renouvelée du Christ glorifié en qui nous avons tout pleinement par grâce.

Yves Pizant

NOVEMBRE

SAMEDI 2

Apocalypse 2, **12-17**
Psaume 37
Cantiques AC 277 et AL 41-28

Écoute !

Nous sommes ici dans le secret et le mystère de la richesse de Dieu pour nous. Il se révèle à ceux qui ont des oreilles pour entendre.

Ceci est dit dans un contexte très bruyant de contradiction, d'opposition voire de persécution. Dans cette confusion tapageuse et forte, Jésus m'invite à écouter sa parole et à m'y attacher.

Pas d'appel à une guerre sainte, mais simplement une mise à l'écoute de sa parole. Cela nécessite de faire silence en soi, de se mettre à l'écart et de rester patient dans l'attente de la pleine révélation du Christ. Ce n'est pas l'exhortation à l'inaction mais à la résistance face aux pressions extérieures. Le psalmiste insiste sur la fidélité et l'amour de Dieu et nous invite à considérer la fin de toute chose.

Cette finalité m'invite à la patience, à la confiance. Pour cela ouvrons nos oreilles afin d'entendre Dieu et que notre foi soit fortifiée.

Yves Pizant

PRIÈRE

Seigneur notre Dieu, tu sais combien souvent nous sommes tentés par la séduction des idéologies étrangères à l'Évangile, par les compromis de toutes sortes.

Ouvre nos yeux sur les réalités du monde pour que nous les voyions. Garde-nous de les mépriser ; garde-nous de les redouter.

Apprends-nous à les analyser, à peser le pour et le contre et à toujours garder les yeux fixés sur l'intérêt de l'être humain concret, qui est là tout près, à nos côtés, au lieu de le sacrifier à un idéal désincarné.

Apprends-nous à écouter, à reconnaître les besoins de l'autre et à ne pas avoir peur de l'inconnu qui est le visage de Dieu qui vient.

Amen.

Daniel Urbain, Église protestante unie de France

PRIONS, avec le Conseil Œcuménique des Églises
en communion avec les chrétiens
du Burundi, de la République Démocratique
du Congo, du Rwanda

374/2013

DIMANCHE 3

Apocalypse 2, 18-29 - Ésaïe 45, **22-24**
2 Thessaloniciens 1, **11** à 2, **2** - Luc 19, **1-10**
Psaume 145
Cantiques NCTC 296, AC 428 et AL 44-03

Si quelqu'un vous enseigne un évangile différent, qu'il soit maudit* !

Quatrième lettre en ce début d'Apocalypse ; la plus longue

Il n'y a pas que des louanges ! La communauté tolère en son sein un groupe mené par une personne qui se dit inspirée de Dieu. Il s'agit, sans doute, sous prétexte de participer aux banquets d'une confrérie d'artisans, d'ouvrir la porte à des pratiques païennes d'une moralité douteuse. Cette personne, surnommée "Jézabel", prétend enseigner aux siens comment concilier leur foi avec tout cela. Pour elle, ceux qui ont la "connaissance" peuvent se dispenser des règles exigées des autres croyants.

Le Seigneur a été patient ; il sait que c'est un fardeau pour la communauté qui doit supporter cette dérive en son sein. Du temps a été laissé pour que cette femme et tout ce groupe se repentent.

Le Seigneur invite l'Église à tenir ferme jusqu'à ce qu'il vienne.

Daniel Urbain

* Paul dans sa lettre aux Galates 1, 8

NOVEMBRE

LUNDI 4

Apocalypse 3, 1-6
Psaume 38
Cantiques NCTC 264, AC 245 et AL 41-23

Je n'effacerai pas ton nom du Livre de Vie

Voici la lettre la plus concise ! Elle tombe comme un couperet : "On prétend que tu es vivant, mais tu es mort !".

Pourtant la tiédeur d'une communauté ne peut effacer le don de Dieu, la grâce liée à la Parole qu'elle a entendue !

La grâce est première ; elle demeure malgré nos infidélités : "Le don que tu as reçu, garde-le et repens-toi !".

À ceux qui auront tenu bon, une promesse est faite, il leur sera donné d'accompagner le Seigneur Jésus-Christ dans son triomphe, vêtus de blanc comme lui et il leur promet aussi que leurs noms ne seront pas effacés du Livre de Vie. Car le Seigneur se souviendra toujours d'eux.

Même si ce sont des métaphores destinées à nous faire comprendre qu'il nous communique sa pureté, cela veut dire qu'il ne nous abandonnera jamais.

Daniel Urbain

Apocalypse 3, 7-13
Psaume 39
Cantiques NCTC 186, AC 254 et AL 33-12

Nul ne pourra te claquer la porte au nez !

Comme à l'église de Smyrne, de lourdes épreuves sont promises à celle de Philadelphie. Une grande persécution va survenir au cours de laquelle on va leur demander de renier le nom de Jésus-Christ.

Une première fois, ils ont tenu bon.

Le Seigneur les invite à tenir bon encore cette fois-ci afin que leurs adversaires reconnaissent que le Christ les a aimés.

Les chrétiens de Philadelphie doivent savoir que le Seigneur maintient ouverte devant eux une porte que nul ne peut fermer.

L'horizon n'est pas bouché, il y a un avenir !

Nul ne peut leur claquer au nez la porte du Royaume qui vient.

Le Seigneur les aime ; il nous aime aujourd'hui encore.

Daniel Urbain

MERCREDI 6

Apocalypse 3, **14-22**
Psaume 40
Cantiques NCTC 264, AC 245 et AL 41-23

Délivrance

Ce passage du dernier livre de la Bible condamne toute forme de richesse conduisant à l'autosatisfaction, à l'égoïsme, à l'aveuglement, et invite à la repentance et à la communion, avec des mots que nous rappelons lorsque nous nous préparons à la Sainte Cène : accueil, ouverture, repas partagé et participation au royaume divin.

En parallèle à ce texte, le Psaume également proposé à notre écoute aujourd'hui, nous invite à revenir à la fois très loin dans le passé, et très près de nos contraintes présentes.

Beaucoup y est dit avec des mots dont nous avons tant besoin pour répondre à nos craintes et nos cris, nos fautes et nos maux ; cécités, surdités, lâchetés, paralysies, mensonges, misères.

Les mots attendus nous viennent de l'Éternel. Recevons-les pour en vivre : bienveillance, confiance, délivrance, espérance, fidélité, vérité, justice, secours, libération, salut, joie et louange.

Ce sont les mots de la Bonne Nouvelle, pour tous.

Michel Marlier, Eglise protestante unie de France

NOVEMBRE

JEUDI 7

Apocalypse 4, **1-11**
Psaume 41
Cantiques NCTC 251, AC 244 et AL 41-04

Gracier

Au terme du message biblique, le chapitre rappelle ces paroles de louange que nous ne manquons pas de chanter à la gloire du Dieu créateur avant de partager le pain et le vin de la Cène : Saint, saint, saint est le Seigneur… digne de recevoir la gloire, l'honneur et la puissance !

En contrepoint, le Psaume reprend judicieusement les deux extrêmes de nos aspirations, humaines et divines, sur base de cette affirmation : L'Éternel délivre le faible. Dans son malheur Il le garde ; dans sa douleur Il le vivifie ; dans sa maladie Il le guérit, dans son péché Il le gracie.

Face aux prophètes de malheurs, aux moqueurs, aux comploteurs, se lève l'Éternel, qui s'abaisse aussitôt à notre niveau, pour nous aimer et relever, pour accueillir, soutenir, secourir, et finalement gracier à tout jamais.

Ce sont les verbes de la Bonne Nouvelle, pour tous.

Michel Marlier

NOVEMBRE

VENDREDI 8

Apocalypse 5, **1-14**
Psaume 42
Cantiques NCTC 214, AC 488 et AL 34-27

Il est mon salut

Dans les pages ultimes de la Bible, ce chapitre évoque le rejeton de David, à la fois roi, messie, et agneau immolé pour le salut des hommes et des femmes de tout pays, de toute langue, de toute nation sans exception. Nouvel appel en conséquence à la repentance, à l'union et à l'adoration. Nouvelle allusion eucharistique, étendue à la louange universelle.

En référence, le Psaume du jour relance en des termes émouvants bien des réalités contrastées de nos existences. D'un côté : abattements et gémissements, larmes et alarmes, questions et prières face à tant de turpitudes. De l'autre : une certitude, et des paroles de foi qui reviennent comme un refrain convaincant et un final apaisant.

Il est mon salut et mon Dieu. Je le célébrerai encore.

Ce sont des phrases de la Bonne Nouvelle, pour tous.

Michel Marlier

Apocalypse 6, 1-17
Psaume 43
Cantiques AC 430 et AL 45-08

Résister

Pourquoi te replier, mon âme, pourquoi gémir sur moi ? Espère en Dieu* !

Jean de Patmos connaît les prophètes du Premier Testament. Il écrit de son lieu d'exil pour ses frères, chrétiens persécutés. Il les encourage. Et ses phrases sont codées pour qu'ils puissent les lire dans un langage compréhensible par tout Juif, mais pas par un Romain. Il pose un acte de résistance : tenez bon, vous n'êtes pas seuls, le Vivant vous visite !

L'Apocalypse ne prédit pas la fin des temps mais démontre qu'il est possible de tenir debout pour qui se sait enraciné en Dieu. Un arbre qui plie mais ne rompt pas ; un homme qui continue malgré la violence (guerre), les catastrophes naturelles (famine) et la maladie... les causes habituelles de la mort ! Car enfin de quoi d'autre mourrons-nous ! Admettons notre finitude et accueillons notre vie et ses événements dans l'espérance. Il n'est de puissant qui, un jour, ne plie les genoux.

Florence Couprie, Église protestante unie de France

* Psaume 43, 4

PRIÈRE

Père, il est difficile pour nous de comprendre la violence, les meurtres, les enfants qui souffrent.

Il est intolérable de savoir la famine, les ventres creux, les enfants mourant, les grands yeux ouverts qui nous questionnent : pourquoi ?

Nous le savons, toi-même est présent au cœur de chaque douleur, cherchant l'apaisement de ton enfant.

Accorde-nous de poser les gestes de tendresse qui consolent, de dire les paroles ou silences qui soutiennent, d'oser les décisions qui cassent toutes les situations d'enfermement, d'exclusion.

Que les mots "intolérable, inexcusable, plus jamais ça..." cessent d'être seulement discours et deviennent les motifs des combats de nos vies fondés sur notre foi en toi.

Père, que cette prière même, soit réel engagement à dépasser nos peurs, nos faiblesses. Par toi et en toi, nous le savons, cela est possible. Amen.

Florence Couprie

PRIONS, avec le Conseil Œcuménique des Églises en communion avec les chrétiens du Gabon, de la République du Congo, de Sao Tomé-et-Principe

382/2013

NOVEMBRE

DIMANCHE 10

Apocalypse 7, 1-17 - Daniel 3, **1-30**
2 Thessaloniciens 2, **16** à 3, **5** - Luc 20, **27-38**
Psaume 17
Cantique AL 42-09

Jamais seul dans l'épreuve ! Apoc 7, 17

Oui ! Les guerres, les violences, les horreurs existent, ainsi que les maladies, les épidémies, les tsunamis.

Non ! Le baptême au nom de Jésus-Christ n'épargne personne de tout ceci ; pas plus que le signe de l'amour de Dieu pour chacun, ce signe inscrit sur le front.

Mais au cœur de l'épreuve la plus rude l'amitié de Dieu, la fraternité de Christ, permettent à ceux qui luttent de ne pas sombrer dans le désespoir, de ne pas céder au fatalisme, de ne pas poser l'origine de l'épreuve dans la volonté de Dieu - volonté non comprise mais qui serait acceptée parce qu'il est Dieu et moi humain.

Dieu pleure avec celui qui souffre, est tout proche de lui jusqu'à la mort, Il ne provoque pas sa mort. L'amitié de Dieu est don, gratuite. L'épreuve n'est pas signe de non-sens de la vie. Elle est inséparable du processus de vie. Dieu, Christ, le frère en humanité accompagnent chacun dans sa traversée.

Florence Couprie

NOVEMBRE
LUNDI 11

Apocalypse 8, 1-13
Psaume 44
Cantiques AC 623 et AL 56-01

Le calme avant les trompettes

Le silence se fait parmi les louanges perpétuelles des anges pour que Dieu puisse écouter la prière des siens au milieu du chaos*. Il y répond au son de sept trompettes, comme au temps de la conquête, lors de la prise de Jéricho. Elles font écho aux dix plaies d'Égypte qui précédaient l'exode. À nouveau les plaintes et les prières du peuple de Dieu sont entendues. Il va libérer son peuple.

Le caractère partiel des catastrophes frappant la création sont des mises en garde... Si la destruction n'est pas totale, c'est pour nous faire réfléchir à notre situation. Plutôt que d'endurcir notre cœur comme le fit Pharaon, le processus de dé-création qui frappe la nature nous rappelle notre fragilité et notre vulnérabilité devant les éléments déchaînés. Il est toujours temps de se tourner vers ce Dieu qui libère et fait route avec ceux qui crient à lui.

Philippe de Pol, Union des églises évangéliques libres de France

* Apocalypse 6, 10

L.S.06.55 C.S.16.14 L.L.13.17 C.L. .

NOVEMBRE

MARDI 12

Apocalypse 9, **1-21**
Psaume 45
Cantiques AC 609 et AL 45-16

La boîte de Pandore

Au lendemain du jour où nous nous sommes souvenus de ceux qui ont donné leur vie pour la patrie, comment effacer les souvenirs cauchemardesques de toutes ces animosités ? Cette vision de l'Apocalypse traduit toute l'horreur de la folie meurtrière de l'humanité aux prises avec ses propres démons.

L'homme ne tire pas les leçons de ses malheurs, au lieu de se repentir il persiste et signe son propre malheur. Le mal engendre le mal, il prolifère comme un cancer.

Après la nature défigurée, voici la création contre-nature : gargouilles et chimères qui se retournent contre le genre humain. Le mal qui règne sans partage sur la terre avilit tout ce qu'il corrompt. Pourtant ce fléau n'est pas le dernier. Son temps et son action restent limités. Comme pour dire : Décidément, le pire n'existe pas pour les gens de foi ; seul, le mieux arrive.

Philippe de Pol

NOVEMBRE

MERCREDI 13

Apocalypse 10, **1-11**
Psaume 46
Cantiques AC 229 et AL 22-05

On ne nous dit pas tout !

Mauvaise nouvelle pour les pronostiqueurs de fin du monde ! Tout n'est pas révélé dans le livre de l'Apocalypse. Il y a des paroles qui restent secrètes. L'essentiel a été dit, inutile d'en rajouter ! Sans plus de délai le mystère de Dieu arrive à sa révélation. Pour cela, il suffit de s'en tenir au message de la Bonne Nouvelle qui est comme un livre ouvert à tous.

C'est l'Ange de l'Éternel qui prend les choses en main. Il explique à Jean le quand et le comment de la prophétie de Daniel. Il lui confie un message qui va lui rester sur l'estomac : tout comme la mort du Christ proclame la victoire sur le mal, la persécution de l'Église prépare la couronne de victoire qui lui est réservée. Les forces des ténèbres creusent leur propre tombe. Arrivé à son point de non retour, la persécution qui frappe les croyants annonce la fin du mal.

Philippe de Pol

Apocalypse 11, **1-19**
Psaume 47
Cantiques AC 542 et AL 31-32

Et je donnerai à mes deux témoins de prophétiser...

v.3

Oser une parole qui dérange dans un monde où prime la loi du plus fort et où le "chacun pour soi" a encore de beaux jours devant lui n'est pas chose facile. Pour les témoins plaidant la repentance, c'est la mort qui semble avoir le dernier mot.

De combien de témoins aux paroles acerbes n'aimerions-nous pas nous débarrasser tant ils nous dérangent ?

C'est sans compter sur le fait que la mort n'est que passagère et que le jour viendra où justice et vérité triompheront.

Cela devrait nous suffire à oser des paroles et des actes, oser le témoignage évangélique car prophète et témoin nous sommes tous appelés à l'être, sans crainte.

Ingrid Prat, Église protestante unie de France

NOVEMBRE

VENDREDI 15

Apocalypse 12, **1-18**
Psaume 48
Cantiques AC 429 et AL 44-15

Un "grand dragon" tapi à ta porte...

Que faire d'un tel récit digne des plus grands scenarii de science-fiction... !? Beaucoup ne lisent pas ou disent ne pas aimer ce livre de l'Apocalypse tant les images qu'il recèle leur paraissent obscures ou sorties tout droit d'un imaginaire sans rapport aucun avec le monde réel ; et c'est bien légitime !

Il n'est pas certain du tout que le monde soit si dichotomique, avec les gentils d'un côté et les méchants de l'autre. Chacun d'entre nous a sa part de bon et de beau, agrémenté d'un ascendant diabolique. Le "péché" n'est rien d'autre qu'un monstre tapi à notre porte* qui n'attend rien d'autre que de prendre le dessus dans nos vies, tel le "grand dragon" qui ne cherche qu'à dévorer la vie (symbolisée par la femme enfantant un fils).

La lutte est constante et sans pitié. Mais nous ne sommes pas laissés seuls dans ce combat permanent : Dieu veille avec nous, soyons à son écoute !

Ingrid Prat

* Cf Genèse 4

Apocalypse 13, **1-18**
Psaume 49
Cantiques NCTC, AC et AL 67

666 : le sceau de la bêt... ise

666, le fameux chiffre de la bête ! Lourd de superstition, il alimente les chroniques de l'horreur. En ce qui me concerne, peu m'importe de savoir ce qu'il signifie ou pourquoi ce chiffre-là plutôt qu'un autre. La seule chose que l'on puisse en dire est qu'il est la marque des captifs : ceux qui sont aveuglés par toutes sortes de pouvoirs, ceux qui se laissent séduire par toutes sortes de prodiges et dont l'arrogance finit par être sans limite. Pour faire court, on pourrait dire que cette marque est le sceau de la bêtise, si prompte à emballer la race humaine.

La captivité nous menace tous, "petits et grands, riches et pauvres, hommes libres et esclaves" (v.16) ; les attraits du monde sont larges et généreux et il n'est pas simple d'y résister. Restent les quatre mots clés que nous offre le texte : "persévérance et foi" (v.10), "sagesse et esprit critique" (v.18). Quatre mots clés qui nous invitent à ne pas nous laisser soumettre, à ne pas tomber dans la facilité, à ne pas être aveuglés par tout et n'importe quoi.

Ingrid Prat

PRIÈRE

Je me tourne vers toi, ô Dieu, mon Dieu.

J'ose prononcer ton nom, sans pouvoir te saisir vraiment.

Tu es plus grand que nos paroles.

Mais la petitesse de nos paroles
ne nous empêche pas d'invoquer la grandeur de ton nom.

Tu es un Dieu vivant.

Tu nous donnes la vie pour toujours.
Amen.

Bernard Guiéry, Église protestante unie de France

PRIONS, avec le Conseil Œcuménique des Églises en communion avec les chrétiens du Cameroun, de Guinée équatoriale, de République centrafricaine

NOVEMBRE

DIMANCHE 17

Psaume 20 - Malachie 3, **19-20**
2 Thessaloniciens 3, **7-12** - Luc 21, **5-19**
Psaume 98
Cantiques NCTC, AC et AL 98

Un chant nouveau

Ps 98

Nous en avons assez des discours qui se répètent inlassablement sans rien réaliser, des sermons verbeux et des publicités qui nous martèlent la tête, de ce monde qui demeure indéfiniment, de tous ces propos qui se copient jusqu'à la nausée.

On veut du neuf. On veut chanter un chant nouveau comme l'invite ce psaume proposé. Nous avons soif d'une vraie nouveauté. La nouveauté, c'est quelque chose que nous ne pouvons pas imaginer, c'est l'inconnu.

C'est le Royaume de Dieu. C'est un univers inédit où la justice et la beauté habiteront dans une découverte incessante.

Bernard Guiéry

NOVEMBRE

LUNDI 18

Apocalypse 14, **1-20**
Psaume 50
Cantique AL 41-22

Qui dit vrai ???

Mensonge - Vérité ?

Pour nous, le mensonge c'est le contraire de la vérité. Un point c'est tout.

Nous oublions que dans la Bible, le mensonge équivaut à participer aux cultes des idoles, à l'idolâtrie, à la *porneia* (qui deviendra pornographie). Nous sommes très loin de notre morale ordinaire !

Ainsi, le mensonge, c'est tout ce qui s'oppose à Dieu et à son plan de salut. Comme vous le voyez, c'est tout simple...

Au mensonge, le fidèle doit ou devrait opposer un refus absolu et déterminé ainsi qu'à tous ces cultes que notre société propose "innocemment" !

À la suite de cette recherche, nous devenons des "rachetés" comme le dit Jean. N'est-ce pas ce que tout croyant devrait avoir envie de vivre…

Alors, où en sommes-nous ?

Philip Girodet, Église protestante unie de France

MARDI 19

Apocalypse 15, 1-8
Psaume 51
Cantiques NCTC 238, AC 543 et AL 37-02

Cataclysmes ???

Ce chapitre vaut son pesant d'or. En effet, depuis des siècles, les catastrophes se succèdent, toutes plus horribles les unes que les autres. On a l'impression que toute la terre va y passer...

Nous vivons dans un monde où la presse ne cesse de nous faire peur. À quand la prochaine annonce de la fin des temps ?

Depuis que je suis né, il ne se passe pas une décennie sans que l'on m'en annonce une !!!

Ce que j'apprécie dans la Bible, c'est ceci : si tu acceptes que le Dieu de Jésus-Christ soit ou devienne ton compagnon (à savoir : celui avec lequel tu partages ton pain), tu fais partie des rachetés.

Et parce que tu fais partie des rachetés, tu peux affronter sans terreur les épreuves qui sont annoncées.

Philip Girodet

NOVEMBRE

MERCREDI 20

Apocalypse 16, **1-21**
Psaume 52
Cantiques NCTC 185, AC 457 et AL 33-03

Coupes à vider !!! ???

En lisant ces lignes, j'ai eu l'impression d'entendre le témoignage de personnes qui avaient plongé dans ce poison qu'est l'alcool. Pour elles, c'est l'horreur. Elles passent de catastrophes en catastrophes, subissant toutes ces horreurs comme tous ces maux.

L'Apocalypse nous fait une description détaillée de ce que les hommes subissent quand ils plongent dans le mensonge. Et on a en froid dans le dos. Pourtant, il y a toujours cette porte de sortie offerte à tous.

Je dis bien : à "tous".

Ainsi, au lieu de flirter avec le mensonge ou l'idolâtrie, tu peux te tourner vers le Dieu de Jésus-Christ et lui dire : "oui".

Tu découvriras qu'Il t'accompagne et te soutient, car Il a un projet pour toi, un projet de paix et de bonheur*.

Philip Girodet

* Jérémie 29, 11-14

Apocalypse 17, **1-18**
Psaume 53
Cantiques AC 606 et AL 45-19

Le totalitarisme, une idéologie à combattre

Nul besoin de connaître les clés de lecture de l'Apocalypse pour reconnaître ici un réquisitoire contre Rome. La violence des légions, les guerres, esclavages et déportations sont l'envers de la médaille de la très brillante Rome qui apparaît ici sous les traits vulgaires et arrogants d'une prostituée vendue à la puissance, à l'argent, au clinquant. Rome qui persécute les chrétiens à la fin du Ier siècle.

L'Apocalypse nous dit un combat mortel entre le paganisme totalitaire et le christianisme, la fidélité à l'Agneau, à Dieu... Combat de toujours au final.

La Révélation de Dieu nous dit l'importance des humbles, des petits, des exclus et les dangers des intégrismes totalitaires religieux, économiques, politiques. Le Christianisme de Jésus est un souffle de liberté, de respect de l'humain, d'amour du monde, d'harmonie...

Tout ce que rejette la violence totalitaire.

Vincens Hubac, Église protestante unie de France

NOVEMBRE

VENDREDI 22

Apocalypse 18, **1-24**
Psaume 54
Cantiques NCTC, AC et AL 116

L'espérance est en Dieu seul

Le langage imagé et souvent exagéré est ici mis au service de l'espérance.

Face au totalitarisme romain à l'idolâtrie et la divinisation de l'empereur, face à la puissance des légions romaines et surtout face à la persécution étendue à l'ensemble de l'empire, l'Apocalypse annonce, contre toute évidence, la fin de Rome camouflée ici derrière Babylone. Rien d'étonnant car en son temps cette grande cité de Babylone avait dominé le monde, déporté les juifs et puis sombré dans la défaite face aux Perses. Ce fut la fin de la déportation à Babylone et la reconstruction d'Israël.

L'Apocalypse joue ici avec l'histoire et suscite une espérance et une résistance chez les chrétiens romains : Oui le totalitarisme, le paganisme, la puissance ne triomphent jamais et finissent toujours par sombrer dans la catastrophe. L'histoire l'a montré plus d'une fois et elle nous dit au final que la seule espérance est en Dieu et non en quelque illusion de puissance.

Vincens Hubac

L.S.07.12 C.S.16.01 L.L.20.28 C.L.10.39

NOVEMBRE

SAMEDI 23

Apocalypse 19, **1-10**
Psaume 55
Cantiques NCTC 257, AC 242 et AL 41-03

La victoire sera en Dieu

À travers ses combats contre toutes formes d'oppressions et d'injustices, l'Apocalypse reste un livre très marqué par la liturgie du culte céleste comme en témoigne ce chant. C'est un chant de victoire et d'adoration qui rend grâce au Dieu libérateur. Dieu qu'attend "une foule immense".

Avons-nous conscience de la puissance de Dieu, de la force de sa Parole ? Aujourd'hui dans nos sociétés, nous avons à faire face à l'indifférence ou à l'intégrisme ; au mou, informe, inodore et sans saveur ou au dogmatisme fermé et parfois violent.

Les combats d'hier ne sont pas ceux d'aujourd'hui et pourtant, Dieu révélé en Jésus-Christ reste fondamentalement le Père, Père de la vie, de la liberté, tendresse de mère et pour lui le combat de toute forme d'idolâtrie ou d'indifférence mérite d'être engagé.

La liturgie céleste nous dit l'espérance et la joie, la fête des noces avec l'agneau. C'est une espérance pour notre temps comme ce le fut pour hier.

Vincens Hubac

PRIÈRE

Seigneur Dieu,
je voudrais être de l'armée des cieux,
chevaucher un cheval blanc,
être revêtu de lin fin, blanc et pur.

Je voudrais parcourir les ciels,
et être de ce combat
où doit un jour mourir la mort.

Seigneur Dieu,
ces ciels où tu me mènes
ne sont pas plus loin que le dessus de la terre.
Alors, si la plante de mes pieds est en demeure terrestre,
tout mon être est "enciélé",
et plus je marche, plus j'envole
de moi à toi, puisque par toi à moi.

Bruneau Joussellin, Union des églises protestantes d'Alsace et de Lorraine

PRIONS, avec le Conseil Œcuménique des Églises en communion avec les chrétiens du Burkina Faso, du Mali, de Mauritanie, du Niger, du Tchad

DIMANCHE 24

Apocalypse 19, 11-21 - 2 Samuel 5, **1-3**
Colossiens 1, **12-20** - Luc 23, **35-43**
Psaume 122
Cantique AC 48-02

Alors, je vis

Quelle vision extraordinaire : le ciel ouvert, un cheval blanc et son cavalier, des armées et un ange debout dans le soleil... et du sang et du feu, beaucoup de feu... Une grande guerre se livre là ; LA Grande Guerre qui fait paraître celles entre les nations et les peuples tellement mesquines ! Voici, à véritablement parler, LA lutte finale de l'Histoire.

Que de majuscules en superlatif pour dire que cela n'adviendra qu'à la fin des temps ! Quand ? Je ne le sais pas plus que vous. Mais, à bien y songer, je me demande s'il est vraiment question de la fin des temps ou de la finalité du temps. La différence ? Dans le premier cas, c'est tellement lointain que je n'y peux rien. Dans le second, cela me concerne au premier chef, puisque la foi me dit que mon temps a aussi une finalité et que ce combat se mène d'abord en moi. Ma vie préfigure la Vie.

Bruneau Jousselin

NOVEMBRE

LUNDI 25

Apocalypse 20, **1-15**
Psaume 56
Cantiques NCTC 258 et AL 41-15

Alors je vis, une seconde fois

Et revoici l'ange, mais cette fois-ci il est question d'une première puis d'une seconde mort. Langage étrange, déroutant. Cependant, le message est clair : la mort n'aura pas le dernier mot. Il y a un monde autre, il y a encore de la vie par-delà la mort mortelle. S'il est question d'une seconde mort, c'est bien parce que la première est dépassable, même si elle n'est pas contournable.

Je dois penser outre-mort, parce que l'"outre" n'est pas enfermable dans une tombe, fût-elle scellée. Cela, dès la vie présente, en ce que la vie est le présent de chacun. Présent, ici, pouvant avoir deux sens : le don et le temps. La vie m'est un présent, la vie est mon présent. Même sur le champ de bataille que peut être une existence, même au milieu des ruines et des blessures, il y a un temps et un don qui ouvrent le ciel, et cela se nomme la vie. Je le crois !

Bruneau Joussellin

NOVEMBRE

MARDI 26

Apocalypse 21, **1-8**
Psaume 57
Cantiques AC 315 et AL 31-22

La nouvelle création

Depuis le fait industriel et les progrès techniques peut-être a-t-on cru réaliser la nouvelle création. Certaines personnes, nations et multinationales puissantes ont pu s'offrir les moyens de vivre aisément comme dans un autre monde.

Mais hélas, cela n'a pas été vrai pour le reste, puisque la terre et les créatures de la faune et de la flore, ainsi que l'humanité, ont été dégradées et aliénées de manière flagrante et sournoise à la fois. C'est dire qu'il y a une maîtrise ou une main mise farouche sur la création et les créatures qui demandent à repenser la gestion éco-citoyenne.

Alors, peut-être que pour se ressaisir en vue d'un renouveau, il y a lieu de re-écouter le message johannique qui nous invite de plus belle à discerner la voix divine. Or, elle nous rappelle sa promesse d'une nouvelle création inspirée de sa volonté et de sa justice s'enracinant fermement dans la gratuité de son amour de "metua" ou de parent.

Here Joël a Hoìòre, Église Protestante Mäòhi

NOVEMBRE

MERCREDI 27

Apocalypse 21, 9 à 22, 5
Psaume 58
Cantiques NCTC 97, AC 361 et AL 31-13

La nouvelle ville

Les exodes des populations des villages et des îles vers les villes ont amené ces dernières à être des lieux hyper garnis de bâtiments peints, de panneaux publicitaires, de pierres et métaux précieux et de lumières puissantes - plus besoin d'éclairage des astres naturels. Image glorieuse d'un achèvement humain.

Pourtant, cette entreprise, ne profitant qu'aux uns, n'a fait qu'enfoncer les autres dans les maux de la pauvreté, le désespoir et la démission. Au point de nier services sociaux et liens familiaux villageois et îliens.

De plus, des projets de sauvetage humanitaire en zones urbaines ne manquent pas, mais il serait sage que les re-bâtisseurs de cités s'inspirent de la re-conception johannique de la cité de Dieu. Car, elle met en lumière la gloire divine en Jésus-Christ qui a vaincu les ténèbres du mal et celles de la mort par sa résurrection, redressant les murailles de protection et les portes de libération de la cité du salut.

Here Joël a Hoìòre

Apocalypse 22, **6-21**
Psaume 59
Cantiques NCTC 202, AC 449 et AL 33-21

Le nouvel arbre

Conservation de la Nature et centres commerciaux de ville sont des symptômes d'un besoin inaliénable de survie et de salut. On retrouverait là la source vitale et durable "d'Énergie Renouvelable", où la totalité des choses s'obtiendrait à proximité avec facilité "du Tout en Un" et en quantité, avec qualité "du Bio de Bio". Véritable Arbre de Vie ! À l'image des arbres emblèmes Océaniens tel que : Cocotier, Pandanus, Arbre à Pain, etc. qui logent, nourrissent, protègent et soignent. Quoiqu'une dérive actuelle de leur sacralisation et vénération pourrait mettre en danger la personne et la communauté.

Que le Créateur soit loué pour sa Création et Ses peuples gérants, toujours épris des savoirs et bienfaits primordiaux d'hier et d'aujourd'hui. Mais que ces peuples religieux et chrétiens soient aussi attirés par l'Arbre de Vie, car, replanté par le Seigneur au jardin des entrailles humaines et entretenu par le vent de l'Esprit du Ressuscité.

Un véritable arbre de vie !

Here Joël a Hoìòre

NOVEMBRE

VENDREDI 29

Psaume 21
Psaume 60
Cantiques NCTC 289, AC 622 et AL 47-07

Donne-nous du secours contre la détresse

Ps 60, 13

Il est difficile de repérer les circonstances historiques auxquelles le Psaume fait allusion. Très clairement, il est question d'une grande "détresse", un mot hébreu qui signifie également "adversaire".

Tout un peuple est en "détresse" confronté à des événements perçus alors comme des "adversaires". Toute détresse semble en effet adverse en ce sens qu'elle peut broyer, anéantir. Le psalmiste évoque très concrètement une terre ébranlée, déchirée, chancelante avec des brèches béantes, des images dures à regarder.

Tout autour de nous semble alors hostile, contraire. Nous y perdons la tête et l'entendement comme si un vin nous enivrait.

Et pourtant le psalmiste fait l'expérience du secours de Dieu au creux même de ce sentiment d'abandon et d' anéantissement. "Quand les montagnes s'éloigneraient, quand les collines chancelleraient mon amour pour toi ne faiblira point". Dans l'adversité de la détresse, Dieu promet sa présence.

Denis Heller, Église protestante unie de France

NOVEMBRE

SAMEDI 30

Psaume 26
Psaume 61
Cantiques AC 620 et AL 48-04

Ô Dieu, écoute mes cris

Ps 61, 2

La prière est d'abord un cri. "Ô Dieu, écoute mes cris ; du bout de la terre je crie vers toi".

Les mots manquent parfois pour dire la souffrance et la peine. "Le cœur est abattu", l'esprit n'est pas en mesure de mettre sur le ressenti, sur les sentiments éprouvés les paroles correspondantes. La douleur est trop vive, trop forte. La prière se réduit alors à sa plus simple expression : un cri, un appel au secours, une pensée fugitive, une orientation vers un autre que nous-mêmes.

Puis peu à peu des mots peuvent surgir. "Sois attentif à ma prière, tu es pour moi un refuge". On s'en remet à Dieu dans la confiance. Le cri devient parole et dialogue. Il est bon alors de pouvoir s'appuyer sur la prière des psaumes. Elle vient pallier nos insuffisances, porter avec des mots anciens nos propres expériences. Et puis si notre prière peine à se dire, n'oublions pas qu'il y a la prière des autres pour nous qui elle aussi nous porte*.

Denis Heller

* Versets 7 et 8

PRIÈRE

Seigneur,

Nous te prions pour nos frères et sœurs du Libéria et de Sierra Léone.

Ce sont des pays qui ont connu la guerre civile, avec quelquefois des clivages au sein de l'Église ou au sein des familles.

Que ton Esprit de réconciliation puisse unir ces pays ; que les Églises soient un ferment d'amour et d'unité, et qu'elles soient actives dans le travail de reconstruction.

Bénis tous les hommes et les femmes de bonne volonté qui, dans un grand élan de solidarité, veulent promouvoir la paix et œuvrer pour un avenir meilleur pour leurs enfants.

Et par-dessus tout, que l'Évangile de la grâce se répande, et que Jésus-Christ soit glorifié dans les cœurs.

Amen.

Christian Seytre, Église Apostolique

PRIONS, avec le Conseil Œcuménique des Églises en communion avec les chrétiens du Libéria, de Sierra Leone

DÉCEMBRE

DIMANCHE 1

1 Thessaloniciens 1, 1-10 - Ésaïe 2, **1-5**
Romains 13, **11-14** - Matthieu 24, **37-44**
Psaume 122
Cantiques NCTC 243, AC 528 et AL 36-08

1er DIMANCHE DE L'AVENT
Semaine de la Bible (du 1 au 8)

Être positif envers les autres

De tout temps il y eut des conflits dans les églises, que ce soient les guerres de religion qui ont ensanglanté l'Europe, ou les minuscules conflits qui perturbent la vie de nos paroisses et églises locales. Une façon de les surmonter est de prendre de la hauteur et de dire comme l'apôtre Paul : "Nous remercions Dieu pour vous tous et nous pensons sans cesse à vous dans nos prières".

Avoir une attitude positive envers l'autre, rendre grâce à Dieu pour chaque frère et sœur, est le point de départ de la communion et du témoignage. Notre tendance naturelle est de voir ce qui ne va pas. Paul met au contraire en avant les qualités des Thessaloniciens : la foi, l'amour, l'espérance, ainsi que la joie du Saint Esprit.

Les Thessaloniciens ont imité Paul, et sont devenus des modèles pour les autres croyants ; faisons de même en bénissant nos frères et sœurs.

Christian Seytre

DÉCEMBRE

LUNDI 2

1 Thessaloniciens 2, **1-16**
Psaume 62
Cantiques AC 317 et AL 46-09

Semaine de la Bible (du 1 au 8)

Être positif dans les épreuves

Paul et son équipe avaient été maltraités à Philippes. Plutôt que de se décourager, ils ont pris de l'assurance et sont venus à Thessalonique pour continuer leur ministère. Comme le disait Guillaume d'Orange, "point n'est besoin d'espérer pour entreprendre, ni de réussir pour persévérer". À Thessalonique, l'histoire se répète : opposition, persécution, souffrance. Mais en dépit de tout il y aura une église dans chacune de ces villes.

Le message de l'Évangile se heurte souvent à l'incompréhension humaine, car il est Parole de Dieu. Le refus du grand nombre ne doit pas nous surprendre ; il n'est pas signe d'échec, et ne doit pas nous décourager. En effet, l'acceptation joyeuse par un petit nombre de l'Évangile est le signe que Dieu agit, que le Saint Esprit ouvre les cœurs, et que l'Évangile progresse en ce monde.

Christian Seytre

 L.S.07.26 C.S.15.54 L.L.06.30 C.L.15.46

1 Thessaloniciens 2, 17 à 3, 13
Psaume 63
Cantiques NCTC, AC et AL 116

Semaine de la Bible (du 1 au 8)

Être positif envers les ministères

L'amour de Paul pour les Thessaloniciens n'est pas abstrait.

Un synonyme du mot amour est le mot passion ; on l'utilise pour la relation amoureuse. Mais ce mot signifie aussi "souffrir". La passion de Paul pour les Thessaloniciens s'accompagne ainsi de souffrance : celle de la séparation, car il est loin et voudrait être auprès d'eux ; celle de la crainte, car ils pourraient se détourner de la foi et Paul aurait travaillé en vain.

En apprenant qu'ils demeurent fermes et qu'ils lui manifestent de la reconnaissance, Paul est rempli de joie et de consolation. Même un apôtre a besoin de se sentir soutenu par les autres chrétiens. C'est un enseignement pour nous ; savons-nous soutenir les ministères que Dieu donne à son Église ? Ils ont besoin du soutien de Dieu ; ils ont aussi besoin du nôtre.

Christian Seytre

DÉCEMBRE

MERCREDI 4

1 Thessaloniciens 4, **1-12**
Psaume 64
Cantiques AC 537 et AL 36-04

Semaine de la Bible (du 1 au 8)

Il (Dieu) nous a appelés à la sainteté v.7

Avec ces versets nous entrons dans la deuxième partie de la lettre de Paul : nous avons là une sorte de code de bonne conduite que l'apôtre laisse à la toute jeune communauté de Thessalonique.

Nous sommes appelés à la sainteté dit Paul, mais qu'entend-il par là ? Le chrétien serait-il un être mis à part, voué à Dieu seul, vivant dans une sorte de bulle de sainteté ? Les communautés chrétiennes seraient-elles des lieux clos qui ne rassemblent que des hommes et des femmes saints, "n'ayant besoin de personne"* ?

Il me semble que la sainteté c'est bien autre chose ! Être appelé à la sainteté signifie qu'à partir du moment où j'ai accueilli Dieu dans ma vie, je suis dans une relation vivante avec lui. Cela signifie que cette relation éclaire tous les aspects de ma vie (couple, paroisse ou communauté). La sainteté à laquelle nous sommes appelés est un chemin de vie !

Nadine Heller, Église protestante unie de France

* Verset 12

1 Thessaloniciens 4, 13 à 5, 11
Psaume 65
Cantiques AC 423 et AL 31-24

Semaine de la Bible (du 1 au 8)

Vous êtes fils de la lumière... soyons vigilants

v.5-6

Les premiers chrétiens vivaient dans l'attente du retour du Christ. Mais comment vivre ce temps ?

Paul engage à le vivre de manière active car, dit-il, vous êtes fils et filles de la lumière. Cette vocation a des effets concrets sur la vie spirituelle : elle appelle à la foi au Christ ressuscité, à l'amour qui doit habiter chacun de nos actes, et à l'espérance, ce souffle qui porte notre regard vers l'horizon de la résurrection. Il s'agit aussi de vivre ce temps d'attente du Royaume en restant vigilants et sobres, nous dit Paul.

Près de deux mille ans plus tard, est-ce que nous attendons toujours ? À quoi nous attendons-nous ? Peut-être que rester sobres et vigilants, c'est ne pas nous laisser endormir ou enivrer par la dernière idée à la mode ou par la peur de la fin du monde... et simplement de vivre l'amour jusqu'à notre dernier souffle en restant enracinés dans la foi et l'espérance.

Nadine Heller

DÉCEMBRE

VENDREDI 6

1 Thessaloniciens 5, **12-28**
Psaume 66
Cantiques AC 530 et AL 36-24

Semaine de la Bible (du 1 au 8)

Recherchez toujours le bien entre vous et à l'égard de tous

Faire partie d'une communauté ou d'une paroisse ce n'est pas vivre les uns à côté des autres. C'est au contraire être reliés en Christ : l'autre est un frère, une sœur qui m'est donné, et à ce titre je suis responsable de lui, comme lui est responsable de moi.

C'est pourquoi Paul exhorte à veiller les uns sur les autres. Veiller cela ne veut pas dire s'ériger en juge, ou en garde-chiourme ! Veiller, c'est à la fois reprendre s'il le faut (c'est-à-dire questionner), mais c'est aussi donner du courage, soutenir celui qui est faible, c'est être ensemble dans la joie et prier. Et c'est l'Esprit que chacun accueille en soi qui va permettre de vivre cette vie communautaire sans être dans le jugement ou l'indifférence, mais en ayant un sens aigu de cette responsabilité solidaire que nous avons envers l'autre.

Et si nous faisions un pas de plus en élargissant ce vivre ensemble à toute la communauté humaine ?

Nadine Heller

Ésaïe 1, 1-17
Psaume 67
Cantiques NCTC, AC et AL 67

Semaine de la Bible (du 1 au 8)

Ésaïe : "Le Seigneur sauve"

Telle est la signification du nom hébreu Ésaïe, les Catholiques préférant la transcription latine Isaïe. Le message du prophète exprimé ainsi par son nom nous est bien adressé à nous encore aujourd'hui vingt-huit siècles après !

Nous sommes appelés à prendre conscience devant le Seigneur de notre situation présente, de ce qui ne va pas et doit changer. "Lavez-vous, purifiez-vous de vos actions mauvaises. Apprenez à faire le bien, recherchez la justice".

Rien n'aurait-il donc changé depuis Ésaïe ? Le Seigneur est venu Lui-même et par Lui nous pouvons maintenant trouver la voie du vrai changement !

"Le Seigneur sauve".

Philippe Soullier, Église protestante unie de France

PRIÈRE

Ô, qu'il est clos devant nos yeux, ce livre !
Qui l'ouvrira pour nous faire tous vivre,
Rompant pour nous les sceaux de cette mort ?
Toi, Jésus-Christ, Agneau pour nous occis,
Qui de ton Père à la dextre es assis,
As fait des seaulx et du livre ouverture...
Chair tu t'es fait, ô très vive Parole
Pour notre chair toute en toi transformer...

Oraison de l'âme fidèle

Marguerite de Navarre XVIème siècle

Texte offert par les Sœurs bénédictines cloîtrées de Dourgne dans le Tarn à la suite d'études bibliques poursuivies ensemble.

Notre communion en Christ, par-delà les siècles, les Églises et nous, nous sommes heureux de l'affirmer à nos frères et sœurs du Cap Vert, de la Gambie, Guinée, Guinée-Bissau, et du Sénégal en ce jour en leur dédiant ce texte !

Philippe Soullier

PRIONS, avec le Conseil Œcuménique des Églises en communion avec les chrétiens du Cap Vert, de Gambie, de Guinée, de Guinée-Bissau, du Sénégal

DÉCEMBRE

DIMANCHE 8

Ésaïe 1, 18-31 - Ésaïe 11, 1-10
Romains 15, 4-13 - Matthieu 3, 1-12
Psaume 72
Cantiques NCTC, AC et AL 72

2e DIMANCHE DE L'AVENT
Semaine de la Bible (du 1 au 8)

Venez et discutons

És 1, 18

Le Seigneur nous prend en considération, nous invitant au dialogue avec lui. Il n'est pas ce dieu de la religion que se représentent tant de nos contemporains.

Ce beau mot de religion si décrié par beaucoup, exprime, par sa racine même, un lien, une relation vivante et non un ensemble de croyances, de pratiques sacrées qui auraient leur sens en elles-mêmes !

Le baptême est le signe manifeste de ce que le Seigneur veut accomplir en nous : "... Si vos péchés sont comme le cramoisi, ils deviendront blancs comme la neige...".

Philippe Soullier

DÉCEMBRE

LUNDI 9

Ésaïe 2, **1-22**
Psaume 68
Cantiques NCTC et AC 100, AL 100A

Réagissons !

Le prophète pose un regard lucide sur la réalité tout en ayant la vision d'espérance d'un temps nouveau pour les nations. Il exhorte à se détourner de l'idolâtrie, et du "vent" des prétentions et possessions. Ceux qui persévèrent à s'y attacher ne tiendront pas devant Dieu et peuvent rentrer dans leur tanière vivre l'esclavage de leur obscurité.

"Tout fout l'camp" comme on dit, alors, est-ce qu'on "fout l'camp" avec ? Cherchons-nous des sécurités parfois douteuses qui nous détournent de notre mission d'église pour tenter de survivre par nos propres moyens ? On peut s'enterrer avec nos idoles ou sortir du trou en risquant une parole, inspirée par la confiance en Dieu.

Au sein de ce qui cherche à nous écraser, donnons priorité à un engagement individuel et communautaire qui nous construit spirituellement et participe à l'annonce de l'évangile.

Monique Orieux, Église protestante unie de France

Ésaïe 3, **1-12**
Psaume 69
Cantiques AC 542 et AL 31-32

Discernons !

On peut toujours accuser Dieu des situations que l'on a provoquées. Le peuple a abandonné Dieu et s'est tourné vers les idoles. Que ses idoles lui viennent en aide !

L'arrogance et l'orgueil lui ont fait miroiter qu'il pouvait se suffire à lui-même, il n'a pas vu venir le déclin. Il est du coup privé de tout : gouvernement, nourriture, armée, justice, parole de Dieu, sages, personnes compétentes... Tout lui fait défaut.

La décadence se fait sentir à tous les niveaux de la société et on en vient à se tourner vers le premier venu pour parer au manque.

Quand la panique s'installe au sein de nos communautés face à la désertification de certains lieux de culte, peut-être est-il judicieux, avant de chercher à combler le manque sans discernement, de chercher ce qu'est devenue l'annonce de l'Évangile ? "Écoute, Dieu te parle" ! Un vrai défi à relever.

Monique Orieux

DÉCEMBRE

MERCREDI 11

Ésaïe 3, 13 à 4, 1
Psaume 70
Cantiques NCTC 272, AC 627 et AL 47-13

Prions !

"Voici le SOS d'un terrien en détresse" chante "Starmania" (opéra rock de M. Berger). Titre que l'on pourrait donner à ce psaume, à la différence près que si l'auteur de la chanson dit sa détresse dans un monologue, le psalmiste n'hésite pas à la dire à Dieu, c'est le SOS d'un croyant en détresse. Sa prière exprime ce qu'il ressent.

C'est ça, la prière, une libre expression devant celui qui peut tout entendre, pouvoir tout dire, tout exprimer devant Dieu dans la confiance. Quand tout paraît s'écrouler, ce qui semble être le cas de l'auteur, que l'on ait une part de responsabilité ou non dans ce qui nous arrive, la prière est comme une porte qui ouvre un lieu où tout peut se dire. Elle offre un espace dans lequel une bifurcation devient possible en nous, et par ricochet, autour de nous. Que de situations dites "sans issue" peuvent se débloquer au sein de cette pratique.

Monique Orieux

DÉCEMBRE

JEUDI 12

Ésaïe 4, 2 à 5, 7
Psaume 71
Cantiques NCTC 270, AC 407 et AL 43-04

Déception !

Combien grande est la douleur causée par l'espérance déçue !

Le fruit puant et fétide conduit à la destruction et à l'abandon de la vigne.

Et l'auditeur de la plainte de l'homme trompé ne peut que se sentir en empathie avec lui.

Devant le péché des hommes, Dieu s'interroge : "Comment cela est-il possible" ?

Tout avait pourtant été fait pour que "le fruit du pays devienne orgueil et splendeur pour les rescapés d'Israël". Comment tout l'amour déployé en soins empressés a-t-il pu donner un résultat si décevant ? Au lieu de la fête attendue pour la récolte, c'est la désolation...

Mais voilà ! L'objet de tant de soins amoureux est la cause de son propre malheur. La vigne du Seigneur c'est la maison d'Israël, c'est nous, c'est tous ceux qui se revendiquent du peuple de Dieu et qui tordent le droit et la justice pour en faire injure et passe-droit.

Jacques Morel, Union des églises protestantes d'Alsace et de Lorraine

DÉCEMBRE

VENDREDI 13

Ésaïe 5, **8-24**
Psaume 73
Cantiques AC 408 et AL 46-10

Aveuglement !

L'affaire est entendue. La cause du malheur du Peuple de Dieu est son infidélité et son injustice.

À l'origine de son péché, son ignorance, ou plutôt sa prétention à connaître le droit.

Enivrés d'eux-mêmes, les hommes omettent de scruter la volonté de Dieu. Volonté de justice et de respect du prochain. Leur égoïsme et leur lâcheté les rendent aveugles à l'action de Dieu.

Cela se traduit par l'inversion des valeurs : le bon devient mauvais et le mauvais bon.

Les reproches de Dieu aux hommes sont étonnamment d'actualité. Il y a tout d'abord la spéculation effrénée aux conséquences désastreuses pour les plus faibles. Et puis l'intempérance qui aveugle et fait perdre le bon sens.

L'aveuglement des hommes et leur refus de regarder la réalité en face seront la cause de leur malheur. Au confort et à la sécurité, vont succéder la ruine et l'exil.

Jacques Morel

L.S.07.37 C.S.15.52 L.L.13.42 C.L.03.27

Ésaïe 5, **25-30**
Psaume 74
Cantiques NCTC 181, AC 403 et AL 43-02

Abandon

La conséquence du péché d'Israël va être son affaiblissement et sa défaite face à l'armée assyrienne dont le prophète nous fait une description impressionnante de la puissance.

Ainsi la "punition" ne vient-elle pas d'une action "miraculeuse" de Dieu. Mais elle vient comme l'aboutissement logique de l'inconséquence des hommes.

"Vous n'avez qu'à vous en prendre à vous-mêmes", dit le prophète à ses contemporains.

La leçon est toujours d'actualité pour notre société qui se targue de modernité et de progrès. Aux mêmes causes, des effets similaires.

La cupidité et l'arrogance de ceux qui prétendent savoir et veulent diriger le monde sans s'avouer leur égoïsme, créent injustices et souffrances pour les plus faibles.

Le prophète sera-t-il entendu ? À nous de relayer sa parole. Le pire peut être évité si l'homme accepte d'entendre la raison de Dieu.

Jacques Morel

PRIÈRE

Seigneur, nous nous plaçons devant toi aujourd'hui, tout particulièrement avec nos frères et sœurs des pays d'Afrique de l'Ouest...

Veuille accueillir nos vies frémissantes et chancelantes, craintives et enjouées. En ton sein, les mains ouvertes, nous pouvons nous reposer.

Tu sais qui nous sommes, des mendiants de reconnaissance, d'espérance et d'amour : fais, Seigneur, que nous recevions ce dont nous avons besoin pour vivre dans la dignité. Car de mendiants, nous voulons devenir des hommes debout.

Aide-nous à suivre les pas de Jésus de Nazareth, Celui qui nous précède tous les jours jusqu'à la fin du monde, après avoir marché quelques années, sur les pas des hommes de son temps.

En Son nom, amen.

Bertrand Vergniol, Mission populaire évangélique

PRIONS, avec le Conseil Œcuménique des Églises en communion avec les chrétiens du Bénin, de Côte d'Ivoire, du Ghana, du Nigéria, du Togo

DÉCEMBRE

DIMANCHE 15

Ésaïe 6, 1-13 - Ésaïe 35, **1-10**
Jacques 5, **7-10** - Matthieu 11, **2-11**
Psaume 146

Cantiques NCTC 246, AC 523 et AL 36-10

3e DIMANCHE DE L'AVENT

Qui marchera pour nous ?

Qu'espérons-nous en ce temps de l'Avent dont parlent, chacun avec ses mots, Jacques, Ésaïe et Matthieu ?

Qu'espérons-nous ? La récolte après le labeur, tel le laboureur patient de Jacques ? Ou bien l'apaisement après l'épreuve*, comme le peuple endurci d'Ésaïe ? Ou enfin un prophète, comme la foule de Matthieu dans le désert ? Infinis et de tous ordres sont nos espoirs, légitimes souvent, loufoques parfois et même dangereux.

Un petit d'homme dans une étable, signe d'un amour incommensurable pour le monde, voilà l'espoir proposé par Dieu aux hommes. Cette conviction biblique transforme nos vies. En quoi ?

En nous invitant à insuffler dans nos espoirs humains un peu de cet amour à sens unique que Jésus de Nazareth a signifié au monde.

Bertrand Vergniol

* Verset 13

LUNDI 16

Ésaïe 7, **1-9**
Psaume 75
Cantique AL 31-15

C'est moi qui affermis

Ps 75, 4 et És 7, 9

Ésaïe 7 : nous voici dans l'actualité un peu comme à la télé. Des récits de bataille et de victoires à venir.

Psaume 75 : nous voici dans une prière. Un texte religieux plus habituel. À la lecture de l'un et l'autre de ces textes, il y a cette conviction biblique : Dieu agit dans l'histoire des hommes.

Sommes-nous à côté de notre temps, en cette fin 2013, pour croire, à l'instar de ces textes, que Dieu agit ? Serions-nous "passés entre les gouttes du progrès scientifique et du soupçon rationaliste" ? Dieu, hier une obligation et aujourd'hui un mirage ?

Non, mais hier comme aujourd'hui, la conviction que nos vies ne s'épuisent pas dans ce que nos sens nous en montrent, que nos vies vont au-delà du temps et de l'espace qui nous sont donnés.

La conviction qu'un amour nous crée, nous porte et nous attend.

Bertrand Vergniol

L.S.07.40 C.S.15.53 L.L.15.39 C.L.06.27

Ésaïe 7, **10-25**
Psaume 76
Cantiques NCTC 159, AC 302 et AL 31-04

La jeune femme sera enceinte

Les armées syriennes sont aux portes de Jérusalem. Ésaïe promet que le Seigneur protègera son peuple et le descendant de David mais le roi Achaz fait preuve d'une incrédulité profonde. Ésaïe annonce alors ce signe : la jeune femme d'Achaz va devenir enceinte et elle donnera naissance à un fils qui assurera la continuité de la dynastie de David, selon la promesse faite par Dieu. L'enfant est le futur roi Ézéchias, qui n'a malheureusement pas eu un règne exceptionnel.

C'est pourquoi, dans les siècles qui ont suivi, l'attente d'un messie envoyé par Dieu pour délivrer son peuple de toutes les menaces qui pèsent sur lui, s'est faite de plus en plus forte au sein de la communauté juive.

Où sont les signes que Dieu nous donne aujourd'hui pour nous montrer qu'il ne nous a pas abandonnés à notre triste sort, mais qu'il nous aime encore et qu'il désire nous sauver ?

Christian Bonnet, Église protestante unie de France

MERCREDI 18

Ésaïe 8, 1-15
Psaume 77
Cantiques AC 521 et AL 36-03

N'ayez pas peur de ce qui leur fait peur !

Menacés par une invasion des puissants Assyriens, le peuple de Juda et ses dirigeants sont terrorisés. Ils voient des conspirateurs partout. Ils ne savent plus à quel saint se vouer, puisqu'ils ont abandonné le Saint d'Israël, le Seigneur, seul capable de les protéger du danger.

C'est pourquoi le prophète Ésaïe en appelle aux quelques croyants qui restent parmi le peuple et les encourage à ne pas céder à la panique mais à se souvenir de ce dont Dieu est capable, par fidélité à ses promesses.

Aujourd'hui, nous vivons également une période de crise. L'avenir nous fait peur : sur le plan économique ou environnemental, nous sentons peser sur nous de lourdes menaces. Faut-il céder à la paranoïa ambiante ? Ou faut-il nous demander comment, avec Dieu, nous pouvons changer le cours d'un destin annoncé ? N'ayez pas peur ! Ce message volontariste parcourt toutes les Écritures.

Christian Bonnet

DÉCEMBRE
JEUDI 19

Ésaïe 8, **16-23**
Psaume 78
Cantique AC 231

J'attends le Seigneur

Combien de nos contemporains ont le sentiment que Dieu a abandonné notre monde. Qu'il se tient - s'il existe - loin de nous, et indifférent aux difficultés que nous rencontrons.

Ces difficultés sont multiples : problèmes d'emploi, environnement menacé, attentats terroristes, maladies chroniques, vieillesse et dépendance. Comme le peuple de Juda, certains sont tentés aujourd'hui encore par de fausses religions ou des espérances illusoires.

Le prophète Ésaïe nous encourage au contraire à revenir aux fondamentaux : la loi de Dieu et le témoignage des Écritures. C'est parce que nous ne mettons plus en pratique les règles de bon sens pour vivre ensemble, que Dieu nous a données, que nous nous retrouvons aussi démunis devant les malheurs qui nous frappent. Attendons-nous au Seigneur, faisons-lui confiance et ces peurs disparaîtront d'elles-mêmes.

Christian Bonnet

DÉCEMBRE

VENDREDI 20

Ésaïe 9, 1-6
Psaume 79
Cantiques AC 318 et AL 31-28

Sur ses épaules

Quel poids sur les épaules fragiles de cet enfant ! Peut-il porter ce fol espoir : souveraineté, conseiller merveilleux, Dieu fort, Père Éternel, Prince de la Paix ? Un enfant déjà Père !

Mais Jésus vient. Et c'est un messie sans pouvoir sauf dans la gratuité de l'amour, c'est un conseiller non pour de la sagesse mais pour une parole de vie, c'est un héros mais dans le service, c'est un fils bien-aimé qui nous apprend à dire "notre Père...", c'est le Prince de la Paix. Mais surtout c'est celui qui va traverser le pays de l'ombre*. Sur son épaule non pas la souveraineté comme une quelconque gloire, mais une croix comme un combat.

Tant de choses pèsent sur nos épaules, tant de peines et de soucis, tant de solitudes, Dieu vient au cœur de notre humanité porter nos "ombres" pour y poser le poids léger et lumineux de sa tendresse.

Gérard Scripiec, Église protestante unie de France

* Verset 1

Ésaïe 9, **7-20**
Psaume 80
Cantiques AC 585 et AL 24-13

Un pain de larmes

Ps 80, 5*

Pour faire un pain de larmes que faut-il ?

De la farine des vies broyées au moulin de l'exil. De l'eau salée puisée aux fontaines taries d'espérance, du levain dans une pâte lourde d'exclusions et de solitudes et vous avez un pain de larmes, une mie sans amis.

Dans ce Psaume, le peuple rappelle à Dieu sa promesse "un fils rendu fort"**.

Jésus viendra et ce sera lui, ce fils rendu fort, il partagera le pain des larmes, mais il en fera un pain de vie. Ce sera lui le pain de vie pour tous les affamés d'espérance.

Ramène-nous, éveille ta force, écoute notre prière, viens nous sauver : ce sont les mots du Psaume. Dieu vient en Jésus comme un exaucement.

Gérard Scripiec

* Selon les versions
** Versets 16 et 18

L.S.07.43 C.S.15.55 L.L.20.19 C.L.09.42

DÉCEMBRE

DIMANCHE 22

Matthieu 1, 1-17 - Ésaïe 7, **10-17**
Romains 1, **1-7** - **Matthieu 1, 18-25**
Psaume 24
Cantiques NCTC 167, AC 351 et AL 32-16

4e DIMANCHE DE L'AVENT

De génération en génération...

Pas la peine d'essayer de se raccrocher aux branches pour tenter la construction de cet arbre généalogique de Jésus ! Arrivé à Joseph, on s'aperçoit qu'on s'est trompé d'arbre puisque Jésus est "né de Marie".

Mieux vaut plonger dans les racines de l'Alliance et suivre l'histoire du peuple élu. Quarante hommes et quatre femmes tissent les liens entre Dieu et le peuple qu'il s'est choisi. Histoire singulière dans les grandes étapes de la royauté, en passant par la déportation, pour arriver au Christ.

Fils adoptif de Joseph dont il reçoit la filiation par les générations qui se sont succédées jusqu'à lui, Jésus est mis au monde par Marie. Le titre de Christ vient couronner l'ensemble pour nous révéler la Parole incarnée : la Bonne Nouvelle nourrit la vie des générations de croyants dont nous sommes, à notre tour, héritiers.

Anne-Marie Feillens, Église protestante unie de France

DÉCEMBRE

LUNDI 23

Matthieu 1, **18-25**
Psaume 81
Cantiques NCTC 178, AC 356 et AL 32-23

Origine de Jésus

Comme pour l'histoire de la création dans le livre de la Genèse, l'évangile de Matthieu raconte deux récits des origines de Jésus. D'abord la liste généalogique selon un cycle de trois périodes, puis le couple humain aux débuts difficiles. La comparaison s'arrête là puisqu'il n'y a ni serpent ni condamnation. Ici : place à l'Esprit Saint et à la réconciliation pour accueillir l'enfant nommé Jésus.

La Parole s'invite dans le récit de l'incarnation : elle propose la confiance pour que Joseph accepte une situation a priori impossible, et elle annonce une présence renouvelée de Dieu auprès de son peuple. Par ce récit, nous découvrons deux êtres humains - Marie et Joseph - suffisamment humbles pour accueillir cette Parole qui s'invite dans leur vie.

Sommes-nous seulement spectateurs d'une scène qui se répète depuis plus de deux mille ans ?

Anne-Marie Feillens

DÉCEMBRE

MARDI 24

Matthieu 2, 1-12
Michée 5, 1-5
Psaume 82
Cantiques NCTC 169, AC 354 et AL 54-03

L'hommage des mages

Nous sommes bien plus éloignés du temps où cet événement a eu lieu que la distance parcourue par les mages en Orient. Temps, distance, qu'importe : il s'agit de s'approcher. Quelle curiosité peut encore nous faire déplacer ? Quelle est notre motivation et qu'allons-nous apporter ? Qu'est-ce qui, aujourd'hui, aurait la valeur de l'or, l'encens et la myrrhe de ces trois astrologues ?

Le fait qu'ils trouvent un nourrisson dans une étable ne les détourne pas de l'hommage qu'ils sont venus lui rendre. Au lieu d'être déçus - comme la plupart d'entre nous le serait vraisemblablement - ils reconnaissent dans l'enfant la destinée promise.

Tant d'êtres humains ont besoin qu'on porte sur eux un regard plus large que la pauvreté, la fragilité ou la faiblesse qu'ils vivent. Que l'enfant de Noël nous rappelle sans cesse ce besoin.

Anne-Marie Feillens

DÉCEMBRE

MERCREDI 25

Ésaïe 52, 7-10 - Hébreux 1, 1-16
Jean 1, 1-18
Psaume 98
Cantiques NCTC 183, AC 367 et AL 32-14

NOËL

La parole prend chair...

Ne pas dire trop vite : "la Parole", comme si elle était déjà connue, pré-identifiée. Une parole vient que tu ne connais pas... parce que derrière la parole vient quelqu'un. Et quelqu'un, ça ne peut jamais se réduire à ce qu'on en sait.

Laisser venir à soi la parole, comme si c'était une première rencontre. Comme si c'était une première visite.

La laisser prendre place dans la chair de nos jours, habitudes et événements exceptionnels, joies et peines, la laisser prendre place dans nos mots. Jusqu'à ce que notre propre parole en soit renouvelée. Jusqu'à ce que la Parole agisse en nous, mobilise nos "oui", assure nos "non".

C'est alors qu'elle continue de prendre chair, la Parole, qu'elle continue de créer, qu'elle nous sauve de l'ordre tueur des mots vides ou trompeurs. C'est alors que c'est Noël. Aujourd'hui.

Didier Fievet, Église protestante unie de France

PRIÈRE POUR NOËL

Grâce à toi, mon Dieu, je peux prendre la parole. Parce que, le premier, tu me parles. Je peux me saisir de ces mots que tu as semés tout au long de l'histoire des humains. Je peux faire miens les mots de la promesse qui prend chair en Jésus.

Alors, je peux prendre la parole devant toi, sans crainte ni censure. Je peux te dire mes rêves bafoués... mes révoltes sourdes... mes élans fous... mes angoisses et même mes fermetures obstinées. Toi seul, tu ne t'en offusques pas. Toi seul, tu les écoutes vraiment.

Il y a des jours où j'en reste là... Et puis, il y a des jours où, au fil des mots, ta Parole me transperce d'un jour nouveau. Il y a des jours où tu me donnes d'être compris, et de comprendre. Et je peux me risquer à parler aux autres, ni par fanfaronnade, ni pour donner des leçons... juste pour les entendre !

Donne-moi ta Parole ! Amen !

Didier Fievet

DÉCEMBRE

JEUDI 26

Matthieu 2, 13-15
Osée 11, 1-7
Psaume 85
Cantiques AC 231 et AL 22-05

Le projet accompli

Dieu tient ferme dans son projet. Depuis des siècles, l'Égypte est un lieu de refuge pour ses enfants : Abram, Joseph, Moïse, Israël et enfin Jésus. L'Égypte, lieu de protection, de survie, civilisation attirante par ses réussites ; mais aussi danger d'idolâtrie, société perverse par son exploitation de l'homme par l'homme.

Comme s'il fallait que de cette Égypte ambiguë, Dieu veuille encore une fois révéler que son projet est de l'ordre de la création, au sens de séparation entre lumière et ténèbre, de briser la confusion.

L'appel de Jésus hors d'Égypte rappelle l'œuvre pascale de la dernière nuit, du "baptême" de la mer Rouge, du don de la Torah au Sinaï. Extraire de l'Égypte pour qu'une vie nouvelle commence !

Seigneur, le trajet de ton Fils est une invitation à te laisser me sortir de mes exils et rêves d'Égypte, pour ton projet novateur.

Amen.

Marc Labarthe, Église protestante unie de France

DÉCEMBRE

VENDREDI 27

Matthieu 3, **1-12**
Psaume 86
Cantique AL 44-13

Seigneur, tu es bon et tu pardonnes Ps 86, 5

Encore un appel à la conversion, à la repentance. Sujet controversé par la radicalité et la violence exprimées : "engeance de vipères", "la hache attaque la racine" !

Se laisser interroger par cette diatribe n'est pas faire introspection. Plutôt une interpellation quant à la manière de poser ses priorités dans la vie, parce qu'on est enfant de Dieu : produire du fruit sain, un fruit dont la saveur est divine parce que nourrie de la parole du Fils, et être ainsi véritable enfant d'Abraham.

De même, éviter l'argument facile et orgueilleux du "nous avons la grâce", et reconnaître qu'en toute occasion nous avons besoin de cette bonté de Dieu comme d'un don merveilleux et vivifiant.

Seigneur, tu déranges mes habitudes pour m'offrir un chemin nouveau. Donne-moi le courage d'y marcher, de l'aplanir, avec toi.

Marc Labarthe

DÉCEMBRE

SAMEDI 28

Ésaïe 40, **1-8**
Psaume 87
Cantiques NCTC 247, AC 624 et AL 47-03

La véritable conversion : se laisser consoler...

Bientôt le retour à Jérusalem... Après la destruction de la ville, du Temple, après l'exil à Babylone... Bientôt le retour. Revenir sur ses pas, c'est ainsi que la Bible désigne la conversion. Revenir sur ses pas : se laisser consoler.

Après m'être brûlé les ailes au soleil de cieux trop brûlants, après m'être heurté au miroir de mon égoïsme, après l'espoir déçu, après l'exil loin de ma foi, loin de moi-même, loin des autres.... Bientôt le retour ! Avec pour seule certitude : même au loin, même en exil, un amour m'attend pour me consoler. Même là où je suis prisonnier de mes habitudes, de mes lâchetés, de mes aveuglements, un souffle consolateur passe, ou passera sur ma vie.

L'accueillir, se laisser faire, laisser faire la tendresse de Dieu. Comme un souffle léger qui viendrait à bout de tout ce qui m'accuse... Voilà, la véritable conversion !

Didier Fievet

DÉCEMBRE

DIMANCHE 29

Matthieu 3, **13-17** - Ésaïe 63, **7-9**
Colossiens 3, **12-21** - Matthieu 2, **13-23**
Psaume 128
Cantiques NCTC 254, AC 261 et AL 41-01

Dieu te parle en songe

Cette histoire dit que Dieu sauve son fils des griffes d'Hérode, mais qu'il laisse les sbires du despote massacrer des enfants innocents. Mais pour celui qui chemine à travers la Bible, une autre histoire revient, comme dans un songe. Celle de Moïse, lui aussi sauvé (alors que les enfants juifs meurent)...

L'idée de Matthieu est que Dieu déjoue les plans humains pour mener à bien son projet, celui du salut offert à tous. Une question demeure : pourquoi l'ange ne se manifeste-t-il qu'à Joseph et pas aux pères de tous ces innocents ? Peut-être parce que Joseph est "réceptif". Par trois fois, il est visité (pour lui annoncer que Marie est enceinte, dans notre récit d'aujourd'hui et plus tard pour lui dire qu'Hérode étant mort, la famille peut revenir).

Laissons Dieu venir à nous, ne lui fermons pas la porte même de nos songes...

François Dietz, Église protestante unie de France

 L.S.07.46 C.S.16.00 L.L.04.03 C.L.13.32

PRIÈRE

En lien avec nos frères et sœurs du Proche-Orient, nous prions :

Seigneur, Toi qui fais passer les frontières, nous te prions.

Toi qui as pris soin de ton peuple maltraité en Égypte, nous te présentons dans la même prière tous les peuples de cette partie du monde aux prises avec la misère, l'exploitation et la violence. Que notre prière dise notre solidarité avec les familles qui pleurent des proches, souvent des victimes innocentes du déséquilibre économique et politique que nous n'osons dénoncer.

Toi qui as répondu que le prochain, c'était celui qui me sauvait, qu'il soit de ma famille, de mon Église, ou pas, tu nous as aidés à changer notre regard et voir dans l'adversaire supposé un prochain. Aide-nous à devenir des bâtisseurs de paix, ici et ailleurs, pour établir un monde juste et fraternel.

François Dietz

PRIONS, avec le Conseil Œcuménique des Églises en communion avec les chrétiens d'Égypte, de Jordanie, d'Israël, du Liban, de Syrie, des Territoires palestiniens

Matthieu 4, **1-11**
Psaume 88
Cantiques AC 181 et AL 14-09

Un petit arrangement ?

Jésus dans son incarnation, son humanité vraie, passe par des tentations...

Celles qui nous sont racontées ici ne sont pas dues au hasard, mais sont liées à certaines attentes messianiques d'alors. Cette recherche de moyens de pouvoir est pourtant toujours actuelle : l'économique, le spectaculaire, ou les glorioles temporelles, le tout avec une dose d'instrumentalisation du religieux (le diable utilise même la Bible...).

La tentation de passer, nous aussi, de grands ou petits pactes avec le diable, d'être prêts à ceci ou à cela pour arriver à notre but, est bien trompeuse…

Jésus ne sera pas un messie-boulanger, ou un messie-acrobate, ou un messie-empereur.

Il sera bien plus ! Dieu est grand, par son Amour ; même s'il lui faudra passer pour cela par l'élévation sur... une croix...

Philippe Perrenoud, Église protestante unie de France

DÉCEMBRE
MARDI 31

Matthieu 4, **12-17**
Psaume 89
Cantiques AC 602 et AL 44-14

Au-delà

v.15

Dans cette belle annonce que Jésus accomplit, Ésaïe désigne des régions et des gens censés être en dehors de la terre promise.

Jésus non seulement les inclut, mais s'en sert pour annoncer le Règne des cieux.

Il est significatif que le ministère de Jésus commence ainsi : au-delà de nos frontières, et symboliquement de nos cercles habituels ; significatif aussi que cela se passe à un moment où Jésus est (déjà...) confronté à des difficultés : arrestation de Jean le Baptiste, motivant son départ de Nazareth.

La volonté de Dieu se fait ainsi un chemin au milieu des limites et obstacles de ce monde. C'est au travers de nos difficultés que Jésus nous rejoint, et qu'il annonce le Règne des cieux. Sa présence est ainsi vraiment universelle : il rejoint toute la terre et ses réalités, y compris les plus difficiles, pour nous appeler et nous accompagner au-delà...

Philippe Perrenoud

FÊTES CHRÉTIENNES & CÉLÉBRATIONS DIVERSES POUR 2013

Dimanche	6 janvier	Dimanche de l'Épiphanie
Du 6 au	13 janvier	Semaine de Prière de l'Alliance Évangélique
Du 18 au	25 janvier	Semaine de Prière pour l'Unité des Chrétiens
Dimanche	17 février	1er dimanche du Carême
Dimanche	24 février	2e dimanche du Carême
Vendredi	1er mars	Journée mondiale de Prière
Dimanche	3 mars	3e dimanche du Carême
Dimanche	10 mars	4e dimanche du Carême
Dimanche	17 mars	5e dimanche du Carême
Dimanche	24 mars	Rameaux
Jeudi	28 mars	Jeudi-Saint
Vendredi	29 mars	Vendredi-Saint
Samedi	30 mars	Samedi-Saint
Dimanche	31 mars	Pâques
Jeudi	9 mai	Ascension
Dimanche	19 mai	Pentecôte
Dimanche	2 juin	Dimanche de la Trinité
Dimanche	6 octobre	Fête des Récoltes
Dimanche	27 octobre	Fête de la Réformation
Dimanche	1er décembre	1er dimanche de l'Avent
Du 1er au	8 décembre	Semaine de la Bible
Dimanche	8 décembre	2e dimanche de l'Avent
Dimanche	15 décembre	3e dimanche de l'Avent
Dimanche	22 décembre	4e dimanche de l'Avent
Mercredi	25 décembre	Noël

JÉSUS, SERVITEUR ET SAUVEUR

Inspirés par les affirmations de l'antique confession de foi de Philippiens 2, 6-11, les canevas liturgiques qui suivent veulent, sans pousser aux vaines répétitions, inspirer chacun dans sa prière quotidienne.

DIMANCHE

Il ne s'est pas prévalu de son égalité avec Dieu

(Philippiens 2, 6)

GRÂCE : Moi Le Très Haut, je demeurerai avec l'homme contrit et humilié, pour ranimer les esprits humiliés, ranimer les cœurs contrits. *(Ésaïe 57, 15)*

PRIÈRE : Ô Dieu, viens me délivrer, Seigneur, viens vite à mon aide ! Je suis pauvre et humilié ; Dieu, viens vite à moi ! Tu es mon aide et mon libérateur, Seigneur ne tarde pas ! *(Psaume 40, 2 & 6)*

ADORATION : Je jubilerai à cause du Seigneur, j'exulterai, joyeux d'être sauvé. Tout mon être dira : "Seigneur, qui est comme toi ? Tu délivres l'humilié d'un plus fort que lui, l'humilié et le pauvre de leur exploiteur". *(Psaume 35, 9 & 10)*

CONFIANCE : Jésus devait en tout point se faire semblable à ses frères, afin de devenir un grand prêtre miséricordieux en même temps qu'accrédité auprès de Dieu pour effacer les péchés du peuple. *(Hébreux 2, 17)*

ÉCOUTE DE LA PAROLE ET CANTIQUE : voir le feuillet du jour.

PRIÈRE : nous pouvons faire nôtres la prière du jour et la prière œcuménique indiquée et intercéder - pour tous ceux qui mettent leur confiance dans la force et la puissance, - pour ceux qui se font des dieux à l'image des humains avides de gloire, - pour que nous sachions discerner la présence de Dieu dans le visage des plus faibles.

En communion avec toute l'Église, nous osons dire : **Notre Père qui es aux cieux...**

CONSÉCRATION : Le Seigneur l'a déclaré : "Ma grâce te suffit ; ma puissance donne toute sa mesure dans ma faiblesse"... Lorsque je suis faible, c'est alors que je suis fort. *(2 Corinthiens 12, 9 & 10)*

LOUANGE : Mon âme exalte de Seigneur et mon esprit est rempli d'allégresse car il a porté son regard sur son humble servante. Il a élevé les humbles ; les affamés, il les a comblés de biens. *(Luc 1, 67)*

BÉNÉDICTION : Bénissez, car c'est pour cela que vous avez été appelés, afin d'hériter la bénédiction. *(1 Pierre 3, 9)*

LUNDI

Il s'est dépouillé prenant la condition d'un serviteur et devenant semblable aux hommes

(Philippiens 1, 7)

GRÂCE : Sois dans l'allégresse, toi qui as la faveur de Dieu, le Seigneur est avec toi. *(Luc 1, 28)*

PRIÈRE : Mes yeux languissent après ton salut et après la promesse de ta justice. Agis envers ton serviteur selon ta bonté et enseigne-moi ta volonté. Je suis ton serviteur ; donne-moi l'intelligence pour que je connaisse tes préceptes. *(Psaume 119, 123-125)*

ADORATION : Maintenant, Seigneur, c'est en paix que tu laisses aller ton serviteur, car mes yeux ont vu le salut que tu as préparé pour tous les peuples, lumière pour la révélation aux nations et gloire d'Israël ton peuple. *(Luc 2, 29-32)*

CONFIANCE : Voici comme les yeux des serviteurs sont fixés sur la main de leur maître et comme les yeux de la servante sur la main de sa maîtresse, ainsi nos yeux se tournent vers le Seigneur ! *(Psaume 123, 2)*

ÉCOUTE DE LA PAROLE ET CANTIQUE : voir le feuillet du jour.

PRIÈRE : Nous pouvons nous réjouir d'être appelés à un service qui donne sens à notre vie... et prier pour ceux que leur travail rabaisse, écrase, dévalorise, - pour ceux qui ont tendance à mettre les autres à leur service, - pour ceux qui se sentent abandonnés, n'ayant personne pour les aider, - pour ceux qui se sentent inutiles.

En communion avec toute l'Église, nous osons dire : **Notre Père qui es aux cieux...**

CONSÉCRATION : Je suis la servante du Seigneur, que tout se passe pour moi comme tu me l'as dit. *(Luc 1, 38)*

LOUANGE : Allons ! Bénissez le Seigneur, vous tous, serviteurs du Seigneur qui vous tenez dans la maison du Seigneur durant les nuits. Levez vos mains vers le sanctuaire et bénissez le Seigneur ! Le Seigneur vous bénisse depuis Sion, lui qui a fait le ciel et la terre ! *(Psaume 134, 1-3)*

BÉNÉDICTION : Je répandrai de mon esprit sur tout être humain... En ces jours-là, sur mes serviteurs et mes servantes, je répandrai mon esprit. *(Joël 2, 28-29)*

Il s'est abaissé, obéissant jusqu'à mort, à la mort sur une croix

(Philippiens 1, 8)

GRÂCE : Ma grâce te suffit, car ma puissance s'accomplit dans la faiblesse. ***(2 Corinthiens 13, 9)***

PRIÈRE : Ô toi, Seigneur, ne t'éloigne pas loin de moi ! Toi qui es ma force, vite, au secours ! Protège-moi d'une mort violente, arrache-moi aux griffes de chiens, sauve-moi de la gueule des lions et de la corne des buffles. ***(Psaume 22, 20-22)***

ADORATION : Toute la terre se souviendra du Seigneur et reviendra vers lui, toutes les familles des peuples l'adoreront car le Seigneur est roi. Tous ceux qui vont mourir sont prosternés devant lui. Une descendance servira le Seigneur. On parlera du Seigneur à la génération d'aujourd'hui. Au peuple qui va naître, on racontera ce que Dieu a fait. ***(Psaume 22, 28, 30-32)***

CONFIANCE : Même si je traverse la sombre vallée de la mort, je ne crains rien, Seigneur, car tu es avec moi, ton bâton de berger est près de moi, il me rassure. ***(Psaume 23, 4)***

ÉCOUTE DE LA PAROLE ET CANTIQUE : voir le feuillet du jour.

PRIÈRE : Pour tous ceux qui sont face à de grands dangers, - pour ceux dont la vie est menacée parce qu'ils luttent pour la justice, - pour les prisonniers dans le couloir de la mort, - pour les personnes gravement malades et ceux qui les soignent, - pour les familles en deuil.

En communion avec toute l'Église, nous osons dire : **Notre Père qui es aux cieux...**

CONSÉCRATION : Si nous vivons, nous vivons pour le Seigneur, si nous mourons, nous mourons pour le Seigneur ; soit que nous vivions, soit que nous mourions, nous sommes au Seigneur.

(Romains 14, 8)

LOUANGE : Tu es digne de recevoir le livre et d'en rompre les sceaux car tu as été immolé et tu as racheté pour Dieu, par ta vie, des hommes de toute tribu, langues, peuples et nations. Tu en as fait, pour notre Dieu un royaume et des prêtres et ils régneront sur la terre.

(Apocalypse 5, 9-10)

BÉNÉDICTION : Paix aux frères, amour et foi de la part de Dieu le Père et du Seigneur Jésus-Christ. Que la grâce soit avec tous ceux qui aiment notre Seigneur Jésus-Christ d'un amour inaltérable.

(Éphésiens 6, 23-24)

MERCREDI

C'est pourquoi Dieu l'a souverainement élevé et lui a donné le Nom qui est au-dessus de tout nom

(Philippiens 1, 9)

GRÂCE : L'Éternel relève l'indigent et le délivre de la misère... Les hommes droits le voient et se réjouissent. ***(Psaume 107, 41)***

PRIÈRE : Éternel ! J'élève à toi mon âme. Mon Dieu ! En toi je me confie ; que je ne sois pas couvert de honte ! Que ceux qui espèrent en toi ne soient pas confondus. ***(Psaume 25, 1-3)***

ADORATION : Je louerai l'Éternel tant que je vivrai, je célèbrerai mon Dieu tant que j'existerai... Il ouvre les yeux des aveugles, il redresse ceux qui sont courbés, il aime les justes ! Louez l'Éternel ! ***(Psaume 146, 2, 8)***

CONFIANCE : Celui qui est descendu, c'est le même qui est monté au-dessus des cieux afin de remplir toutes choses... C'est de lui et grâce à lui que tout le corps bien coordonné et formant un solide assemblage, tire son accroissement et s'édifie lui-même dans la charité. ***(Éphésiens 4, 10, 16)***

ÉCOUTE DE LA PAROLE ET CANTIQUE : voir le feuillet du jour.

PRIÈRE : Pour ceux qui se sentent en permanence rabaissés, - pour les personnes et groupes qui sont ou se sentent au bas de l'échelle sociale, - pour ceux qui n'ont pas de nom ou que leur nom fait vivre dans la peur ou la honte, - pour les prisonniers et ceux qui les surveillent, - pour tous ceux qui luttent pour rendre la dignité aux personnes les plus méprisées.

En communion avec toute l'Église, nous osons dire : **Notre Père qui es aux cieux...**

CONSÉCRATION : Oubliant ce qui est en arrière et me portant vers ce qui est en avant, je cours vers le but pour remporter le prix de la vocation céleste de Dieu en Jésus-Christ. ***(Philippiens 3, 13-14)***

LOUANGE : Éternel, notre Seigneur ! Que ton nom est magnifique sur toute la terre ! Ta majesté s'élève au-dessus des cieux. Par la bouche des tout-petits et des nourrissons tu as fondé ta gloire ! ***(Psaume 8, 1-3)***

BÉNÉDICTION : Que le Dieu de paix, qui a ramené d'entre les morts le grand berger des brebis, par le sang d'une alliance éternelle, notre Seigneur Jésus, vous rende capable de toute bonne œuvre pour l'accomplissement de sa volonté et fasse en vous ce qui lui est agréable par Jésus-Christ auquel soit la gloire aux siècles des siècles ! Amen ! ***(Hébreux 13, 20-21)***

JEUDI

Qu'au nom de Jésus tout genou fléchisse dans les cieux, sur la terre et sous la terre

(Philippiens 1, 10)

GRÂCE : Notre secours est dans le nom de l'Éternel, qui a fait les cieux et la terre. *(Psaume 124, 8)*

PRIÈRE : Éternel, c'est toi qui es le seul Dieu de tous les royaumes de la terre. Éternel ! Incline ton oreille et écoute, Éternel ! Ouvre tes yeux et regarde. Maintenant Éternel, délivre-nous et que tous les royaumes de la terre sachent que toi seul es Dieu, ô Éternel ! *(2 Rois 19, 15-16, 19)*

ADORATION : Dieu a voulu que toute plénitude habite en son Fils ; il a voulu par lui réconcilier tout avec lui-même, tant ce qui est sur la terre que ce qui est dans les cieux, en faisant la paix par lui, par le sang de la croix. *(Colossiens 1, 19-20)*

CONFIANCE : La puissance de Dieu s'est déployée en Christ, en le ressuscitant des morts et en le faisant asseoir à sa droite dans les lieux célestes, au-dessus de toute domination, autorité, puissance et dignité de tout nom, non seulement dans le siècle présent mais aussi dans le siècle à venir. Il a tout mis sous ses pieds. *(Éphésiens 1, 20-22)*

ÉCOUTE DE LA PAROLE ET CANTIQUE : voir le feuillet du jour.

PRIÈRE : Pour ceux qui sont obligés de baisser la tête devant les dictateurs, - pour ceux qui abusent de leur pouvoir, afin que change leur regard sur les autres, - pour ceux qui sont esclaves de l'argent, de l'alcool, de la drogue, - pour ceux qui craignent Dieu afin qu'ils découvrent son amour, - pour ceux qui cherchent foi et espérance.

En communion avec toute l'Église, nous osons dire : **Notre Père qui es aux cieux...**

CONSÉCRATION : Je lève mes yeux vers les montagnes. D'où me viendra le secours ? Le secours me vient de l'Éternel qui a fait les cieux et la terre. *(Psaume 121, 6)*

LOUANGE : L'Éternel écoute les pauvres, il ne méprise pas les captifs. Que les cieux et la terre le célèbrent, la mer et tout ce qui s'y trouve ! Dieu sauvera Sion et bâtira les villes de Juda. On s'y établira et l'on en prendra possession ; la postérité de ses serviteurs en fera son héritage et ceux qui aiment son nom y auront leur demeure. *(Psaume 69, 35)*

BÉNÉDICTION : Heureux celui qui a pour secours le Dieu de Jacob, qui met son espoir dans l'Éternel son Dieu ! Il a fait les cieux et la terre, la mer et tout ce qui s'y trouve. Il garde la fidélité à toujours.

(Psaume 146, 5-6)

VENDREDI

Que toute langue confesse que le Seigneur c'est Jésus-Christ

(Philippiens 1, 11)

GRÂCE : Dieu a envoyé la parole aux fils d'Israël en leur annonçant la paix par Jésus-Christ, qui est le Seigneur de tous. ***(Actes 10,36)***

PRIÈRE : Ô Dieu, Dieu de mon salut, délivre-moi du sang versé et ma langue célèbrera ta miséricorde. Seigneur ! Ouvre mes lèvres et ma bouche célèbrera ta louange. ***(Psaume 51, 16-17)***

ADORATION : Je te louerai au son du luth, je chanterai ta fidélité, mon Dieu ! Je te célébrerai avec la harpe, Saint d'Israël ! En te célébrant, j'aurai la joie sur les lèvres, la joie de mon âme que tu as délivrée ; ma langue chaque jour publiera ta justice ! ***(Psaume 71, 22-24)***

CONFIANCE : Éternel, tu me sondes et tu me connais, tu sais quand je m'assieds et quand je me lève, tu pénètres de loin ma pensée ; tu sais quand je marche et quand je me couche et tu pénètres toutes mes voies. Car la parole n'est pas sur ma langue, que déjà, ô Éternel, tu la connais entièrement. Tu m'entoures par derrière et par devant et tu mets la main sur moi. Une science aussi merveilleuse est au-dessus de ma portée, elle est trop élevée pour que je puisse la saisir.
(Psaume 139, 2-6)

ÉCOUTE DE LA PAROLE ET CANTIQUE : voir le feuillet du jour.

PRIÈRE : Pour tous ceux qui ne peuvent pas parler, muets ou interdits de parole ; - pour les orthophonistes et rééducateurs ; - pour ceux dont la langue ou la culture sont menacées ; - pour ceux qui sont chargés de l'information et de la communication ; - pour tous ceux qui sont persécutés parce qu'ils confessent Jésus-Christ ; - pour ceux qui témoignent de leur foi auprès et au loin.

En communion avec toute l'Église, nous osons dire : **Notre Père qui es aux cieux…**

CONSÉCRATION : Si nous vivons, nous vivons pour le Seigneur ; et si nous mourons, nous mourons pour le Seigneur. Soit donc que nous vivions, soit que nous mourions, nous sommes au Seigneur.
(Romains 14, 8)

LOUANGE : Tu es digne de prendre le livre et d'en ouvrir les sceaux ; car tu as été immolé et tu as racheté pour Dieu par ton sang des hommes de toute tribu, de toute langue, de tout peuple et de toute nation. ***(Apocalypse 5, 9)***

BÉNÉDICTION : Que le Seigneur de la paix vous donne lui-même la paix en tout temps et de toute manière ! Que la grâce de notre Seigneur Jésus-Christ soit avec vous tous ! ***(2 Thessaloniciens 3, 16, 18)***

SAMEDI

À la gloire de Dieu le Père

(Philippiens 1, 11)

GRÂCE : À tous ceux qui invoquent en quelque lieu que ce soit le nom de notre Seigneur Jésus-Christ, la grâce et la paix vous sont données de la part de Dieu notre Père et du Seigneur Jésus-Christ.

(2 Corinthiens 1, 2-3)

PRIÈRE : Éternel, rassasie-nous chaque matin dans ta bonté et nous serons toute notre vie dans la joie et l'allégresse. Que ton œuvre se manifeste à tes serviteurs et ta gloire sur leurs enfants ! Que la grâce de l'Éternel, notre Dieu, soit sur nous ! Affermis l'ouvrage de nos mains, oui, affermis l'ouvrage de nos mains ! ***(Psaume 90, 14, 15-17)***

ADORATION : Je te louerai parmi les peuples, Seigneur ! Je te chanterai parmi les nations. Car ta bonté atteint jusqu'aux cieux et ta fidélité jusqu'aux nuages. Elève-toi jusqu'aux cieux, ô Dieu ! Que ta gloire soit sur toute la terre ! ***(Psaume 57, 10-12)***

CONFIANCE : Pour nous il n'y a qu'un seul Dieu, le Père, de qui viennent toutes choses et pour qui nous sommes, et un seul Seigneur, Jésus-Christ, par qui sont toutes choses et par qui nous sommes.

(1 Corinthiens 8, 6)

ÉCOUTE DE LA PAROLE ET CANTIQUE : voir le feuillet du jour.

PRIÈRE : Pour ceux qui sont éblouis ou attirés par la gloire humaine ; - pour les vedettes, stars et personnalités et ceux qui les envient ; - pour ceux dont l'image du père est vide ou inquiétante ; - pour ceux qui attribuent à Dieu une puissance menaçante ; - pour ceux qui préparent les cultes et services de demain.

En communion avec toute l'Église, nous osons dire : **Notre Père…**

CONSÉCRATION : Le Seigneur c'est l'Esprit ; et là où est l'Esprit du Seigneur, là est la liberté. Nous tous qui, le visage découvert, contemplons comme dans un miroir la gloire de Dieu, nous sommes transformés en la même image, de gloire en gloire, comme par le Seigneur, l'Esprit. ***(2 Corinthiens 3, 17-18)***

LOUANGE : Béni soit Dieu, le Père de notre Seigneur Jésus-Christ qui, selon sa grande miséricorde, nous a régénérés, pour une espérance vivante, par la résurrection de Jésus-Christ d'entre les morts, pour un héritage qui ne se peut ni corrompre, ni souiller, ni flétrir, lequel vous est réservé dans les cieux, à vous qui, par la puissance de Dieu, êtes gardés par la foi pour le salut prêt à être révélé dans les derniers temps. ***(1 Pierre 1, 3-5)***

BÉNÉDICTION : À Dieu notre Père soit gloire aux siècles des siècles. Que la grâce de notre Seigneur Jésus-Christ soit avec votre esprit !

(Philippiens 4, 20, 23)

TABLE DES AUTEURS

Les textes de PAROLE POUR TOUS ont été écrits à votre intention par les pasteurs :

KLUMPP Sibylle – 27 février
KNEUBÜHLER Pierre – 15 septembre
KONTZI-MAIRESSE Nicola – 1er mars, 20 sept.
KRAUSE Angelika – 24 avril
L'EPPLATENIER Charles - 1er janvier, 10 mai
LABARTHE Marc - 26 décembre
LEGRAND Thierry - 15 janvier, 13 octobre
LEPLAY Michel – 19 février
LEPPER Anne – 27 septembre
LESTRINGANT Daniel – 18 avril
LOUCK TALOM Jean Lesort - 15 octobre
LUNG Hans-Joachim – 10 février
MALI Valérie - 16 mai
MARILLEAU Charly – 24 janvier
MARLIER Michel – 6 novembre
MAUREL Isabelle – 29 octobre
MEYER Didier - 5 mai
MILLET Bernard – 22 mai
MITRANI David – 2 avril
MOLLET Robert – 18 juillet
MOREL Jacques – 12 décembre
MOREL-VERGNIOL Danielle – 27 octobre
MOURLAM Claude – 2 mai
MULLER Jean-Christophe - 22 septembre
MULLER Robert – 8 avril
NOCQUET Eva – 22 mars
ORIEUX Monique – 9 décembre
PARMENTIER Roger – 13 février
PARREND Yves – 4 août
PAYOT Cyrille - 7 janvier
PERRENOUD Philippe - 30 décembre
PFEIFFER Antoine – 7 mars
PIGEAUD Olivier – 1er janvier, 26 août
PIZANT Yves – 31 octobre
POL Philippe (de) – 11 novembre
PONS Michel – 4 avril
PRAT Ingrid – 14 novembre
PUJOL Françoise – 6 octobre
PUTTER Loïc (de) – 12 août
PY-THEODORE Nadine – 28 mai
RASOLOFO-TSALAMA Mireille - 2 mai
REY Alain - 15 janvier
RÖMER Thomas - 10 avril, 16 septembre
SAHAGIAN Samuel – 4 juillet
SCHÄCHL Katharina – 20 juin
SCHAEFER Marc – 6 avril
SCHAFFNER Georges – 7 mai
SECKEL Marianne - 30 janvier
SEYTRE Christian - 1er décembre
SOULLIER Philippe – 7 décembre
STAHL Rémy - 23 juillet
SCRIPIEC Gérard – 20 décembre
SINGER Christophe – 26 juillet
SIXT-GATEUILLE Claire – 24 octobre
TAMDEM Jean Jules – 29 juillet
TARTIER Erica - 1er août
TAUBMANN Florence - 13 avril
TENREIRO Jean-Charles – 6 septembre
TOUREILLE Marc – 18 octobre
URBAIN Daniel – 3 novembre
VANWEDDINGEN Freddy – 4 février
VARGAS-HORDOSCH Esly – 9 août
VARGAS-HORDOSCH Doris - 18 septembre
VELDHUIZEN Evert – 27 avril
VERGNIOL Bertrand – 15 décembre
VIDAL Gilles – 25 mai
VIOLLET Jean-Marc – 21 juillet
VISME Serge (de) – 28 juin
WEISS-DEAUX Solange - 13 octobre
WILLM Francis – 31 mai
WÜTHRICH Serge – 9 juin
ZANG Jean-Pierre – 27 mars
ZENTZ Pierre – 6 juin
ZENTZ-AMÉDRO Sophie – 31 mars

Introductions aux livres de la Bible lus cette année :

L'évangile de Luc
par Charles L'Epplatenier
le 1er janvier

Le livre de Néhémie
par Thierry Legrand
le 15 janvier

Le Deutéronome
par Thomas Römer
le 10 avril

Les épîtres aux Galates et aux Philippiens
par Claude Mourlam
le 2 mai

Les Actes des Apôtres
par Charles L'Epplatenier
le 10 mai

L'épître aux Colossiens
par Édouard Cothenet
le 29 août

Le livre de Sophonie
par Thomas Römer
le 16 septembre

L'épître aux Hébreux
par Samuel Bénétreau
le 22 septembre

Le livre de Daniel
par Thierry Legrand
le 13 octobre

Le livre de l'Apocalypse
par Élian Cuvillier
le 31 octobre

IMPRESSION, BROCHAGE

DEPUIS 1933
CUSIN
IMPRIMERIE

38300 MEYRIÉ
SEPTEMBRE 2012

IMPRIMÉ EN FRANCE